职业院校
汽车类"十二五"规划教材

"十二五"职业教育国家规划教材
经全国职业教育教材审定委员会审定

# 汽车美容与保养（第3版）

Decorating and Maintaining Methods of Automobile (3rd Edition)

◎ 宋孟辉 贾宝峰 主编
◎ 陈明福 贾利军 孟凡洁 张秋华 副主编

人民邮电出版社
北京

图书在版编目（CIP）数据

汽车美容与保养 / 宋孟辉，贾宝峰主编. -- 3版
. -- 北京 : 人民邮电出版社，2014.9(2017.6重印)
职业院校汽车类“十二五”规划教材
ISBN 978-7-115-34560-8

Ⅰ. ①汽… Ⅱ. ①宋… ②贾… Ⅲ. ①汽车－车辆保养－高等职业教育－教材 Ⅳ. ①U472

中国版本图书馆CIP数据核字(2014)第028680号

## 内 容 提 要

本书从实际应用出发，根据项目教学的要求，将具体内容按照任务分析、相关知识、任务实施的形式进行编排。

本书系统地阐述了我国汽车美容行业的产生、现状和发展前景，详细地介绍了前沿的汽车美容技术。全书共分 6 个项目、23 个学习任务，内容包括汽车发动机的保养与美容、汽车底盘的保养与美容、汽车车身的美容与装饰、汽车内饰的美容与装饰、汽车玻璃的美容与装饰及汽车精品装饰。

本书内容先进、资料翔实、图文并茂、通俗易懂，适合作为高职高专院校相关课程的教材，也可作为汽车美容从业人员的参考用书。

◆ 主　　编　宋孟辉　贾宝峰
副 主 编　陈明福　贾利军　孟凡洁　张秋华
责任编辑　刘盛平
执行编辑　王丽美
责任印制　杨林杰

◆ 人民邮电出版社出版发行　　北京市丰台区成寿寺路 11 号
邮编　100164　　电子邮件　315@ptpress.com.cn
网址　http://www.ptpress.com.cn
固安县铭成印刷有限公司印刷

◆ 开本：787×1092　1/16
印张：13.25　　　　2014 年 9 月第 3 版
字数：329 千字　　　　2017 年 6 月河北第 7 次印刷

定价：32.00 元

读者服务热线：(010)81055256　印装质量热线：(010)81055316
反盗版热线：(010)81055315

# 第3版前言

《汽车美容与保养》一书自2009年5月出版后，被很多院校选用并得到了读者的好评，但随着汽车保养和美容新技术的不断发展，以及相关企业对从业人员要求的提高，原版教材的内容已经不能满足职业院校教学的要求，因此，在第3版的编写中对原版做了较大的改动，在内容编排上进行了重新整理，使项目划分更清楚、更规范，也更有条理。

1. 对原版项目一“汽车美容行业从业人员服务规范”和项目七“汽车美容设备的保养”进行了删减，并且将部分内容添加到了相关项目中。

2. 将“汽车发动机保养与美容”和“汽车底盘保养与美容”设为单独教学项目，在原版的基础上增加了各个系统保养和免拆清洗的内容。

3. 将原版项目二“汽车外部美容护理”和项目四“汽车车身涂层的美容护理”整理并组合为一个项目“汽车车身的美容与装饰”。

4. 将原版项目三“汽车驾驶室的美容护理”中的“精品装饰”部分单独设为一个项目，还增加了“汽车防盗报警装饰”“汽车倒车雷达装饰”和“汽车音响装饰”等内容。

5. 删除了原版项目六“汽车在特殊时期的美容护理”部分的内容。

第3版依然以实际操作为主，为了使读者能了解得更加透彻，在任务实施部分配了大量实际操作的图片。

本书共分6个项目，其参考学时为84学时，其中理论环节为42学时，实践环节为42学时，学校可根据实际情况适当调整。各部分的学时可参考下面的学时分配表。

| 项　目 | 课 程 内 容 | 学 时 分 配 | |
|---|---|---|---|
| | | 讲　授 | 实　训 |
| 项目一 | 汽车发动机的保养与美容 | 6 | 4 |
| 项目二 | 汽车底盘的保养与美容 | 8 | 8 |
| 项目三 | 汽车车身的美容与装饰 | 10 | 10 |
| 项目四 | 汽车内饰的美容与装饰 | 4 | 4 |
| 项目五 | 汽车玻璃的美容与装饰 | 8 | 10 |
| 项目六 | 汽车精品装饰 | 6 | 6 |
| 课时总计 | | 42 | 42 |

本书由宋孟辉、贾宝峰任主编，陈明福、贾利军、孟凡洁、张秋华任副主编。参加本书编写的还有沈阳多维名车美饰广场有限公司的杨占峰，沈阳鑫宝联汽车服务店的李培峰，深圳技师学院的李之道，辽宁省交通高等专科学校的吴兴敏、卢中德、孙涛、郭大民、曲昌辉等。

由于编者的时间和水平有限，书中难免存在不足之处，敬请广大读者批评指正。

编　者

2014年6月

# 目录

# 概 述

在现代社会中，汽车与人类的活动息息相关。它已不仅仅是普通的代步工具，更代表了一个国家的科技发展水平。

## 一、汽车的基础知识

1. 汽车的分类

（1）汽车的定义

① 国家最新标准 GB/T 3730.1—2001 对汽车的定义为：由动力驱动，具有 4 个或 4 个以上车轮的非轨道承载的车辆，主要用于载运人员和（或）货物，牵引载运人员和（或）货物的车辆，以及特殊用途，还包括与电力线相连的车辆，如无轨电车和整车整备质量超过 400kg 的三轮车辆。

② 美国汽车工程师学会标准 SAEJ 687C 中对汽车的定义是：由本身动力驱动，装有驾驶装置，能在固定轨道以外的道路或地域上运送客货或牵引车辆的车辆。

③ 日本工业标准 JISK 0101 中对汽车的定义是：自身装有发动机和操纵装置，不依靠固定轨道和架线能在陆上行驶的车辆。

（2）汽车的分类

我国对汽车的分类先后在 1988 年和 2001 年颁布过两个标准。对 2001 年以前生产的汽车按照 GB/T 3730.1—1988 来分类；对 2001 年以后生产的汽车按照 GB/T 3730.1—2001 来分类。为了与国际接轨，建议尽量使用 2001 年的标准。

① 按照 GB/T 3730.1—1988 分类方法，汽车分为货车、越野车、自卸车、牵引车、专用汽车、客车和轿车七类，同时，根据同一类的汽车的主要特征参数来对其进行分级。货车和越野车按照车辆的总质量分级；客车按照车辆的总长度来分级；轿车按照发动机的排量来分级。

② 按照 GB/T 3730.1—2001 分类方法，汽车分为乘用车和商用车两大类。作为私人代步工具的车辆称为乘用车；用于公务及商业经营的运输车称为商用车。新的分类标准根据国际通用办法，在两大类的前提下，按照排放、载重、车型等多种方法再细分。这样，就可以用国际上统一的排放、认证和统计标准来衡量我国汽车的性能了，有利于交通部门的汽车管理。

• 乘用车是指 9 座及 9 座以下、以载客为主的车辆，分为普通乘用车、活顶乘用车、高级乘用车、小型乘用车、敞篷车、仓背乘用车、旅行车、多用途乘用车、短头乘用车、越野乘用车和专用乘用车 11 类。

• 商用车是指大于 9 座的客车、载货车、半挂车等。客车可细分为小型客车、城市客车、长途客车、旅游客车、铰接客车、无轨客车、越野客车、专用客车。货车可细分为普通货车、多用途货车、全挂牵引车、越野货车、专用作业车、专用货车。

2. 车辆识别代码（VIN 规则）

车辆识别代码（VIN）是英文 Vehicle Identification Number 的缩写。目前，世界各国汽车公司生产的汽车大部分使用 VIN，我国规定 1999 年 1 月 1 日以后所生产的所有汽车都必须使用车辆识别代码。VIN 由一组字母和阿拉伯数字共 17 位组成，可保证 30 年内每辆车的识别代号在国际上是唯一的。每位代码都代表着汽车某一方面的信息参数。17 位识别代码位于车辆前半部分的仪表台上或被直接打印在车架、车身等部件上，如图 0-1 所示。

图 0-1　车架上的 17 位识别码

3. 汽车的总体构造

汽车由发动机、底盘、车身和电气设备 4 大部分组成。

① 发动机是汽车的动力装置，其功用是将其他形式的能量（热能、电能等）转化为机械能并对外输出动力。

② 底盘是汽车构造的基础，它用于承受发动机输出的动力，并且，能保证汽车按驾驶员的操作正常行驶。

③ 车身是提供驾驶员操作，以及容纳乘客和货物的场所。车身结构根据汽车的种类、用途而定。大部分现代轿车为整体式的车身结构。

④ 电气设备是汽车上用电设备和供电设备的总称。现今，使用各种电子设备和微型计算机等的汽车越来越多了，各种人工智能装置也属于电气设备的范围。

4. 汽车的主要技术参数

汽车的主要技术参数包括质量参数和车身尺寸参数。

（1）质量参数

包括整车整备质量、最大总质量和最大装载质量。

① 整车整备质量是指装备有车身、全部电气设备和车辆正常行驶所需要的辅助设备，加足冷却液、燃料、润滑油，带齐备用车轮及随车工具、标准备件及灭火器的完整车辆的质量。

② 最大总质量是指汽车满载时的总质量。

③ 最大装备质量是指最大总质量与整车整备质量之差。

（2）车身尺寸参数

① 车长 $L$。汽车长是垂直于车辆纵向对称平面并分别抵靠在汽车前、后最外端突出部位的两垂面之间的距离，如图 0-2 所示。简单地说，就是沿着汽车前进的方向，最前端到最后端的距离。

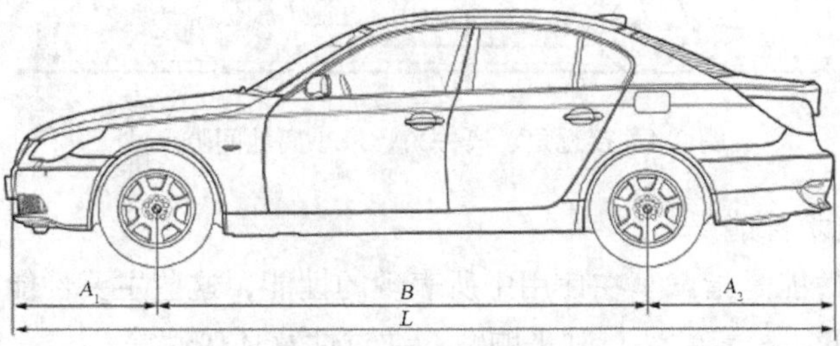


图 0-2　车长、轴距、前悬和后悬尺寸

② 车宽 $S$。汽车宽是平行于车辆纵向对称平面并分别抵靠车辆两侧固定突出部位的两平面之间的距离，如图 0-3 所示。简单地说，就是汽车最左端到最右端的距离。宽度主要影响乘坐空间和灵活性。

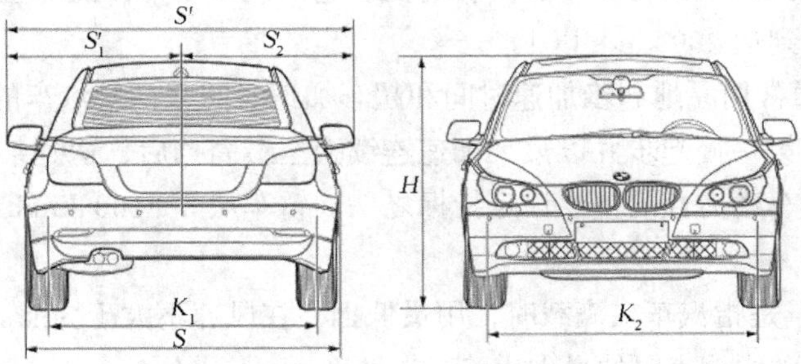


图 0-3　车宽、车高和轮距尺寸

③ 车高 $H$。汽车高是车辆支承平面与车辆最高突出部位相抵靠的水平面之间的距离，如图 0-3 所示。简单地说，就是从地面到汽车最高点的距离。汽车高通常是指汽车在空载，但可运行(加满燃料和冷却液)的情况下的高度。车身高度将直接影响车的重心和空间。

④ 轴距 $B$。汽车呈直线行驶位置时，同侧相邻两轴的车轮落地中心点到车辆纵向对称平面的两条垂直线之间的距离，如图 0-2 所示。

⑤ 轮距 $K$。在支承平面上，同轴左右车轮两轨迹中心间的距离，分前轮距 $K_1$ 和后轮距 $K_2$(轴两端为双轮时，为左右两条双轨迹的中线间的距离)，如图 0-3 所示。轮距越宽，汽车的稳定性越好。

⑥ 前悬 $A_1$。汽车呈直线行驶位置时，汽车前端刚性固定件的最前点到通过两前轮轴线的垂面间的距离，如图 0-2 所示。

⑦ 后悬 $A_2$。汽车后端刚性固定件的最后点到通过最后车轮轴线的垂面间的距离，如图 0-2 所示。

⑧ 最小离地间隙 $C$。满载时，车辆支承平面与车辆最低点之间的距离，如图 0-4 所示。

⑨ 接近角 $\alpha$。汽车空载时，前端突出点向前轮引出的切线与地面的夹角，如图 0-4 所示。

⑩ 离去角 $\beta$。汽车空载时，后端突出点向后轮引出的切线与地面的夹角，如图 0-4 所示。

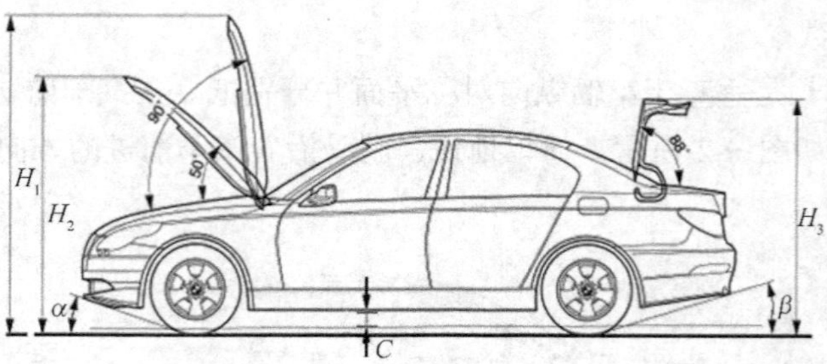


图 0-4　接近角、离去角、最小离地间隙尺寸

5. 汽车的主要技术性能

汽车的主要技术性能是指汽车在使用中所表现的性能，这些主要性能有汽车的动力性、燃油经济性、制动性、操纵稳定性、行驶平顺性、通过性及环保性等。

（1）汽车的动力性

汽车是一种高效率的运输工具，而运输效率的高低在很大程度上取决于汽车的动力性。汽车的动力性能是各种汽车技术性能中最基本、最重要的性能之一。汽车的动力性由以下 3 个指标来评定。

① 最高车速，是指汽车在最大总质量、风速不大于 3 m/s 的条件下，在干燥、清洁、平直的良好路面上所能达到的最高行驶车速的瞬时值。它是汽车动力性能的重要评价指标，目前，轿车的最高车速可以到达 200 km/h 以上。

② 加速时间，通常用原地起步加速时间和超车加速时间来衡量汽车的加速能力。原地起步加速时间是指汽车由第一挡起步并以最大加速连续换至最高挡后，达到某一预定距离或车速所需的时间。它也是汽车动力性的重要评定指标之一。轿车从 0～100 km/h 的换挡加速时间一般不超过 10 s。

③ 最大爬坡度，是指汽车在满载时，用最低挡，在风速不大于 3 m/s 的条件下，在干燥、清洁的路面上等速行驶所能克服的最大道路纵向坡度。

（2）燃油经济性

汽车的燃油经济性常用一定工况下汽车行驶 10 万米的燃油消耗量或一定燃油量能使汽车行驶的里程来衡量。在我国，汽车燃油经济性指标的单位为 L/100km，即每 100km 所消耗的燃油量。燃油经济性与很多因素有关，如行驶速度，当汽车在接近于低速的中等车速行驶时，燃油消耗量最低；当高速行驶时，燃油消耗将随车速增加而迅速增加。另外，汽车的保养与调整也会影响到汽车的油耗量。

（3）制动性

汽车行驶时，在短距离内停车且维持行驶方向稳定，以及汽车在下长坡时维持一定车速的能力称为汽车的制动性。汽车的制动性能指标主要有制动效能、制动效能的恒定性、制动时汽车的方向稳定性、汽车的制动过程。

① 制动效能，指汽车的制动距离或制动减速度，用汽车在良好路面上以一定初速度制动到停车的制动距离来评定。制动距离越短，汽车的制动性能越好。

② 制动效能的恒定性，是指汽车高速行驶下长坡并连续制动时，制动器连续制动效能保持的程度，它反映的是制动器的抗衰退性能。

③ 制动时汽车的方向稳定性，指汽车制动时，不发生跑偏、侧滑及保证转向能力的性能。目前，主流车型均配置 ABS、ESP 等配置，以提高方向稳定性。

④ 汽车的制动过程，主要是指制动机构的作用时间。

（4）操控稳定性

汽车的操控稳定性是指驾驶员在不感到紧张、疲劳的情况下，汽车能按照驾驶员向转向系统给定的方向行驶，以及当遇到外界干扰时，汽车所能抵抗干扰而保持稳定行驶的能力。

汽车操控稳定性通常用汽车的稳定转向特性来评价。转向特性有不足转向、过度转向及中性转向 3 种状况。在固定转向盘转角的情况下，绕圆周加速行驶时，有不足转向特性的汽车，转弯半径会增大；有过度转向特性的汽车，转弯半径则会逐渐减小；有中性转向特性的汽车，转弯半径不变。易操控的汽车应当有适当的不足转向特性，以防止汽车出现突然甩尾现象。

（5）行驶平顺性

行驶平顺性是指汽车在行驶过程中，使乘员所处的振动环境保持一定的舒适度的性能。这与汽车的底盘参数、车身几何参数，以及汽车的动力性和操控性等有密切的关系。

（6）通过性

通过性是指车辆通过一定路况的能力。通过能力强的车子，可以轻松翻越坡度较大的坡道，可以驶入一定深度的河流，也可以高速行驶在崎岖不平的山路上，并且，不用为上、下马路牙子而担心。

## 二、汽车美容

汽车美容起源于西方发达国家，英文名为“car beauty”。它在 20 世纪 90 年代传入我国，随着汽车，尤其是家用轿车的普及，汽车美容逐渐被人们接受，并且，汽车保有量的不断增加给汽车美容行业带来了巨大的商机。

1. 汽车美容定义

汽车美容是利用专业美容系列产品和高科技技术设备，采用特殊的工艺和方法，进行的一系列养车作业。汽车美容的最终目的是使汽车达到“旧车变新、新车保值”。

2. 汽车美容的基本内容

汽车美容已不再是一般概念上的给汽车冲洗、打蜡、去渍、除臭、吸尘及车内、外的清洁服务等常规的汽车保洁美容作业了。它可分为汽车美容保养和汽车装饰两个部分。

（1）汽车美容保养

要针对汽车各个部位的不同材料，选择专业美容系列产品和高科技设备，再用特殊的工艺和方法，对汽车发动机、底盘、外表涂膜、内饰、轮胎、玻璃等部位进行专业检查和保养，还要对发动机、变速箱等相关系统进行免拆清洗和保养。可按汽车部位的不同，将美容分为车身外部美容和内部美容；可按美容部位的状况不同，将美容分为常规美容和修复美容。

① 车身外部美容。包括清洗车身、去除沥青、去除焦油、上蜡增艳、镜面处理、新车开蜡、车轮翻新、保险杠翻新、车身涂膜损伤的修复、玻璃划痕和裂纹的修复、底盘防腐处理，以及变速箱免拆清洗保养等项目。

② 汽车内部美容。包括车内美容、发动机美容、行李箱清洁等内容。其中的车内美容包括仪表台、顶棚、地毯、脚垫、座椅、座套、车门衬里的吸尘清洁保护，以及蒸汽杀菌、冷暖风口除臭、车内空气净化、内饰损伤的修复与改色等项目。发动机美容则包括发动机冲洗清洁、翻新处理、三滤清洁、油液更换、免拆清洗保养等项目。

（2）汽车装饰

汽车装饰是通过对车辆内外的加装和改装操作，来提高车辆安全性能、舒适性能、使用性能和环保性能等，满足车主不同的个性追求。无论进行哪种汽车的装饰操作，都要在遵守国家相关法规，在保证安全的前提下进行。可按装饰部位的不同，将汽车装饰分为车外装饰、内部装饰、玻璃装饰、底盘装饰、电子产品装饰等；可按装饰的作用不同，将汽车装饰分为提高舒适性的装饰、提高安全性的装饰、改变风格的装饰、提升价值的装饰。

① 提高舒适性的装饰，包括车用香水、把套、坐垫、脚垫、安装静电放电器、音响、玻璃贴膜等。

② 提高安全性的装饰，包括车身防护贴饰、犀牛皮装饰、倒车雷达、防盗器等。

③ 改变风格的装饰，包括更换个性内饰、更换车身大包围、加装尾翼、加装扰流板和导流板等。

④ 提升价值的装饰，包括加装桃木内饰、更换真皮座椅等。

3. 我国汽车美容的现状与前景

① 起步较晚，发展很快。我国的汽车美容业到 1994 年时才出现，但随着汽车，尤其是家用轿车保有量的不断增加，汽车美容行业得到了迅速的发展。据有关资料介绍，截止到 2010 年年底，中国汽车的保有量已突破 7000 万辆，中国正在逐渐成为汽车消费大国，汽车装饰美容企业（包括装饰美容店）也已达 20 多万家。汽车美容行业正逐渐从附属于汽车维修行业的角色向独立细分行业发展，汽车美容行业也被越来越多的人所关注。

② 利润空间大，竞争激烈。在一辆汽车的全部利润中，销售利润占 20%，零部件供应利润占 20%，服务业利润占 60%，而美容保养在服务业利润中又占了绝大部分的份额。由于该行业有着利润高、操作简单、管理不规范等特点，因此，大量的洗车店、汽车配件精品店、汽修厂等蜂拥进入汽车美容市场，致使市场竞争日趋激烈。

③ 管理混乱、技术水平低。在我国的汽车美容市场中，劣质用品泛滥，从业人员素质不高，正规美容店与马路边的洗车摊并存，有关部门还没有对这个新兴行业出台一整套标准化的管理制度，再加上消费者对这一行业缺乏了解，就导致了汽车美容装潢市场鱼龙混杂、良莠并存，给行业的健康发展带来了极大的隐患，因此，如何使我国的汽车美容装潢业能真正立足并不断发展壮大，已成为每一个业内人士所关注的问题。

④ 随着消费者爱车、养车意识的不断提高，越来越多的车主更加重视对车辆的日常保养，而不再等到车辆损坏后再到修理厂或 4S 店进行大修。“七分养，三分修”的汽车养护新理念已被更多的消费者所接受，人们不仅要求汽车“行得方便”，也要求“行得漂亮”。因此，汽车定期美容护理正在成为汽车后市场服务消费的重要内容之一。按照最保守的估计，如果我国每辆车每年平均在美容养护上花费 2000～2500 元，那么，我国汽车美容养护市场将达到 1400 亿～1750 亿元的规模，而据国务院发展研究中心市场研究所统计，2010 年的汽车用品销售额已达到 840 亿元人民币，市场潜力巨大。

## 习 题

1. 汽车的主要技术性能有哪些？
2. 汽车美容的基本内容有哪些？

# 项目一

# 汽车发动机的保养与美容

发动机是汽车的心脏，为汽车行驶提供动力。现在的汽车主要采用往复活塞式内燃机，它可将燃料在汽缸中燃烧产生的热能转换为曲轴旋转的机械能，从而带动汽车运动起来。发动机的状态直接影响着汽车的使用，所以，发动机的保养与维护显得尤为重要。

## 任务一　发动机室的清洁及保养

### 学习目标

1. 了解汽车发动机的类型和工作原理
2. 掌握发动机污染的种类和形成原因
3. 能够认识发动机系统的零件
4. 掌握发动机清洁养护方法

### 一、任务分析

发动机美容是用专业美容清洁用品对发动机及其附件进行清洗和保养的一种操作工艺，可有效延长其使用寿命。

发动机室的污染以油性污染物为主，尘土、油污及各种酸、碱物质特别容易附着在发动机机体等部件上，这些物质会与金属产生氧化反应，从而腐蚀机件。润滑残留物是汽车发动机最常见的污渍，如图 1-1 所示。

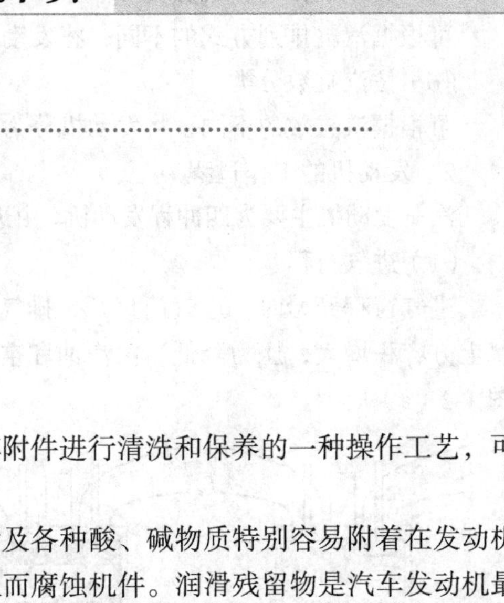

图 1-1　脏污的发动机

在使用汽车时，发动机机油在工作过程中常会发生一定程度的“老化”、氧化和聚合，而这些残留物往往容易附着在零部件的表面。长期的高温和氧化作用容易使发动机的橡胶、塑料制品因老化而失去弹性，进而产生龟裂，严重时，还会导致发动机故障。严重的油污会影响散热，如果再有老化的电线产生火花，那么，在炎热的夏季，就很容易引起汽车自燃。

## 二、相关知识

1. 发动机的分类

（1）按使用的燃料分类

可根据使用燃料的不同，将发动机分为汽油机、柴油机和使用其他燃料的发动机（如天然气）。

（2）按着火方式分类

可根据着火方式的不同，将发动机分为点燃式发动机和压燃式发动机两种。

① 在点燃式发动机中，燃烧室内的燃油和空气混合气被火花塞电极间的电火花点燃。汽油机为点燃式发动机。

② 在压燃式发动机中，燃油和空气混合气被压缩后，温度升高而自行着火。柴油机为压燃式发动机。

（3）按工作循环分类

可根据工作循环的不同，将发动机分为四冲程发动机和二冲程发动机。

（4）按冷却方式分类

可根据冷却方式的不同，将发动机分为水冷式发动机和风冷式发动机。

（5）按汽缸排列方式分类

可根据汽缸排列方式的不同，将发动机分为直列式、V 型和对置式。

（6）按汽缸数分类

可根据汽缸数的不同，将发动机分为 3、4、5、6、8、10 或 12 个汽缸发动机。

2. 发动机的工作过程

汽车发动机主要为四冲程发动机，由进气、压缩、做功和排气 4 个过程周而复始地循环工作。

（1）进气行程

进气行程开始时，进气门打开，排气门关闭，曲轴转动使活塞由上止点向下止点运动，活塞上方容积增大，压力降低。由汽油和空气组成的可燃混合气在压力差的作用下进入汽缸，如图 1-2（a）所示。

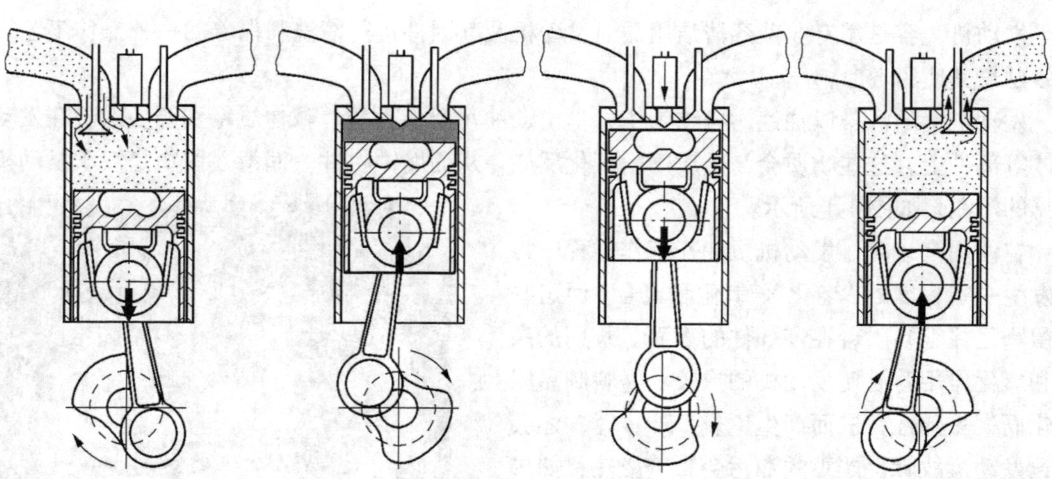

（a）进气行程　　（b）压缩行程　　（c）做功行程　　（d）排气行程

图 1-2　四冲程汽油发动机的工作原理示意图

（2）压缩行程

压缩行程开始时，进、排气门关闭，曲轴继续转动，活塞从下止点向上止点运动，活塞上方容积缩小，可燃混合气被压缩，其温度和压力升高，如图 1-2（b）所示。

（3）做功行程

做功行程时，进、排气门仍然关闭，当压缩接近终了时，火花塞发出电火花，可燃混合气被点燃并迅猛燃烧，燃烧气体的压力和温度急剧升高，推动活塞由上止点向下止点运动，通过连杆使曲轴旋转而对外做功，所以，做功行程也被称为膨胀行程，如图 1-2（c）所示。

（4）排气行程

排气行程开始时，进气门仍关闭，排气门开启，曲轴继续转动，活塞由下止点向上止点移动，将膨胀做功后的废气挤出汽缸，如图 1-2（d）所示。

综上所述：发动机每完成一个工作循环时，曲轴转动两周，进、排气门各开启一次，活塞完成 4 个行程，其中进气、压缩和排气行程是消耗动力，只有做功行程产生动力。

3. 发动机的基本术语

发动机基本术语的意义如图 1-3 所示。

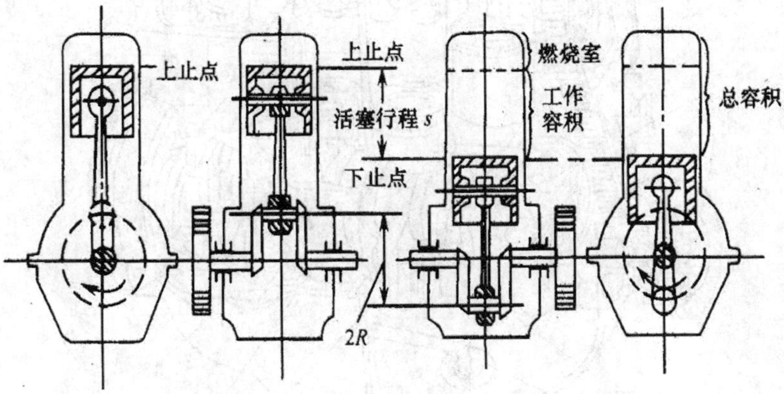


图 1-3　发动机基本术语图示

（1）上止点

活塞顶离曲轴旋转中心最远的位置，即图中活塞顶达到的最高位置。

（2）下止点

活塞顶离曲轴旋转中心最近的位置，即图中活塞顶达到的最低位置。

（3）活塞行程

活塞在上、下止点所移过的距离 $s$。

（4）燃烧室容积

当活塞在上止点时，活塞顶上方的空间容积。

（5）汽缸总容积

当活塞在下止点时，活塞顶上方的整个空间容积。

（6）汽缸工作容积

活塞从上止点到下止点所让出的空间容积。

（7）发动机排量

多缸发动机各汽缸工作容积的总和，等于汽缸工作容积与缸数的乘积。

（8）压缩比

汽缸总容积与燃烧室容积之比，它可反映出汽缸内的气体被压缩的程度。

4. 发动机的结构

汽车发动机的结构形式很多，即使是同一类型的发动机，其具体构造也是各种各样的。不论哪种类型的发动机，基本上都具有“两大机构”和“五大系统”。“两大机构”是指曲柄连杆机构和配气机构；“五大系统”是指燃料供给系统、冷却系统、润滑系统、起动系统和点火系统。压燃式的柴油机没有点火系统。汽油发动机的结构如图 1-4 所示。

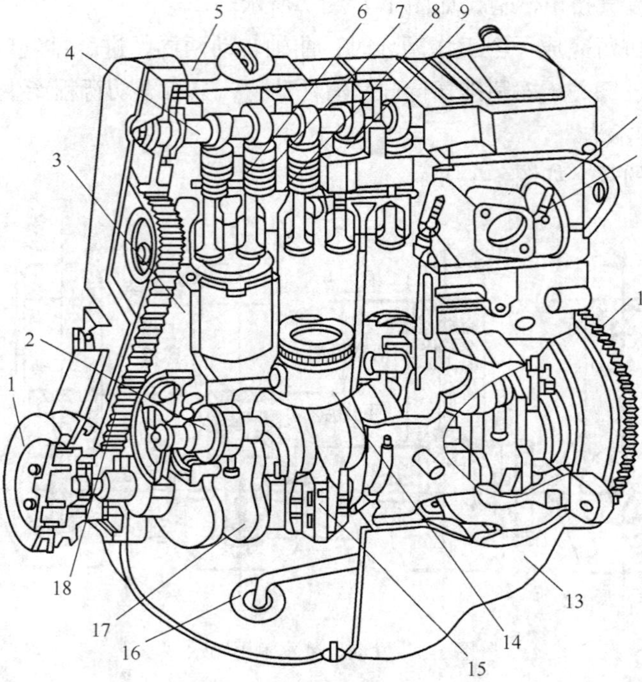


图 1-4 汽油机解剖图

1—传输带轮；2—中间轴；3—汽缸体；4—凸轮轴；5—凸轮轴罩盖；6—排气门；7—气门弹簧；8—进气门；9—气门挺杆；10—汽缸盖；11—火花塞；12—飞轮；13—油底壳；14—活塞；15—连杆总成；16—集滤器；17—曲轴；18—正时传输带

## 三、任务实施

（一）认识发动机的整体结构

1. 了解发动机的基本信息

能够根据发动机有无点火系统、喷油器、进/排气管等特点，正确分辨出发动机的类型、汽缸数等基本信息。

2. 按系统认识发动机零件或总成

从燃料供给系统开始，逐步认识点火系、冷却系和润滑系，并且了解各个零件的功能。图 1-5 所示为某汽油发动机仓内部分元件的位置和名称。

图 1-5　发动机仓内的零件

1—空气滤清器；2—节气门体；3—蓄电池；4—燃油管路；5—发电机；6—发动机机油油尺；7—废气再循环控制阀；8—制动液储液罐；9—制动助力器；10—冷却液储液罐；11—风窗玻璃清洗液储液罐；12—动力转向液储液罐；13—ABS 泵；14—高压线和火花塞；15—散热器；16—空调管路

（二）发动机室的清洁及保养

1. 清洁保养用品

清洁发动机室会用到如下用品。

① 刷子。辅助清洗工具，可清除顽固污渍。

② 保护膜。可防水，保护电器元件。

③ 发动机表面清洗剂。能快速乳化分解油污，且不腐蚀机体及其部件。其水溶性强，可完全生物降解，易用水冲洗。

④ 发动机保养剂。用于发动机外部件的护理，是优质的水基上光剂，可保护零件，防止沾染灰尘。

⑤ 洗车机。将水压调低时，可用来淋湿和冲洗被溶解的污垢。

⑥ 空气压缩机。可提供压缩空气，用于及时吹干电器元件和电线接头处的水分。

2. 清洗操作

（1）保护好电器设备

用锡箔纸或保鲜膜等防水材料扎紧不宜水淋的部件，如分电器、电线卡头、蓄电池、各传感器卡头等，如图 1-6 所示。

图 1-6　保护电器

注意

如果发动机的污垢较厚，不容易清除的话，则要在保护电器设备前，先用钢片将顽固污垢清除掉。

（2）淋湿发动机室

将水枪扇面调到最大，使水压尽量低一些，能将尘土冲掉，将发动机淋湿了就可以，如图 1-7 所示。前风窗玻璃与发动机室隔热空间内最容易积留树叶、污泥和灰尘等污物，这些污物很容易被空调风机带进驾驶室内，所以，一定要仔细冲洗。

图 1-7　淋湿

（3）清除油污

均匀地喷洒发动机清洗液并浸润 5～10min，如图 1-8 所示。油污严重的部位要用毛刷仔细刷洗，如图 1-9 所示。

图 1-8　喷涂清洗液

图 1-9　用毛刷清除油污

（4）冲掉污垢

发动机上污垢被清除掉后，用水枪冲掉泡沫和污水。被冲洗干净的发动机，如图 1-10 所示。

图 1-10　清洗后的发动机

（5）吹干

清洁完发动机后，应及时将保护膜取下，尽快吹干火花塞、传感器和电线接头等电器零件处的积水，如图 1-11 所示。

（6）保养

向发动机上均匀喷洒发动机保养剂，如图 1-12 所示。发动机保护剂可以有效地保护发动机上的零件，防止塑料、橡胶零件老化并避免发动机黏附灰尘。如果时间长了，有灰尘堆积，用压缩空气吹干净就可以了。

图 1-11　吹干

图 1-12　保养机体和管路

# 任务二　发动机燃料供给系统的保养与美容

### 学习目标

1. 了解发动机燃料供给系统的组成
2. 掌握燃油的类型和燃油的正确选用方法
3. 掌握燃料供给系统零件的检查及保养方法
4. 掌握燃油供给系统的免拆清洗、保养技术

## 一、任务分析

汽油发动机的燃料供给系统由供油系统、进/排气系统组成。其作用是把汽油和空气混合成合适比例的可燃混合气供入汽缸，以供燃烧，并且，将燃烧生成的废气排出发动机。燃料供给系统性能的好坏直接关系着发动机工作情况的好坏。

## 二、相关知识

1. 供油系统

供油系统包括汽油箱、汽油泵、汽油滤清器、喷油器、油压调节器、油管等。发动机工作时，电动汽油泵把汽油从油箱中泵出，汽油经汽油滤清器去除杂质和水分，流入燃油分配管，然后，被分送到各个喷油器。燃油分配器上装有油压调解器，用于保持油压与进气压力差的恒定。供油系统的组成如图 1-13 所示。

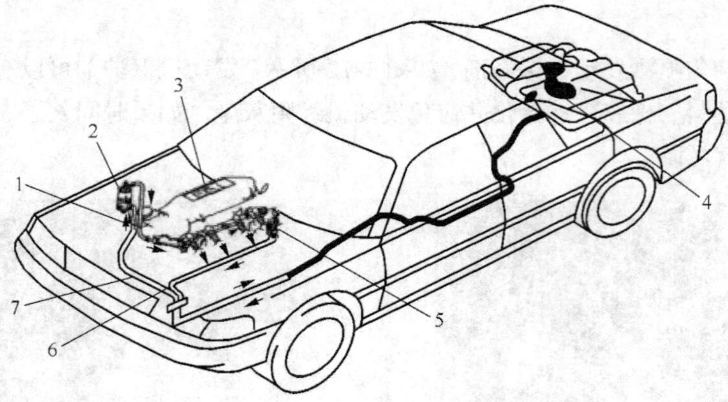


图 1-13　供油系统

1—喷油器；2—汽油滤清器；3—进气总管；4—电动燃油泵；5—压力调节器；6—回油管；7—进油管

2. 进/排气系统组成

进/排气系统包括进气系统和排气系统，可在发动机工作时向汽缸内提供新鲜空气并把燃烧后的废气排出。

（1）进气系统

进气系统包括空气滤清器、空气流量计、进气软管、进气歧管、节气门体等。其作用是按工况要求给发动机提供清洁空气。进气系统零件如图 1-14 所示。

（2）排气系统

排气系统能把汽缸内的空气与燃料混合物燃烧所产生的废气排除，也可以减少发动机产生的噪声。排气系统主要由排气歧管、三元催化转换器、消声器、排气管等零件组成，如图 1-15 所示。

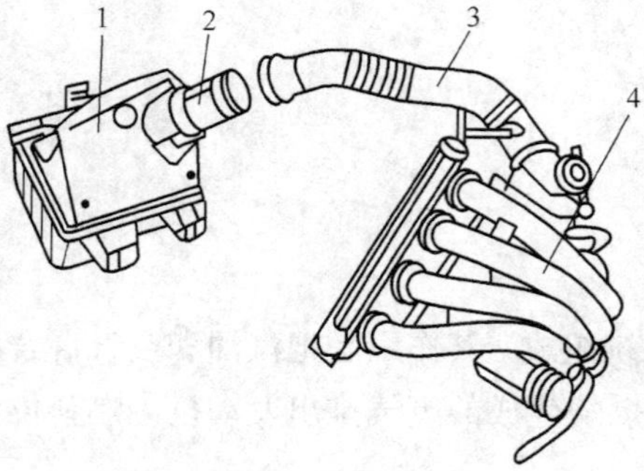


图 1-14　进气系统零件

1—空气滤清器；2—空气流量计；
3—进气软管；4—进气歧管

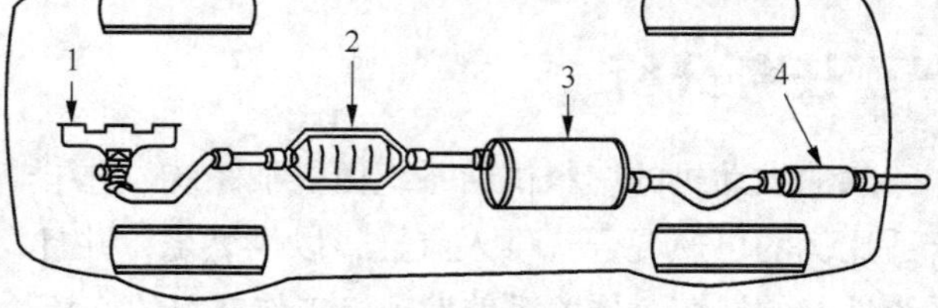


图 1-15　排气系统组成

1—排气歧管；2—三元催化转换器；
3—消声器；4—谐振器

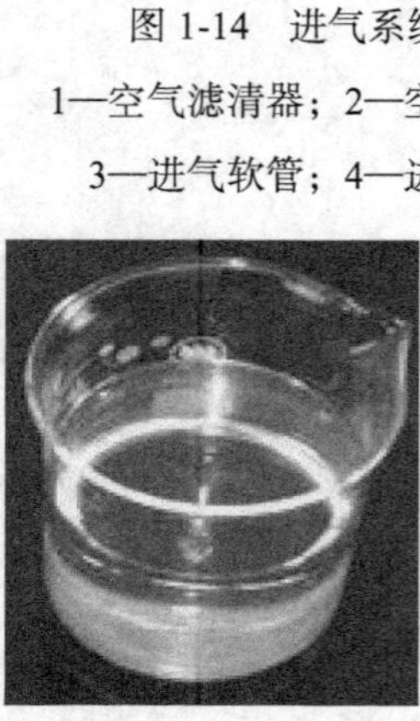

图 1-16　汽油

3. 燃油

（1）汽油的选用

汽油是原油经过一定的加工后，生产出的成品油的一种，是当今汽车的主要燃料之一，如图 1-16 所示。

① 爆燃与压缩比。爆燃是指发动机工作时，活塞未到行程顶点，即开始燃烧做功，形成反方向的作用力。爆燃时，发动机抖动严重，动力性降低。爆燃是发动机的一种非正常燃烧现象。

发动机的压缩比是汽车的核心节能指标。提高发动机的压缩比，会使燃烧更充分，但同时，燃烧的反作用也越大，对发动机的性能要求也越高。压缩比是发动机的技术指标，不同的发动机有不同的压缩比。

发动机的爆燃与压缩比密切相关，压缩比越高的发动机越容易爆燃。压缩比高的发动机应使用高标号的燃油。

② 汽油的标号。汽油标号的高低表示的是汽油辛烷值的大小，例如，97 号汽油，就是 97%的异辛烷和 3%的正庚烷。抗爆性能越好的汽油辛烷值越高。

③ 汽油的选用。应根据发动机压缩比来选择汽油的标号：压缩比在 8.5～9.5 的中档轿车一般使用 93 号汽油；压缩比大于 9.5 的轿车应使用 97 号汽油。目前，国产轿车的压缩比一般都在 9 以上，最好使用 93 号或 97 号汽油。

汽油标号选择不合理的危害。如果给高压缩比的发动机选用低标号汽油，就会使汽缸温度剧升，汽油燃烧不完全，机器强烈振动，从而使输出功率下降，机件受损；如果给低压缩比的发动机选用高标号油，就会出现“滞燃”现象，即活塞已经下行，但还没开始燃烧，一样会出现燃烧不完全现象，对发动机也没什么好处。

（2）柴油的选用

柴油也是原油经过一定的加工后，生产出的成品油的一种，是柴油发动机的燃料，如图 1-17 所示。

图 1-17　柴油

① 柴油标号。柴油按凝固点分级，表示适用的环境温度。目前，国内应用的轻柴油可按凝固点分为 6 个标号：5 号柴油、0 号柴油、−10 号柴油、−20 号柴油、−35 号柴油和−50 号柴油。

② 柴油的选用。柴油的选用由使用时的气温决定：一般来讲，5 号柴油适合 8℃以上的气温；0 号柴油适合 8℃～4℃的气温；−10 号柴油适合 4℃～−5℃的气温；−20 号柴油适合−5℃～−14℃的气温；−35 号柴油适合−14℃～−29℃的气温；−50 号柴油适合−29℃～−44℃的气温或更低的气温。

如果选用的柴油标号不适合其温度区间，那么，发动机中的燃油系统就可能结蜡，堵塞油路，影响发动机的正常工作。柴油的标号越低，结蜡的可能性就越小。

## 三、任务实施

（一）燃料供给系统的检查及保养

1. 检查进气系统

（1）检查外观

① 检查塑料空气滤清器外壳是否破损，铝合金进气歧管是否有破损。

② 检查纸滤芯是否脏污严重，是否有堵塞。应定期用压缩空气枪吹净脏污，如图 1-18 所示。

（2）检查汽缸压缩压力

① 准备。预热并关掉发动机；拆下发动机罩盖；将点火系统的初级线路与点火线圈断开，使其不起作用，将其他电线用电工胶带绑住，使其绝缘，不能与接地线接触。将无分电器的点火系统的点火线圈拆下，如图 1-19 所示，用空气枪吹掉其凹坑内的所有尘土。将发动机的燃油

泵关掉或断开喷油器连接器使其不起作用。

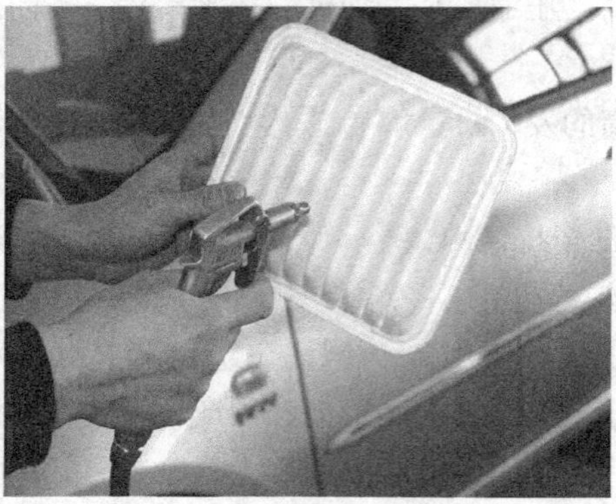

图 1-18　清洁空气滤清器

图 1-19　点火线圈的拆装

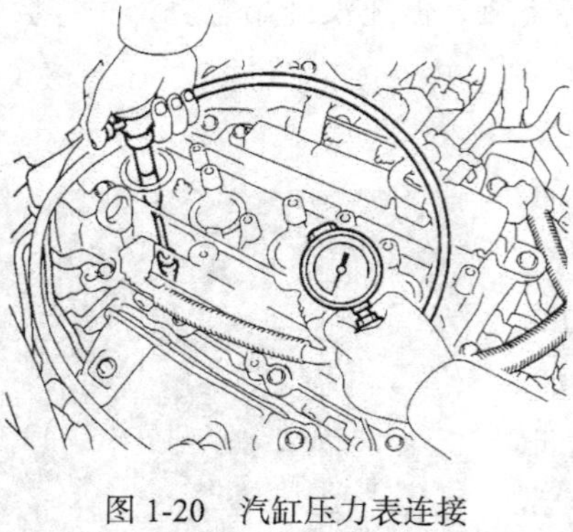

图 1-20　汽缸压力表连接

② 检查汽缸压缩压力。将压力表插入火花塞孔；将节气门全部打开；分别起动发动机并运转 3～5s，记录各个汽缸的压缩压力，如图 1-20 所示。

各缸压力差：汽油机应不超过各缸平均压力的 8%，柴油机应不超过 10%。在用车汽缸压力不得低于原设计的 25%以上。

③ 如果汽缸的压缩压力低，则可从火花塞孔向汽缸内注入少量发动机机油，然后，再次检查。如果添加机油后，压力升高，就说明活塞环和（或）汽缸孔可能出现了磨损或损坏；如果添加机油后，压力仍然较低，那就可能是气门被卡住或就位不当，也可能是衬垫漏气。

④ 复位。连接喷油器连接器；安装火花塞；安装点火线圈。

2. 检查排气系统

检查三元催化转换器是否失效，可通过检测催化器前后的工作温差或通过晃动是否有异响等简单方法来诊断，如图 1-21 所示。

消声器受外力损坏后，可用目测的方法来检查，如果有裂纹或弯曲，并且排气噪声显著增加，则可断定消声器内部有损坏，如图 1-22 所示。

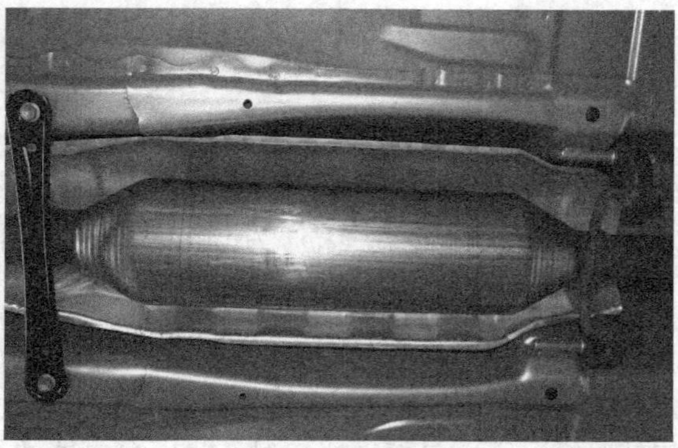

图 1-21　三元催化器

图 1-22　检查排气管损坏情况

3. 检测油压

在各种工况下，发动机供油系统实际供给的燃油压力并不是固定值。

① 测试前的准备。电源电压正常；按要求释放系统油压；连接油压表，如图 1-23 所示。

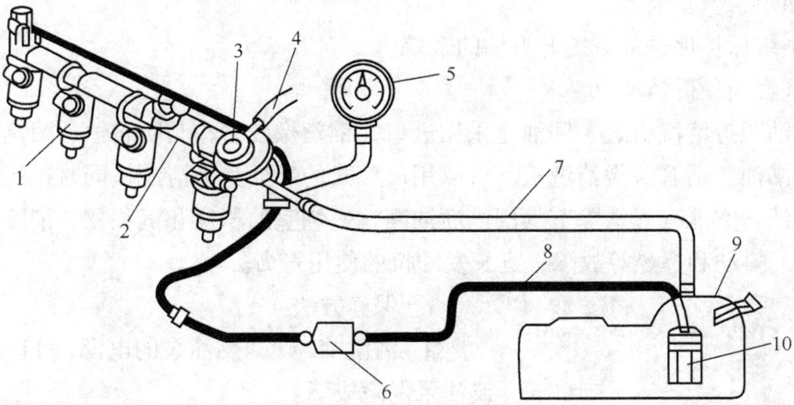


图 1-23 油压的检测

1—喷油器；2—燃油管；3—压力调节器；4—真空管；5—压力表；
6—汽油滤清器；7—回油管；8—输油管；9—油箱；10—燃油泵

② 接通点火开关，发动机怠速运转时，油压表压力显示值应符合 250kPa ± 20kPa。突然加大节气门开度时，油压表压力应迅速增大到 290kPa 左右。在怠速时，拔下油压调节器上的真空管并用手指堵住进气管一侧的管口，油压表压力必须升高到 300kPa。

③ 若燃油系统压力过低，可夹住回油软管，以切断回油管路，再检查油压表指示压力，若压力恢复正常，则说明燃油压力调节器有故障，应更换；若压力仍过低，则应检查燃油系统有无泄漏，燃油泵滤网、燃油滤清器和油路是否堵塞，若无泄漏和堵塞故障，则应更换燃油泵。

④ 若油压表指示压力过高，则应检查回油管路是否堵塞；若回油管路正常，则说明燃油压力调节器有故障，应更换。

⑤ 如果燃油系统压力符合标准，那么，使发动机运转至正常工作温度后，重新接上燃油压力调节器上的真空软管，燃油压力表指示压力应略有下降（约 0.05MPa）；否则，应检查真空管路是否堵塞或漏气，若真空管路正常，则说明燃油压力调节器有故障，应更换。

（二）燃油供给系统的免拆清洗及保养

长期使用发动机后，燃油系统会变脏，甚至堵塞，会在进气门、燃烧室（见图 1-24）、喷油嘴、节流阀体等处产生积炭和沉积，导致发动机起动困难、怠速不稳、抖动、动力下降、油耗上升、尾气超标等问题。

图 1-24 积炭严重的燃烧室

1. 高质量的燃油系统保护剂的保养效果

① 消除燃料系统、喷油嘴、进气门及燃烧室等处的积炭和沉积物，清理节流阀体、进气歧管及三元催化器的污物，抑制积炭的生成和胶质的沉积。

② 提高燃油性能并减少废气排放。

③ 消除活塞及活塞环上的积炭，恢复压缩比。

④ 去除燃油残留物质以清洁燃油系统并保护整个燃油系统，防止腐蚀。

⑤ 改善扭矩，恢复动力。

⑥ 燃油系统保护促进剂可提升汽油的辛烷值。

2. 吊瓶式燃油免拆清洗机

吊瓶式燃油免拆清洗机进、回油管采用进口夹钢丝橡胶管，其防腐蚀、耐高温、耐高压，经久耐用，不漏油，适合各类清洗液。可以用吊瓶式的燃油免拆清洗机同时进行汽车燃油系统和节气门的清洗。它能有效清除节气门、喷油嘴、燃烧室的积炭和沉积物，消除发动机怠速不稳、加速不良、抖动和爆燃等故障，延长发动机的使用寿命。

图 1-25　安装吊瓶式清洗机

3. 保养方法

① 清洗前，切断燃油泵的电源，可以将油泵继电器或油泵保险拔下。

② 将原车的进、回油管分别断开，用专用的接头将回油管堵上，将进油管与燃油免拆清洗机的对应管路相连接。

③ 取下吊瓶，加入燃油系统清洗剂。装好吊瓶，将吊瓶清洗机挂在发动机罩上，如图 1-25 所示。

④ 连接好压缩空气接头，打开空气开关，调整压力至工作压力，旋开吊瓶的水平阀门。

⑤ 起动发动机，让发动机怠速运转 15～20min，直至用完清洗剂。

# 任务三　发动机冷却系统的保养与美容

## 学习目标

1. 了解发动机冷却系统的组成
2. 掌握冷却液的特性和正确选用的方法
3. 掌握发动机冷却系统零件的检查和保养方法
4. 掌握发动机冷却系统的免拆清洗、保养技术

## 一、任务分析

发动机冷却系统是通过冷却液的不断循环流动，将汽缸体吸收的热量散掉，以保证缸体的温度维持在稳定状态。长期使用的发动机会产生以水锈为主的污垢及胶质。这些杂质难以清除并会慢慢腐蚀部件，引起发动机过热和水箱开锅，甚至导致发动机爆缸等严重后果，如图 1-26 所示。

图 1-26　冷却系统引起的发动机腐蚀

## 二、相关知识

1. 冷却系统的组成

汽车发动机普遍采用强制循环式水冷却系统，利用水泵使冷却水不断地循环流动，带走零件表面的热量。它主要由强制循环水供给装置（散热器、水泵、水套等）、冷却强度调节装置（节温器、风扇等）、水温指示装置（水温传感器、水温表等）组成，如图 1-27 所示。

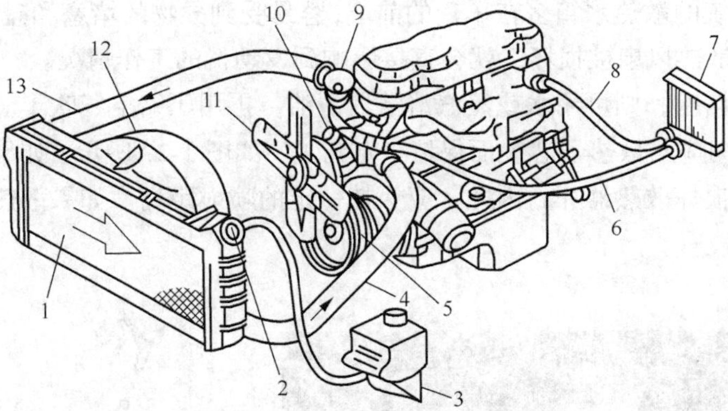


图 1-27　冷却系统的组成

1—散热器；2—散热器盖；3—膨胀水箱；4—回水管；5—风扇传动带；6—暖风机出水软管；7—暖风机芯；8—暖风机进水软管；9—节温器；10—水泵；11—冷却风扇；12—护风圈；13—散热器进水软管

2. 冷却液

发动机冷却液是一种含有特殊添加剂的液体，主要用于水冷式发动机的冷却系统。可通过冷却液的不断循环流动，带走发动机自身的热量，使发动机自身温度保持在规定范围内。

（1）高质量冷却液的特性

① 防冻。水的冰点是 0℃，普通型的冷却液的冰点可达−40℃，而优质的冷却液的冰点则能达到−60℃左右，这是标定冷却液质量的一个重要指标。另一个指标是冷却液的沸点，水的沸点是 100℃，而冷却液至少应达到 108℃以上，也就是说，冰点越低，沸点越高，其中的温差越大，冷却液的品质就越好。因为冷却液有防冻的特性，所以，也叫防冻液。

② 防腐蚀。发动机及其冷却系统是金属的，有铜、有铁、有铝、有钢，还有焊锡。这些金属在高温下与水接触，时间长了，都会受到腐蚀并生锈。长时间受到腐蚀的金属部件会生成大量的铁锈，严重的会逐渐蚀穿金属板而导致渗漏，这直接关系到汽车冷却系统的使用寿命，而

冷却液不仅不会对发动机冷却系统造成腐蚀，还具有防腐和除锈的功能。

③ 防垢。硬水中含有大量的碱性物质，经加热分离后，碱性物质就会变成水垢。水垢的导热系数很小，是铸铁的1/25，黄铜的1/50，所以，有了水垢之后，冷却液的热传导性就会大大降低。水垢会附着在水箱、水套的内部金属表面，使散热效果越来越差，导致开锅、缺水，甚至粘缸、烧瓦、腐蚀加重等现象产生，而这又会促使水垢增加，形成恶性循环，甚至导致发动机报废。优质的冷却液是用蒸馏水制造而成的，并且，加有防垢添加剂，不但不会生水垢，还具有除垢功能。大部分冷却液是乙二醇的水基型。

（2）冷却液的选用

据调查，全球50%以上的汽车发动机故障来源于冷却系统，由此可见防冻液的重要性。它能对发动机冷却系统的部件起到防腐、保护作用，防止水垢生成，避免降低散热器的散热功能，以保证发动机能在正常温度范围之内工作。

## 三、任务实施

（一）冷却系统的检查及保养

1. 检查散热器

发动机冷却系统的散热水箱多在车辆的前端，容易受到异物的堵塞和碰撞，如图1-28所示。如果散热水箱或者散热风扇被损坏，就会直接影响到发动机的工作情况。

如果散热器片堵塞，则可用水或蒸汽清洁器清洁，再用压缩空气吹干。注意：为避免损坏散热器片，喷射方向应与散热器芯表面保持一定角度，如图1-29所示。如果蒸汽清洁器离散热器芯过近，就可能损坏散热器片，因此，应保持一定的喷射距离。如果散热器片弯曲，则可用螺丝刀或钳子将其校直。

图1-28 冷却系统的散热器

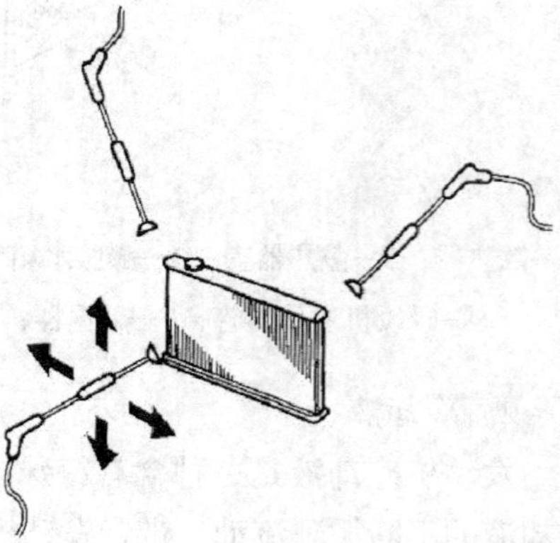

图1-29 散热器片总成的清洁

2. 检查冷却液

（1）检查冷却液液位

发动机冷机时，冷却液应在“LOW”和“FULL”线之间，如图1-30所示。如果冷却液低于“LOW”线，则应检查有无泄漏并添加该车型指定品牌的冷却液至“FULL”线。

（2）检查冷却液是否泄漏

向散热器总成内加注冷却液，然后，连接散热器盖检测仪。用加压手柄，向冷却系统施加118 kPa的压力，然后，检查压力是否下降。如果压力下降，就要检查软管、散热器总成和水泵总成是否有泄漏的情况。如果外部无冷却液泄漏的迹象，就要检查加热器芯、汽缸体和盖，如图 1-31 所示。

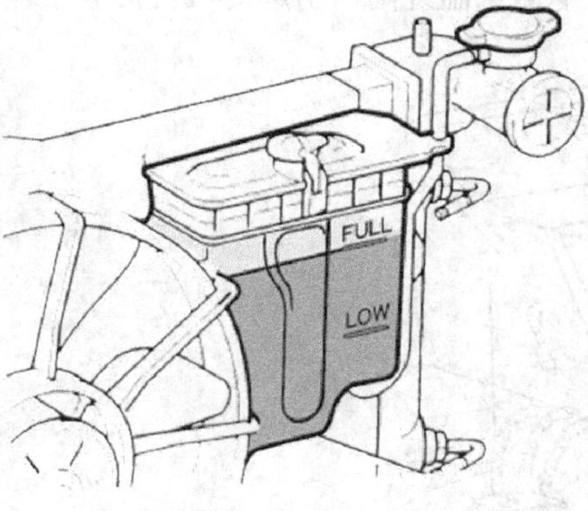


图 1-30　冷却液液位的检查

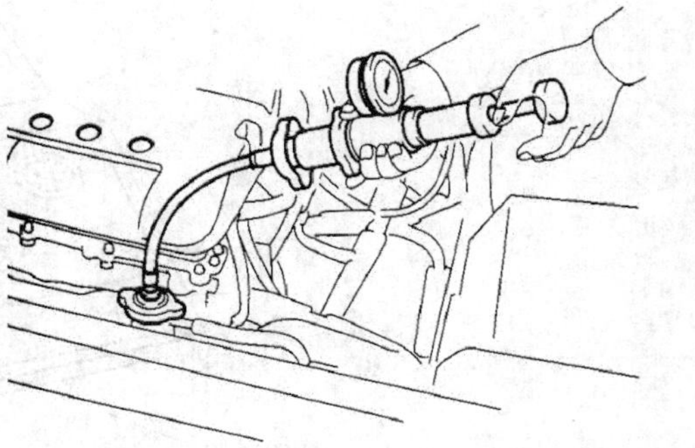

图 1-31　冷却系统的漏泄检查

注意：为防止灼伤，在发动机和散热器总成仍很热时，不要拆下散热器盖总成。热膨胀可能导致热冷却液和蒸汽从散热器盖口中喷出。

3. 冷却液的更换

（1）排空冷却液

松开散热器的放水螺塞，拆下散热器盖分总成。松开放水螺塞，然后，排空冷却液。

（2）添加冷却液

拧紧放水螺塞和散热器放水螺塞，将发动机冷却液注入散热器总成内，直到其溢出。用手捏住散热器进水和出水软管数次，检查散热器总成内的冷却液液位。如果冷却液液位下降，就要安装散热器盖分总成，将冷却液缓慢注入散热器储液罐中，直到冷却液液位到“FULL”线。预热发动机，直到冷却风扇运转。停止发动机，直至冷却液冷却后，检查储液罐中冷却液的液位，如果液位低于“FULL”线，就要再次进行补充加注，直到发动机冷却液液位保持在“FULL”线为止。

（二）冷却系统的免拆清洗及保养

电动循环清洗能疏通生锈的水道、清除水垢；气动脉冲清洗能将水道中最顽固的水锈、水垢震松并彻底冲走，以起到降低水温，节省燃油的作用，同时，也能减少因水温高、汽缸油膜遭破坏而增加的磨损。

1. 高质量的冷却系统保护剂的保养效果

① 消除冷却系统中的污垢和杂质，并且，防止锈蚀、化学腐蚀和水垢的形成，中和酸性物质，抑制锈渍生成。

② 改善热传递效果，恢复冷却系统性能，防止发动机过热和水箱开锅。

③ 防止散热器、水箱、水管、汽缸盖、水泵及密封圈等发生渗漏并能迅速止漏。

④ 防止冷却液变质，延长其使用寿命。

⑤ 适合所有类型的冷却液。

2. 冷却系统清洗机

冷却系统清洗机是能对汽车冷却系统进行动态及静态清洗的设备，如图 1-32 所示。在静态下，冷却系统的部分管路处于关闭状态，只有在温度上升到一定程度时，这些管道才会开启，因此，动态清洗才能达到彻底清除管路中沉积污垢的目的。冷却系统清洗机还可以用于清洗水箱内部的酸性物质，从而提高冷却系统的冷却性能，减少因水温升高而引起的汽缸油膜损坏。

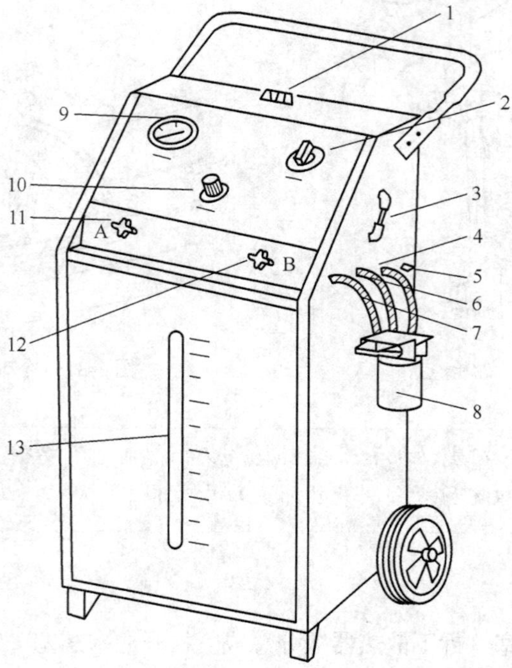


图 1-32　冷却系统清洗机

1—清洗剂加入口；2—定时器；3—视窗；4—自来水管；5—压缩空气接头；6—回水管（接上水管）；7—出水管（接暖水管）；8—过滤器；9—压力表；10—调压阀；11—A 转换阀；12—B 转换阀；13—储液桶视窗

3. 保养方法

一般情况下，汽车应在冬夏换季时清洗、保养一次，正常行驶 6～8 个月清洗、保养一次，或者遇水温过高、漏水、开锅时，清洗、保养一次。

① 拆开暖风机与发动机连接的水管并将其与清洗机的出液管相连，再向冷却系统清洗机内加注适量的清洗剂。

② 把自来水管接入清洗机的注水口，加入 2～3L 水。拆开水箱与发动机连接的上水管，将其与清洗机的回液管相连。

③ 给清洗机接上压缩空气，调节工作压力至 0.1MPa。

④ 把转换阀旋到循环清洗位置，起动发动机，清洗 10～20min。

⑤ 把转换阀旋到空气位置，将调压阀拉起，调进高压空气，等出液管中有 1/3 气量时，进行气动冲洗，如图 1-33 所示。

⑥ 清洗结束，撤下清洗机。向水箱中加入新的冷却液并加入适量的水箱保护剂。

图 1-33　冷却系免拆清洗操作

# 任务四　发动机润滑系统的保养与美容

## 学习目标

1. 了解发动机润滑系统的组成
2. 掌握发动机机油的特性和使用方法
3. 掌握发动机润滑系统相关项目的检查及保养方法
4. 掌握发动机润滑系统的免拆清洗、保养技术

## 一、任务分析

发动机润滑系统可使机油在发动机机体内循环，从而润滑曲轴、连杆轴颈、凸轮轴颈和摇臂部位，以减少轴颈的磨损，保证发动机的正常工作状态。日久天长，发动机内部的机油就会形成许多油泥、积炭等污垢（见图 1-34），导致机油过早失效、冷却效果减弱、部件过早磨损等，所以，要对机油进行定期更换，对润滑系统的零件也要定期进行维护和保养。

图 1-34　严重脏污的发动机润滑系统

## 二、相关知识

1. 润滑系统的组成

发动机的润滑系统由机油泵、集滤器、机油盘、机油滤清器等部件组成，如图 1-35 所示。发动机工作时，曲轴带动机油泵旋转，机油经机油集滤器从油底壳中被吸出，再由机油泵将机

油输出。从机油泵输出的机油进入机油滤清器，滤去机械杂质后的机油流入汽缸体主油道和缸盖主油道。缸体主油道的机油通过横向油道分别流向曲轴各主轴颈，再通过曲轴中的斜油道流向连杆轴颈，以及润滑主轴颈和连杆轴颈；缸盖主油道中的机油通过分油道流向润滑凸轮轴颈和摇臂等。

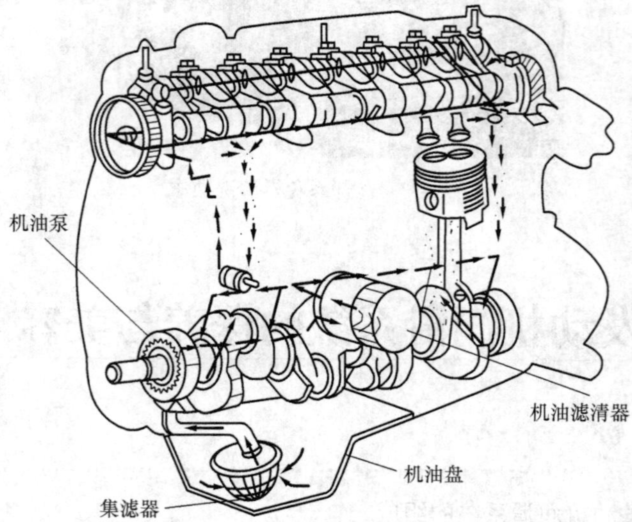


图 1-35　发动机润滑系统

2. 发动机机油

发动机机油用于发动机的润滑系统，可延缓机件的磨损。机油除了有润滑功能外，还起到一定的散热作用。

（1）机油的使用特性

市面上的品牌机油说明书上经常会出现“API”和“SAE”。“API”是美国石油学会的简称，它所鉴定的是机油的质量等级，所以，油品的质量好坏要看 API 指标。“SAE”是美国工程师学会的简称，它所鉴定的是机油的黏度等级。

① 机油的品质特性。“API”品质编制分为汽油和柴油两种，用“S”表示汽油（我国国产油用“Q”表示汽油），“C”表示柴油，后面的英文字母表示机油的级别，其质量级别的高低依照英文字母的顺序来表示，字母越往后，其级别越高。

汽油机油 API 品质级别为：SA、SB…SJ…。柴油机油 API 级别为：CA、CB…CH…。随着发动机对机油等级要求的不断提高，低级别的机油正逐渐被淘汰，高级别的机油则不断被开发出来并投入市场。

机油使用级的选择主要是依据发动机机型，发动机转速越高，对机油使用级别的要求也就越高。一般而言，新型号的发动机对机油使用级别的要求更高。在选用机油的时候，要严格按照汽车使用说明书所规定的机油使用级选用，不要混用不同级别的机油。

② 机油黏度特性。黏度是发动机机油最重要的特性之一，而黏度指数与发动机工作温度的相互关系则影响着机油的润滑功能。一般“油”的特性是低温渐稠、高温渐稀，这与发动机的工作需求背道而驰，可利用添加剂来改变油质本性。

“SAE”所鉴定的是机油的黏度等级，例如，SAE10W-40、SAE15W-40、SAE5W-50 等。“W”表示冬季（winter），其前面的数字越小，说明机油的低温流动性越好，代表可供使用的环境温度越低，在冷起动时，对发动机的保护能力越好；“W”后面（“-”后面）的数字则是机油耐高温性的指标，数值越大，说明机油在高温下的保护性能越好。SAE40、SAE50…，这样只有一组数值的是单级机油，不能在寒冷的冬季使用。

SAE15W-40、SAE 5W-40 这样的等级中有两组数值，“15”表示冬天时，机油黏度为 15 号，“40”表示夏天时，机油相当于 40 号机油的黏度。这就说明，这种机油是“多级机油”，适合从低温到高温的广泛区域，其黏度值会随温度的变化给予发动机全面的保护。各种多级机油的适用范围如表 1-1 所示。

表 1-1　机油黏度级与温度的关系

| 黏 度 级 号 | 适用气温范围（℃） | 黏 度 级 号 | 适用气温范围（℃） |
|---|---|---|---|
| 5W/20 | −45～20 | 15W/40 | −25～40 以上 |
| 10W/30 | −30～30 | 20W/30 | −20～30 |
| 10W/40 | −30～40 以上 | 20W/40 | −20～40 以上 |
| 15W/30 | −25～30 | | |

（2）机油的更换周期

汽车的说明书上规定了机油的更换周期，这个周期是机油的最长更换周期，在实际使用中，如果能提前更换当然更好，那样不会出任何问题。

更换周期不能太长，否则，机油会变质。还有一点要注意的是，机油也有消耗，在发动机工作期间，正常情况下都有烧机油的现象，只是量多、量少的问题，一般都比较轻微，但仍然应该定期检查油尺的油面高度，发现不足时应及时补充。如果发现机油消耗量突然变大，就应当注意了，这有可能是活塞环或气阀杆磨损加大所造成的，应及时检查并消除隐患。

## 三、任务实施

（一）润滑系统的检查及保养

1. 更换发动机机油

（1）检查机油

① 检查机油时，应先把车辆停在平坦的地面上，关掉发动机并等待约 5min，使机油流回油底壳，然后，拉出油尺，将其擦干净并全部插回去，再拉出油尺，油量应在“F”与“L”之间，如图 1-36 所示。

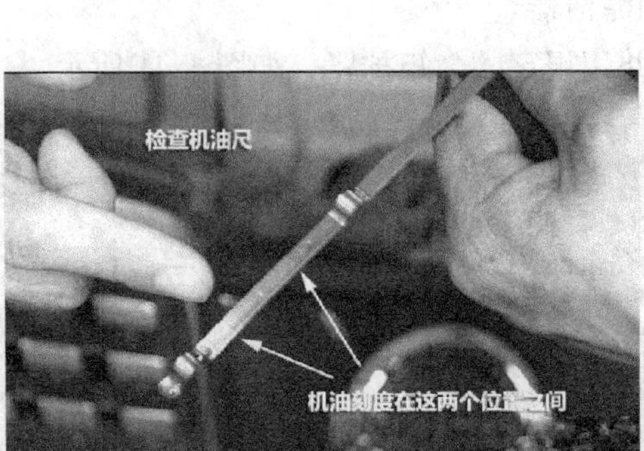


图 1-36　机油尺

② 机油应颜色清亮，无异味，无杂质，否则，需要更换新机油和机油滤清器。

（2）排放旧油

① 在排放旧油前，应先将机油加注口盖打开，保证发动机内的气压平衡，使机油排放彻底，如图1-37所示。

② 举升车辆到一定高度。卸下机油排放螺栓，同时，将收集旧油的容器放在排油口的下方，如图1-38所示。拧松排放螺栓后，要快速将其取下，防止被热的机油烫伤。

图1-37 打开机油加注口盖

图1-38 卸下机油排放螺栓

③ 当旧油排完后，用专用工具将机油滤清器卸下，如图1-39所示。

图1-39 卸下机油滤清器

（3）更换新机油滤清器

① 取出新的机油滤清器，在滤清器正面边缘部位涂抹少量的新机油，如图1-40所示，再用专用工具安装好新的机油滤清器。

② 安装机油排放螺栓并用规定的力矩拧紧，如图1-41所示。

图1-40 更换新机油滤清器

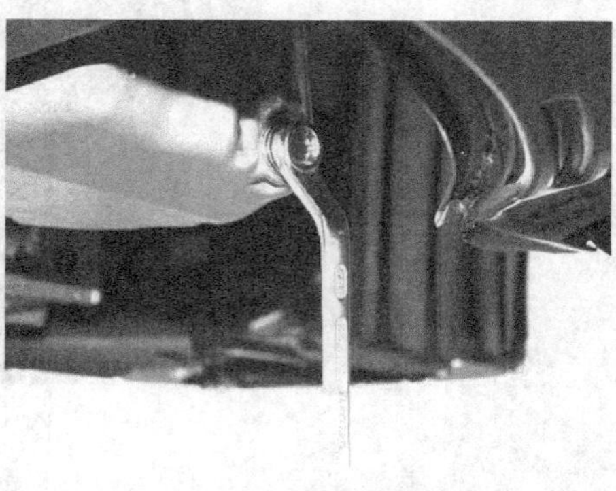

图1-41 安装机油排放螺栓

（4）加注新油

① 按发动机规定的容量加入新机油。加注新油时，手要稳，加注速度不要过快，以防止机油洒落在发动机外部，如图 1-42 所示。加注完成后，用机油尺测量加入的机油量是否合格并做适当调整。

② 起动发动机并暖机，观察机油滤清器、放油螺栓等部位是否有渗油情况。

2. 检查机油压力

① 断开机油压力开关连接器，拆下机油压力开关。安装机油压力表，如图 1-43 所示。

图 1-42 加注新机油

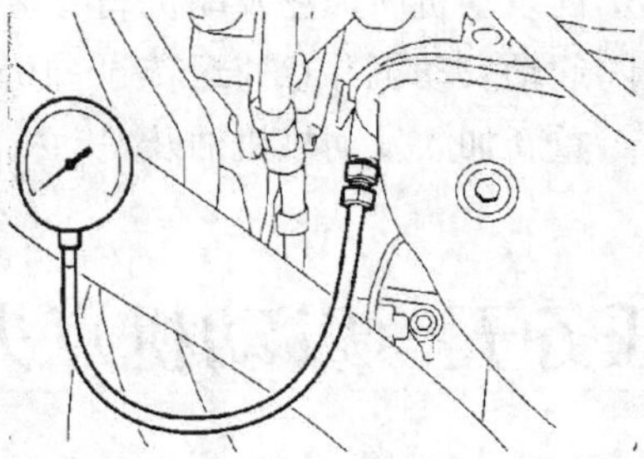

图 1-43 压力表的连接

② 检查机油压力。起动发动机并暖机。如果油压不符合规定，就要检查机油泵。机油压力标准值如表 1-2 所示。

表 1-2 机油压力标准值

| 发动机转速 | 机 油 压 力 |
|---|---|
| 转速为 700r/min | 49 kPa |
| 转速为 3000r/min | 206 kPa |

③ 拆下机油压力表，安装机油压力开关，起动发动机并检查机油是否泄漏。

（二）润滑系统的免拆清洗及保养

润滑系统清洗剂能清除发动机内部的油泥和其他积物，以避免机油在高温下氧化、稠化，还可减少发动机部件的磨损，恢复活塞环的弹性，使旧机油的排出更彻底，减少对新机油的污染，从而延长发动机的寿命，提高发动机的动力。

润滑系统保养剂是为保护发动机而设计的，具有特强的减磨、抗磨功能。使用后，保养剂能在易产生磨损的发动机缸体表面形成一层坚硬的保护膜，还能自行修复发动机已经磨损的表面（磨损不能过分严重），从而降低噪声、节省燃油，延长发动机寿命，提高发动机动力。

正常情况下，汽车每行驶 5000～10000km，就需清洗并保养一次，在遇到发动机噪声过大，加速无力，水温过高时也需清洗、保养一次。

1. 高质量的润滑系统保护剂的保养效果

① 清除发动机内部的油泥和其他沉积物，使旧机油排出更彻底，以减少对新机油的污染。

② 中和所产生的酸性物质，以避免由此引起的腐蚀、变质。

③ 清除活塞及活塞环上的积炭。

④ 回复或改善压缩比，提高扭力和功率。

⑤ 使发动机起动更顺畅，提高冷起动性能。

⑥ 减少发动机部件的磨损。

⑦ 减少机油的消耗，避免机油在高温下的氧化、增稠。

⑧ 保护发动机避免在瞬间加速时产生过热现象。

2. 润滑系免拆清洗、保养方法

① 起动发动机，怠速运转 5min，将旧机油排出。

② 将清洗机的回油管接到油底壳放油螺孔上，将出油管接到机油滤清器座接头上。打开清洗机电源，设定清洗参数。

③ 向发动机内加注发动机润滑系统清洗油。

④ 起动发动机并怠速运转 5～10min，将清洗后的清洗油排出。

⑤ 重新加入发动机机油及发动机润滑系统保护剂。

# 任务五　发动机点火系统的保养与美容

### 学习目标

1. 掌握蓄电池电解液的知识和蓄电池的使用注意事项
2. 掌握火花塞的型号和电极间隙
3. 掌握蓄电池的检查和保养方法
4. 掌握发电机的检查和保养方法
5. 掌握火花塞和高压线的检查和保养方法

## 一、任务分析

汽油发动机的点火系统由蓄电池、发电机、点火线圈、高压线和火花塞等组成。柴油发动机采用的是压燃方式点火，所以，不需要点火线圈、高压线和火花塞等零件。蓄电池可为全车提供电力保障，特别是在车辆起动时，全靠蓄电池带动发动机运转。发电机在发动机起动后代替蓄电池给全车提供电力，并且，给蓄电池进行充电。点火线圈将 12V 电压升高，再通过高压线将电输送给火花塞，使火花塞电极间产生电火花，点燃燃烧室内的可燃混合气，使发动机运转做功。

## 二、相关知识

1. 蓄电池

（1）电解液

① 电解液密度。电解液密度的高低将随蓄电池充、放电程度的不同而变化。电解液密度的下降程度是蓄电池放电程度的一种表现。可通过测量每个单格内的电解液密度来了解蓄电池的放电程度。当电解液密度低于 1.230 g/cm$^3$（15℃）时，应对蓄电池进行充电。

② 电解液密度的修正。不同温度电解液的密度有一定的差别，需要对测得的电解液密度值进行修正。电解液密度以 15℃时的值为基准，按下式进行修正。

密度值 = 测得电解液密度+ 0.0007×（实际电解液温度−15℃）

电解液密度也可根据表 1-3 进行修正。

表 1-3　不同温度下电解液密度读数修正值

| 电解液温度/（℃） | 修正值/（$g/cm^3$） | 电解液温度/（℃） | 修正值/（$g/cm^3$） |
|---|---|---|---|
| +45 | +0.02 | −15 | −0.02 |
| +30 | +0.01 | −30 | −0.03 |
| +15 | 0 | −45 | −0.04 |
| 0 | −0.01 | | |

③ 从电解液密度判断蓄电池的放电情况。将测得的并经过修正的电解液密度数值与表 1-4 所列电解液密度与放电程度的关系进行对比，就可以判定蓄电池的放电情况了，从而确定是否需要进行充电。当蓄电池放电量超过 25%时，就应及时充电。电解液密度每下降 0.01g/cm$^3$，蓄电池大约放电 6%。

表 1-4　蓄电池放电程度与电解液密度与蓄电池端电压的关系

| 蓄电池存电情况 | 充足电 | 放电 25% | 放电 50% | 放电 75% | 完全放电 |
|---|---|---|---|---|---|
| 电解液密度/（$g/cm^3$） | 1.31 | 1.27 | 1.23 | 1.19 | 1.15 |
| | 1.29 | 1.25 | 1.21 | 1.17 | 1.13 |
| | 1.28 | 1.24 | 1.20 | 1.16 | 1.12 |
| | 1.27 | 1.23 | 1.19 | 1.15 | 1.11 |
| | 1.25 | 1.21 | 1.17 | 1.13 | 1.09 |
| | 1.24 | 1.20 | 1.16 | 1.12 | 1.08 |
| 高率放电计指示电压/（V） | 1.7 | 1.6 | 1.5 | 1.4 | 1.3 |

蓄电池充足电时的基准密度值为 1.270 g/cm$^3$，若测算后的密度值为 1.230 g/cm$^3$，则可通过表 1-4 中的数据得知，蓄电池已放电 25%，应进行充电。

④ 电解液密度的调整。蓄电池电解液密度应根据地区和季节条件进行调整。密度过高，会影响蓄电池使用寿命；密度过低，易造成电解液在冬季结冻。充足电的电解液密度可参考表 1-5 进行选定。同一蓄电池的各单格电解液密度差值不应大于 0.01 g/cm$^3$。如果某一单格电池的电解液密度下降过大，那么，该单格电池内部可能有故障，应查明原因，予以修复。

表 1-5　蓄电池在不同气温地区的电解液密度

| 气 候 条 件 | 充足电的蓄电池在 15℃时的电解液密度/（$g/cm^3$） | |
|---|---|---|
| | 冬　　季 | 夏　　季 |
| 冬季气温低于−40℃的地区 | 1.310 | 1.270 |
| 冬季气温在−40℃以上的地区 | 1.290 | 1.250 |
| 冬季气温在−30℃以上的地区 | 1.280 | 1.250 |
| 冬季气温在−20℃以上的地区 | 1.270 | 1.250 |
| 冬季气温在 0℃以上的地区 | 1.240 | 1.250 |

给蓄电池添加电解液或补充液时，要注意以下几点。

- 电解液高过极板 10～15mm 即可，有两条红线的蓄电池，电解液不得超过上红线。电解液导电，一旦流到蓄电池正、负两极之间，就会形成回路自放电。遇此情况时，应将电解液擦掉。

• 加电解液时，若有东西不慎掉入，千万不能用金属物去捞，应用木棒夹出杂质。如用铁丝或铜丝去捞，那么，金属分子会在硫酸的腐蚀下进入蓄电池，形成自放电，从而损坏蓄电池。

• 蓄电池在充、放电过程中，电解液中的水会因为电解和蒸发而逐渐减少，导致电解液面下降。如果不及时补充的话，则有可能缩短蓄电池的使用寿命。

（2）蓄电池的使用注意事项

① 装车时，一定要分清蓄电池的正、负极。

② 拆卸时，先拆搭铁线，再拆火线；安装时，先装火线，后装搭铁线，避免产生电火花。

③ 经常用温水擦洗外壳和电极柱线夹头，然后，涂上一层凡士林油膜，避免极柱和导线夹头受到腐蚀，保持外壳干燥、清洁。

（3）蓄电池充电

当蓄电池在使用过程中出现下列情况之一时，就应进行充电：电解液比重降至 1.2 以下；冬季放电超过 25%；夏季放电超过 50%；灯光暗淡；起动无力；喇叭音量低。

2. 火花塞

（1）火花塞的型号

火花塞有许多类型，不同的汽车发动机使用的型号不尽相同。在更换前，要知道自己所使用的汽车发动机用什么类型的火花塞，可从维修手册上得知。国产火花塞的型号由 3 部分数字或字母组成。

① 第一位的数字。表示火花塞的螺纹直径。数字 1、4 和 8 分别表示螺纹直径为 10 mm、14mm 和 18mm。

② 第二位的字母。表示火花塞旋入汽缸部分的长度。用 D、Z、C 等字母分别表示不同的级别。

③ 第三位的数字。表示火花塞的热值代号。热值分为热型、中型和冷型 3 种。数字 1、2、3 表示为热型火花塞，4、5、6 表示为中型火花塞，7 以上则表示为冷型火花塞。

（2）火花塞的电极间隙

火花塞的间隙对发动机的点火性能影响很大。间隙过小，则火花微弱，容易积炭并产生漏电故障；间隙过大，所需的穿透电压增高，发动机不易起动，而且，在高转速时，容易发生“缺火”现象，因此，火花塞中心电极与侧电极之间的间隙应适当。

随着汽车长时间运转，火花塞的电极会逐渐被烧蚀，当电极间隙增大或电极处出现污垢时，就无法产生正常的火花了，因此，普通汽油发动机汽车每行驶 10000～15000 km，应该对火花塞进行一次清洁。

3. 发电机

发电机是汽车电器系统的主要电源，由汽车发动机驱动。它在正常工作时，对除起动机以外的所有用电设备供电并向蓄电池充电，以补充蓄电池在使用中所消耗的电能。发电机有直流发电机和硅整流发电机两大类。汽车上使用的多为硅整流发电机。

## 三、任务实施

（一）蓄电池的检查及保养

1. 外观检查

① 检查蓄电池是否已被固定在车上，外壳表面是否有磕碰伤。

② 检查蓄电池电缆是否已被连接好，排气孔是否有灰尘，电极柱是否有腐蚀物，然后，做调整和清理，如图 1-44 所示。

③ 通过蓄电池上的指示眼检查充电情况和质量状态，指示眼呈绿色时，表明电量充足，蓄电池正常；当指示眼的绿点很少或为黑色时，表明蓄电池需要充电；当指示眼显示白色时，表明蓄电池内部有故障，需要进行修理或更换，如图 1-45 所示。

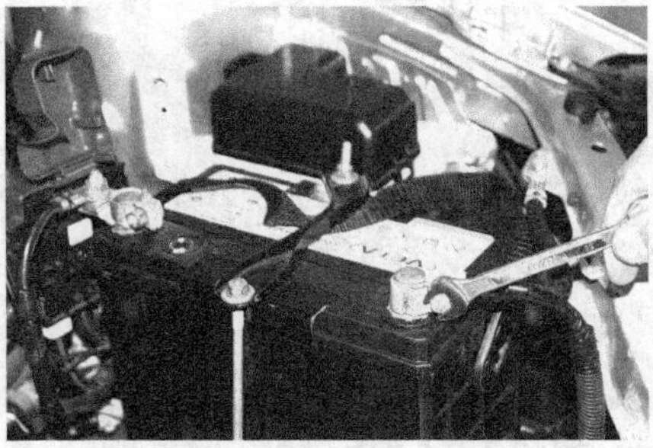

图 1-44 紧固连接线

图 1-45 检查蓄电池状况

2. 检查蓄电池的负荷电压

常用高频放电计对蓄电池的负荷电压进行检查，如图 1-46 所示。

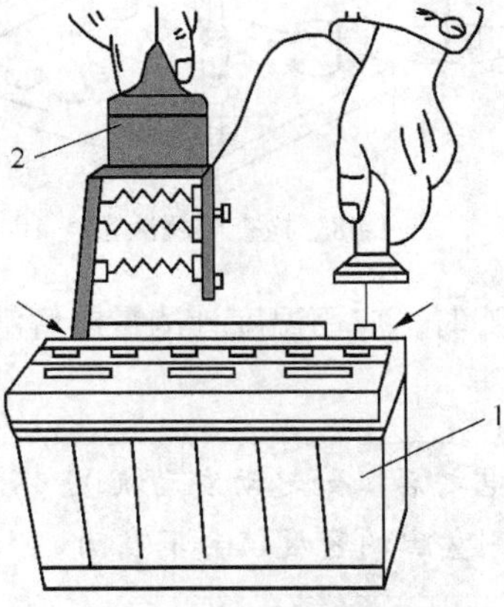


图 1-46 用高频放电计检查蓄电池电量

1—蓄电池；2—高频放电计

测量时，要将高频放电计的触针稍用力压在单格电池的两个极柱上或蓄电池两极柱上，每次的连接时间不得超过 5s。在 5s 内，电压表指针应稳定在某一刻度值上，记下此数值。

用高频放电计检查技术状态良好的蓄电池时，其单格电压应稳定在 1.6V 以上或在绿色区域，若低于 1.6V，在 5s 内尚能保持稳定，一般为放电过多；若没有电压显示或电压表指针很快复零，则表示该单格电池或整个蓄电池有短路、断路或其他故障。

3. 检查电解液液面高度

① 将一根内径 6～8mm、长约 150mm 的玻璃管垂直插入加液口内，直至极板上缘为止，然后，用拇指压紧管的上口，用食指和无名指将玻璃管夹出。

② 测量玻璃管中电解液的高度。读出的高度值即为蓄电池内电解液平面高出极板的高度，如图 1-47 所示。标准高度为 10～15mm。

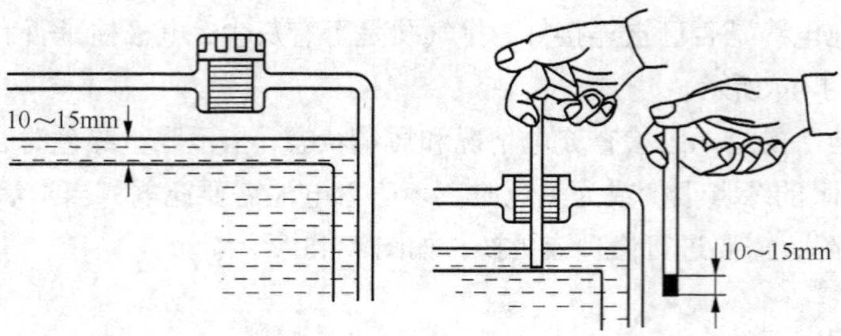


图 1-47　检查电解液液面高度

③ 电解液液面过低时，应及时补充蓄电池补充液，不要添加自来水，以免混入杂质，造成蓄电池故障。也不要添加电解液，否则，会使电解液浓度增大，缩短蓄电池的使用寿命。

4. 检查电解液密度

① 拧下蓄电池的各加液口的盖，用密度计取出电解液，读取密度计读数。读数时，应把密度计提至与视线平齐的位置，以免影响读数的准确性，如图 1-48 所示。

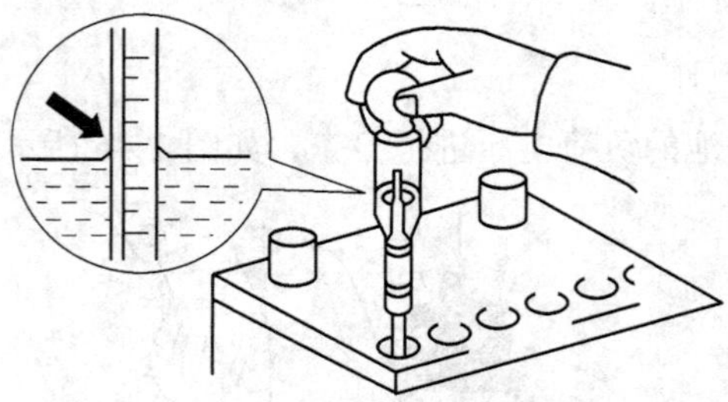

图 1-48　检查电解液密度

② 温度低于 15℃或高于 15℃时，应用温度计测量电解液的实际温度，以计算电解液密度的修正值。

注意：在蓄电池大电流放电之后（如起动发动机），不能马上测量密度，因为此时的电解液没有混合均匀，测量出的密度值会不准确。

5. 蓄电池的补充充电

当蓄电池在使用过程中出现下列情况之一时，就应进行充电：灯光暗淡、起动无力、喇叭音量低，或者通过电解液密度检查出蓄电池放电超过规定等情况。

① 先用蓄电池专用补充液将液面调整到规定的高度。

② 连接蓄电池与充电设备。蓄电池的正极接充电设备的正极，负极接充电设备的负极，绝对不得接反。

③ 确定充电电压。根据蓄电池的充电特性可判断出，蓄电池充足电时，单格电压可达 2.7V 左右，为了保险起见，一般单格充电电压按 2.75V 计算，这样，6 个单格的 12V 蓄电池所需要的充电电压就应为 16.5V。

④ 确定充电电流。充电电流可根据蓄电池的容量来选择。定电流充电分两个阶段进行，第一阶段的充电电流为蓄电池额定容量数值的 1/10，第二阶段的充电电流为蓄电池额定容量数值的 1/20。

⑤ 在充电过程中，为了及时了解情况，应每隔 2～3h 测量并记录一次单格电压、电解液密

度和温度的变化情况。当单格电压达到 2.4V 时，应及时转入第二阶段。当电解液出现大量均匀、细密的气泡，单格电压稳定在 2.5～2.7V，并且，在 2～3h 内电解液密度和端电压都不再继续上升时，则说明蓄电池已充足电，可以停止充电。

⑥ 充电终了时，应检查并调整电解液密度。如果电解液密度不符合要求，则可先将原格内的电解液抽出一些；如果原密度过小，可加入密度为 1.40g/cm$^3$ 的浓电解液；如果原来密度过大，可加入蒸馏水，进行稀释。调整后的各单格电解液密度相差不应超过 0.01g/cm$^3$，液面高度应符合规定。

⑦ 调整好密度后，以小电流继续充电 0.5h，使电解液混合均匀，再复查电解液密度，必要时，再进行调整，最后，把蓄电池擦拭干净并装车。

注意　给蓄电池充电时，要有专人看管，充好以后，要及时撤下充电设备，防止过充，对蓄电池造成损坏。

（二）发电机的检查及保养

1. 发电机的就车检查

① 检查皮带有无磨损、裂纹或其他损坏。

② 检查发电机传动带的预紧力。检查时，应在发电机传动带轮和风扇传动带轮中间，用 30N～50N 的力按下传动带，传动带挠度应为 10～15mm；若过松，应松开发电机前端盖与撑杆的锁紧螺栓，向外扳动发电机，进行调整，松紧度合适后，再重新旋紧锁紧螺栓，如图 1-49 所示。

图 1-49　调整发电机传动带的预紧力

③ 当发电机位置被调节到最外极限或传动带底部有磨光印痕、V 形传动带有老化裂痕时，应及时更换同规格的传动带。

④ V 形传动带运转时有异响或有异常磨损时，应检查曲轴传动带轮、水泵传动带轮、发电机传动带轮是否在同一旋转平面内。

2. 使用发电机的注意事项

① 蓄电池的搭铁极性必须与交流发电机的搭铁极性一致。否则，蓄电池将通过二极管大电流放电，烧坏二极管。

② 将发动机熄火后，应将点火开关断开，否则，蓄电池会长时间向磁场绕组放电，使磁场绕组过热而缩短其使用寿命。

③ 交流发电机不发电或充电电流小时，应及时排除故障。交流发电机与蓄电池之间的导线连接要牢固，否则，容易损坏二极管和电子元件。

（三）火花塞与高压线的检查及保养

1. 火花塞的检查

（1）拆卸火花塞

① 拆卸火花塞前，要清除火花塞孔处的杂物和灰尘。

② 应依次拆下火花塞上的高压分线。在拆下高压分线时，应做好各缸的记号，以免搞乱。拆卸高压分线时，不要抓住电线猛拉，应该抓住高压分线末端的防尘套并扭转着卸下电线，如图 1-50 所示。

③ 用火花塞套筒逐一卸下各缸的火花塞。拆卸时，火花塞套要确实套牢火花塞，否则，会损坏火花塞的绝缘磁体，引起漏电。为了稳妥，可用一只手扶住火花塞套筒并轻压套筒，另一只手转动套筒，卸下的火花塞应按顺序排好，如图 1-51 所示。

图 1-50　拆卸分高压线（带点火线圈）

图 1-51　拆卸火花塞

图 1-52　检查火花塞外观

④ 用布块堵住火花塞孔，以确保火花塞被拆卸后，不会有杂物掉进汽缸里。

（2）检查火花塞状态

① 外观检查。如果火花塞的电极呈现灰白色，而且，没有积炭，则表明该火花塞工作正常，燃烧良好；如果有电极被严重烧蚀或存有积炭，以及有污迹或其他异常现象，则表明该火花塞有故障，如图 1-52 所示。

② 检查火花塞的绝缘体，如有油污和积炭，应清洗干净，磁芯如有损坏、破裂，应予更换。对燃烧状态不好的火花塞，应先进行清洁，去除火花塞磁体上的积炭和污迹，然后，再检验其性能。

③ 检查火花塞电极的间隙。火花塞的间隙因车型车种的不同而异，可以从随车手册中查到。如果找不到适当的依据，就可按 0.7～0.9mm 来调整火花塞的电极间隙。如果有火花塞量规，可用其测量火花塞电极间隙。

④ 火花塞间隙的调整。间隙太大时，可用螺丝刀柄轻轻敲打外电极，但不要用力过大，否则，外电极可能因过度弯曲而损坏；如果间隙过小时，可将“一”字头的螺丝刀插入电极间，再扳动螺丝刀，把间隙调整到要求大小即可。调整间隙时，只能弯动旁电极，不能弯动中心电极，以免损坏绝缘体。

调整好火花塞间隙之后，外电极与中央电极应几乎成直角，如过度偏曲或电极已被烧蚀成圆形，那么，该火花塞就不能再使用了，应更换新品。

（3）安装火花塞

安装火花塞时，先用手抓住火花塞的尾部，将其对准火花塞孔，慢慢用手拧上几圈，然后再用火花塞套筒将其拧紧。如果用手拧入时感觉有困难或费力，则应把火花塞取下来，再试一次，千万不要勉强拧入，以免损坏螺纹孔。为使火花塞能安装顺利，可以在火花塞螺纹上涂抹一点机油。

2. 高压线的检查及保养

（1）高压线的检查

① 应经常检查高压线是否有龟裂、烧损和腐蚀等现象。

② 高压线有漏电现象时，打开机盖，在怠速时一般可以听到清脆的“叭、叭”声。

③ 如果在夜晚打开发动机罩，能看见火花从高压线上跳出，并且，发动机伴有不同程度的抖动现象，则表明高压线已不能正常工作了，应及时更换。

（2）高压线的更换

① 由于不同的发动机有不同的点火顺序，因此，在拆卸高压线前要仔细观察所拆发动机的点火顺序。为避免弄混，最好每次只拆一根，如图 1-53 所示。为防止高压线黏住，可抓住线末端的接头套并将其稍转动一下，但不可以拉高压线本身，以免造成内部断路。

图 1-53　确定高压线位置

② 拆下高压线后，需用抹布将其擦拭干净。检查高压线的两个端头时，可直接目视其表面有无裂口、烧损等现象。而检查高压线中部时，则需先弯一个圈，然后再进行观察。绝缘已损坏的高压线必须更换。

③ 用欧姆表测试高压线电阻值，若不符合规定值则应予以更换。

④ 在装回高压线时，最好在接头套内涂上少许硅润滑剂或类似物质，以防止老化，提高其绝缘性能，并使拆卸更加容易。

⑤ 连接高压线时，要注意各缸线的顺序，不要插错。

⑥ 起动发动机，查看有没有严重的抖动或放炮声。如果有抖动或放炮声，说明各缸高压线插错了，应关闭发动机重新安插高压线。

## 习　题

一、选择题

1. “五大系统”是指燃料供给系统、冷却系统、润滑系统、起动系统和点火系统，但是对于压燃式的柴油机来说它没有（　　）。

A. 冷却系统　　B. 起动系统　　C. 点火系统　　D. 润滑系统

2. 一般来说当蓄电池上的指示灯呈绿色时，表明（　　）。

A. 蓄电池内部有故障，需要修理或进行更换　　B. 蓄电池电量不足，需要充电

C. 蓄电池电量稍不足，不需要充电　　D. 电量充足，蓄电池正常

3. 不属于燃料供给系统的零件有（　　）。

A. 空气滤清器　　B. 火花塞　　C. 排气管　　D. 三元催化器

4. 在进行发动机清洁保养前，用锡箔纸等防水材料扎紧不宜水淋的（　　）等部件。

A. 分电器　　B. 传感器卡头　　C. 线束卡头　　D. 点火线圈

5. 检查发动机冷却液时，下列描述正确的是（　　）。

A. 需要在发动机冷机状态，膨胀水箱的液面应在“FULL”线以上

B. 需要在发动机冷机状态，膨胀水箱的液面应在“FULL”线以下

C. 需要在发动机暖机状态，膨胀水箱的液面应在“FULL”线以上

D. 需要在发动机暖机状态，膨胀水箱的液面应在“FULL”线以下

6. SAE 所鉴定的是机油的黏度等级。例如：SAE10W-40、SAE15W-40、SAE5W-50 等。“W”前面的数字越小说明（　　）。

A. 机油耐高温性越好，机油在高温下的保护性能越好

B. 机油的耐高温性越好，代表可供使用的环境温度越低

C. 机油的低温流动性越好，代表可供使用的环境温度越低

D. 机油的低温流动性越好，机油在高温下的保护性能越好

7. 汽油的选用是根据发动机的（　　）来选择汽油的标号。

A. 功率　　B. 压缩比　　C. 燃烧室类型　　D. 汽缸数

8. 下面哪项不是高质量的冷却液特性（　　）。

A. 防冻　　B. 防腐蚀　　C. 防垢　　D. 润滑

9. 下面哪项不是高质量的燃油系统保护剂的作用（　　）。

A. 消除燃料系统、喷油嘴、进气门及燃烧室等处的积炭和沉积物

B. 提高燃油性能和减少废气排放

C. 消除活塞及活塞环上的积炭，恢复压缩比

D. 去除燃油残留物质以清洁燃油系统，并保护整个燃油系统防止腐蚀

10. 下面哪项不是高质量的润滑系统保护剂的作用（　　）。

A. 使发动机起动更顺畅，提高冷起动性能

B. 减少发动机部件磨损

C. 减少润滑油的消耗，避免机油在高温下的氧化增稠

D. 保护发动机在瞬间加速时避免产生过热现象

二、思考题

1. 发动机的工作过程包括哪几部分？简述发动机清洁保养工作过程。

2. 柴油的标号是如何划分的？如何正确的选择柴油油？

3. 冷却液的特性有哪些？如何正确检查冷却液？

4. 发动机机油特性有哪些？简述机油的更换操作过程。

5. 如何进行蓄电池电解液液面高度和密度的检查？

# 项目二

## 汽车底盘的保养与美容

汽车底盘是支撑、安装汽车发动机及其他各部件总成，形成汽车的整体造型，接受发动机的动力，使汽车运动并保证汽车正常行驶的各相关部件的总称。

## 任务一　汽车底盘零件的检查及保养

### 学习目标

1. 了解汽车底盘的总体结构和各部分的功用
2. 能够正确使用车辆举升设备
3. 能够认识底盘零件的安装位置和名称
4. 能够进行底盘零件的常规检查和保养
5. 能够进行自动变速器的免拆清洗及保养

### 一、任务分析

汽车底盘处于车身的最底部，离地面最近，难免会受到碰撞和刮擦。轻微的碰撞会损坏金属，造成锈蚀，严重的碰撞则会损坏底盘零件，如刮坏油底壳、底板、副车架、稳定杆，撞坏纵梁、转向横拉杆、半轴等，从而造成机油泄露、车身变形、车辆跑偏等后果，直接影响车辆的正常行驶。

目前，我国的道路状况还不尽如人意，污染情况时有发生，外部环境对汽车底盘造成的损害也比较严重。除了路面上的碎石、积水会对汽车底盘造成损害外，中国北方有些城市在大雪过后，为消除积雪所使用的融雪剂也对金属有较强的腐蚀性。这些外因都对汽车底盘造成了一定的损害，如果汽车底盘先被损坏了，那么，同样会影响汽车的使用寿命，所以，对汽车底盘部分的检查和保养，也是汽车美容里面必不可少的一项。

### 二、相关知识

汽车底盘由传动系、行驶系、转向系和制动系 4 部分组成。

（一）传动系的组成

传动系一般由离合器、变速器、万向传动装置、主减速器、差速器和半轴等组成，如图 2-1 所示。

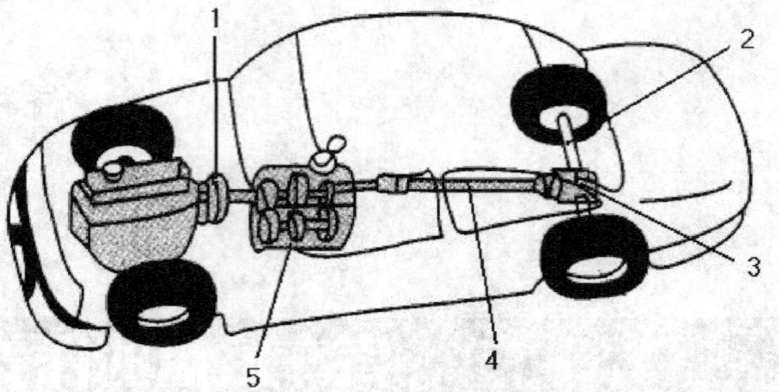


图 2-1　汽车传动系的组成

1—离合器；2—半轴；3—主减速器和差速器；4—传动轴；5—变速器

1. 变速器

汽车变速器是通过改变传动比来改变发动机曲轴的转拒，以满足在起步、加速、行驶及克服各种道路阻碍等不同行驶条件下对驱动车轮牵引力及车速不同的需要。变速器分为手动变速器（MT）、自动变速器（AT）、手动/自动变速器、无级式变速器。

2. 离合器

离合器位于发动机和变速箱之间的飞轮壳内，用螺钉将离合器总成固定在飞轮的后平面上，离合器的输出轴就是变速箱的输入轴。在汽车行驶过程中，驾驶员可根据需要踩下或松开离合器踏板，使发动机与变速箱暂时分离或逐渐接合，以切断或传递发动机向变速器输入的动力。

3. 减速器和差速器

主减速器和差速器是装配在一起的。主减速器可起到减速、增扭作用；差速器可以使左、右半轴存在转速差，以使车辆灵活转弯。

4. 半轴

半轴可将动力传递给左、右车轮，从而使整车运动起来。

（二）行驶系的组成

汽车行驶系由车架、车桥、车轮和悬架等组成。

1. 车架

车架也被称为大梁，它是汽车的基体，一般由两根纵梁和几根横梁组成，经由悬挂装置、前桥、后桥支承在车轮上。车架具有足够的强度和刚度，以承受汽车的载荷和从车轮传来的冲击。现有的车架种类有大梁式、承载式、钢管式及特殊材料一体成型式等。

2. 车桥

车桥也被称为车轴，它通过悬架和车架（或承载式车身）相连，两端用于安装汽车车轮。车桥可以是整体式的，像一个巨大的杠铃，其两端通过悬架系统支撑着车身，因此，整体式车桥通常与非独立悬架配合；车桥也可以是断开式的，像两把插在车身两侧的雨伞，它们各自通过悬架系统支撑车身，所以，断开式车桥常与独立悬架配用。

可根据驱动方式的不同，将车桥分成转向桥、驱动桥、转向驱动桥和支持桥 4 种。

3. 车轮

车轮是汽车行驶系里的主要部件，它可承载车身的重量，承受路面的颠簸，保证汽车有良好的乘坐舒适性和行驶平顺性，保证车轮和路面有良好的附着性，提高汽车的牵引性、制动性和通过性。汽车车轮常用于复杂及苛刻的环境，在汽车行驶时，它承受着各种变形、负荷、阻力及高、低温变化，因此，它必须具有较高的承载性能、牵引性能、耐磨性能、缓冲性能，以及低的滚动阻力与生热性。

4. 悬架

是汽车的车架与车桥或车轮之间的一切传力连接装置的总称，其作用是传递作用在车轮和车架之间的力和力扭，并且，缓冲由不平路面传给车架或车身的冲击力，衰减由此引起的振动，以保证汽车平顺地行驶。

（三）转向系的组成

转向系主要由转向盘、转向器和转向传动机构组成，如图 2-2 所示。

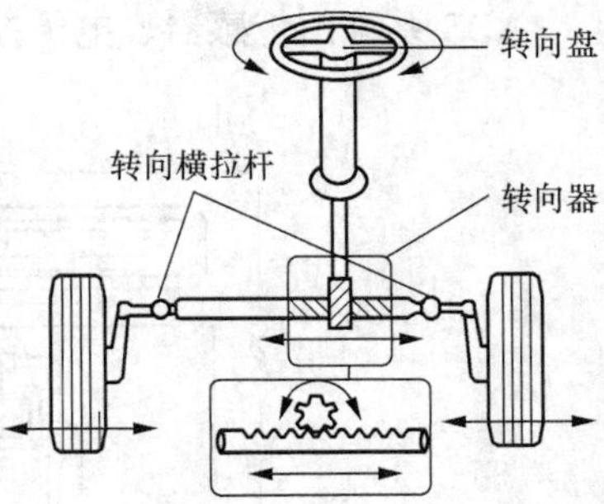

图 2-2　转向系

1. 转向盘

转向盘由驾驶员操控，它可将转向力通过转向柱传递给转向器，使车辆按照驾驶员操控的方向行驶。

2. 转向器

转向器可将转向柱的旋转运动改变为转向横拉杆的横向摆动，再通过转向节控制车轮转向。

3. 转向传动机构

转向节臂与转向节是固定在一起的，转向节上装有转向车轮。转向车轮可被转向节带动偏转一个转向角度，使汽车改变行驶方向。

现在的汽车多数都应用了动力转向装置。动力转向在机械式转向系的基础上，增加了一套液力或电力助力装置。当汽车转向时，发动机将驱动助力装置，辅助驾驶员转向，这时，作用在转向盘上的作用力就很小了，减轻了驾驶员的劳动强度。

（四）制动系的组成

制动系一般由制动操纵机构和制动器两部分组成。

1. 制动操纵机构

包括制动踏板、制动助力器、制动主缸、制动管路、制动分泵和驻车制动装置组成。

驻车制动器俗称手刹车，主要作用是保证汽车稳定停车，防止溜车；在紧急情况下，它也可临时替代脚刹车。小型车辆普遍采用手制动杆和钢索对后轮进行制动，即手制动与行车制动采用同一套制动器。

2. 制动器

汽车上常用的制动器都是利用固定元件与旋转元件工作表面的摩擦力来产生制动力矩，这种制动器被称为摩擦制动器，它有鼓式制动器和盘式制动器两种。

① 盘式制动器由制动盘和制动钳组成，如图 2-3 所示。制动盘与车轮刚性连接，制动钳由制动分泵驱动，用于进行制动操作。优点有：对温度不敏感；衰减危险较低；在制动盘的两个旋转方向上具有相同的制动作用；节省空间的制造方式；良好的自动清洁功能。

② 鼓式制动器多用在轿车的后轮上，由制动鼓和两片制动蹄片组成，如图 2-4 所示。制动

鼓与车轮刚性连接，制动蹄的一端被固定，另一端则由制动分泵驱动，进行制动操作。

图 2-3　盘式制动器

图 2-4　鼓式制动器

3. 制动防抱死系统

制动防抱死系统的英文简称为 ABS，它能自动调节制动力的大小，从而保证车轮与地面之间有最好的附着状态，达到缩短制动距离，提高汽车制动过程中的方向稳定性的目的。

ABS 系统由传感器、电子控制单元（ECU）和执行器 3 部分组成，如图 2-5 所示。

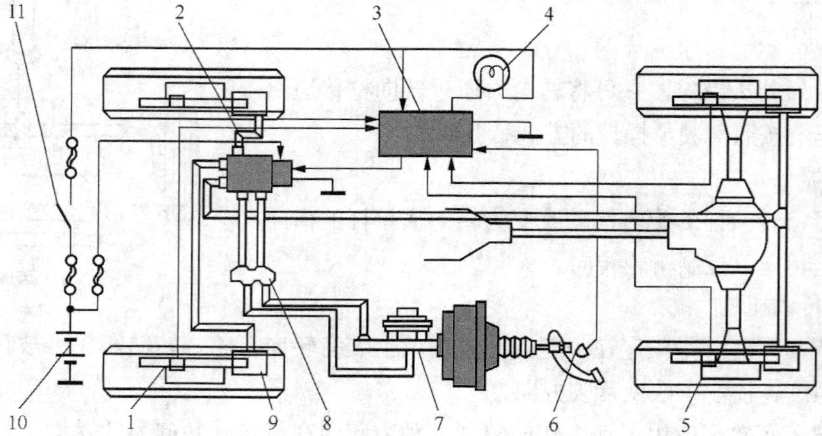


图 2-5　ABS 系统的基本组成

1—前轮速传感器；2—制动压力调节器；3—ABS 电控单元；4—ABS 警告灯；5—后轮速传感器；6—制动警告灯开关；7—制动主缸；8—比例旁通阀；9—制动轮缸；10—蓄电池；11—点火开关

① ABS 系统是通过在每个车轮上安置一个轮速传感器，再用它们将各车轮的转速信号及时输入电子控制单元（ECU）。

② 电子控制单元（ECU）是 ABS 的控制中心，它可根据对各个车轮转速传感器输入的信号对各个车轮的运动状态进行监测和判定，并且，生成相应的控制指令，再适时将控制指令发给制动压力调节器。

③ 制动压力调节器是 ABS 的执行控制装置，它是由电磁阀、电动油泵总成和储液器等组成的一个独立的整体，通过制动管路与制动主缸和各制动轮缸相连。制动压力调节器可通过电子控制单元（ECU）的控制，对各制动轮缸的制动压力进行调节。

④ 警示装置包括仪表板上的制动警告灯和 ABS 警告灯。制动警告灯为红色，通常用“BRAKE”作标识，由制动液面开关、手制动开关及制动液压力开关并联控制。ABS 警告灯为黄色，由 ABS 电子控制单元控制。

## 三、任务实施

（一）底盘的常规检查

1. 举升车辆

① 在使用举升机之前，一定要先阅读说明书。

② 参阅具体车辆的维修信息，找出推荐的车辆举升点位置，如图 2-6 所示。车辆举升点是为安全升起车辆而设计的，应将举升机、举升垫和移动式千斤顶准确放置在举升点位置。

③ 应调整车辆的中心靠近举升机的中心，以免车辆因失衡而落下。

④ 慢慢升起举升机，车辆高度大约 150mm 时，停止举升，晃动车辆，以确认车辆在举升机上是平衡的。如果听到异响，则表明车辆可能没有被正确支承，应降下车辆并重新对正车辆和举升垫。

⑤ 车辆被完全举起并锁住举升机的安全钩后，才能在车底作业，这样，即使举升机液压系统失效了，安全钩也能保证举升机和车辆不会落下。

⑥ 车辆被举升时，车内不能有人。

2. 认识汽车底盘零件

应按系统逐步认识底盘零件或总成，从行驶系开始，到制动系，再到转向系和车架，并且，了解各个零件的功能。

3. 检查传动轴

检查传动轴有无裂纹和扭曲；防尘罩有无破损，外侧是否有裂纹和其他损坏，如图 2-7 所示；转动是否自如；有无异响等。

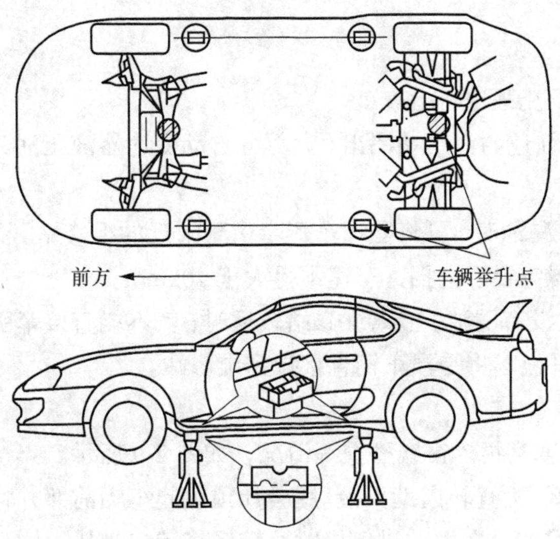


图 2-6　找到车辆的举升点位置

图 2-7　检查防尘罩

4. 自动变速器的常规检查及保养

变速器是汽车底盘系统中容易受到碰撞的部件，经常会有托底事故的发生，如果自动变速器车辆发生托底事故，就会严重影响到车辆的正常行驶。

（1）自动变速器的基础检查

包括对油质和油面高度的检查、节气门拉索和选挡杆的检查、怠速、空挡起动开关及强制降挡开关的检查等。

① 检查油面高度。将汽车停放在水平路面上并拉紧驻车制动；使发动机怠速运转；踩住制动踏板，将选挡杆分别拨至“P”、“R”、“N”、“D”、“2”、“L”等位置并在每个挡位上停留几秒钟，最后，再将选挡杆拨至停车挡“P”位置；拔出油尺并将其擦干净，将油尺全部插入加油管后再拔出，检查油面高度。

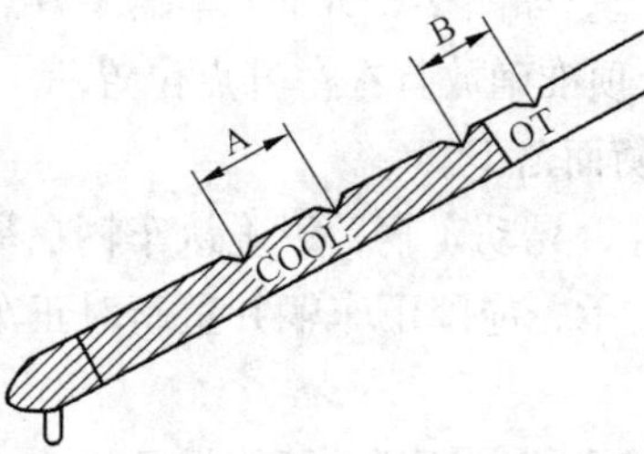

图 2-8　对自动变速器油液位高度的检查
A—冷态时的油面高度范围；
B—热态时的油面高度范围

自动变速器的油面应位于油尺上两刻线之间。自动变速器处于冷态（室温低于 25℃）时，油面应在油尺刻线的下限（COOL）附近；自动变速器处于热态（油温 70℃～80℃）时，油面应在油尺刻线的上限（HOT）附近，如图 2-8 所示。若油面高度过低，则应向加油管内加入自动变速器油，直至油面高度符合规定为止。

② 检查完油面高度后，还应检查自动变速器的油底盘、油管接头处有无泄漏现象，如漏油，应立即修复。

③ 对自动变速器油质的检查。将油尺上的自动变速器油滴在干净的白纸上，检查自动变速器油的颜色及气味。正常的自动变速器油的颜色一般为粉红色，且无异味。如自动变速器油呈褐色或有焦味等，则说明油已变质。

④ 自动变速器油的更换周期。一般进口轿车的自动变速器应每正常行驶 100000～200000km 换一次油，即便不行驶，若车辆放置一年以上，也必须将自动变速器油全部更换。每行驶 2 万 km 或 6 个月以后应检查一次自动变速器油的油面高度和油的品质，以判断自动变速器的工作是否正常。

（2）自动变速器被碰撞后的处理

自动变速器发生拖底碰撞后，应该按照以下流程进行检查。

① 就地熄火，观察自动变速器下面是否有红色的液压油漏出（大部分自动变速器液压油为红色），不要擅自起动发动机。

② 假如自动变速器油底壳只有变形而没有漏油时，可将受损车辆牵引到附近的维修站。受损汽车的牵引距离原则上不要超出 3km，变速器应置于空挡，车速不得大于 10km/h。

③ 如果自动变速器油底壳已经漏油或虽然没有漏油，但离维修站较远时，就不能直接牵引了，应采用将驱动轮抬起的牵引方式，也可用平板车将受损车辆直接拉到维修站。

5. 检查转向助力装置

① 检查驱动皮带。观察驱动皮带是否有过度磨损、帘线磨损等情况，如图 2-9 所示。

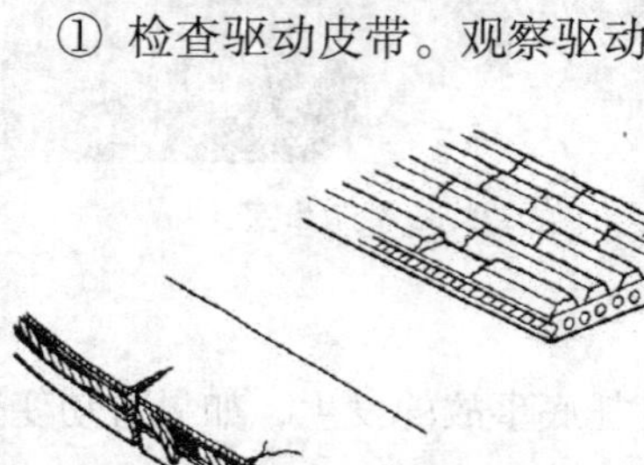
图 2-9　动力转向泵驱动皮带的检查

② 检查转向助力液。用千斤顶顶起车辆前部并将其支撑住，在发动机停机时，轻轻将转向盘从一侧锁止位置转到另一侧锁止位置，反复几次。降低汽车，起动发动机，怠速运转几分钟。从一侧旋转转向盘到另一侧极限位置并保持 2～3s，然后，反方向转到另一侧极限位置，保持 2～3s。重复转动转向盘几次。关闭发动机。检查动力转向液是否有泡沫或乳化现象，如图 2-10 所示。如果系统因为泡沫或乳化而需排空两

次，则系统存在渗漏现象，应仔细检查并修复。

③ 检查动力转向液液面的高度。将汽车停在水平路面上，发动机停止运转后，检查储液罐中液面的高度。如有必要，可加注转向机油，以确保动力转向液液位正确。

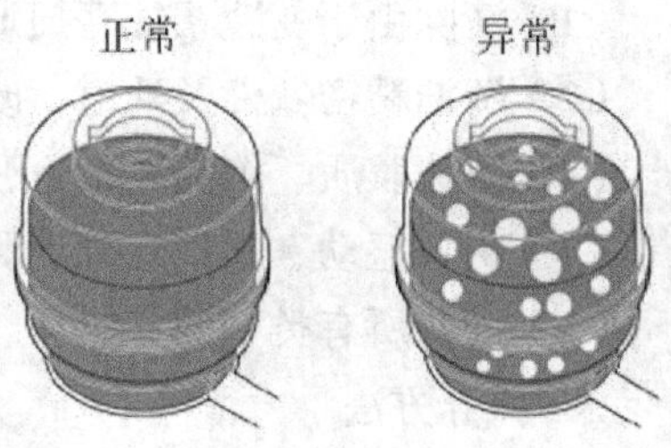

图 2-10　动力转向液的检查

6. 检查驻车制动装置

（1）调整驻车制动的原因

随着汽车的使用，钢索会产生一定量的塑性变形，造成手制动行程过大，因此，调整好车轮制动器间隙后，还应检查并调整手制动拉索长度。当在较小的坡道上拉紧手制动时，汽车仍后溜，或者，在拉紧手制动的情况下，汽车可以以二挡起步时，应检查、调整驻车制动装置。

（2）驻车制动行程的调整方法

调整方法是通过改变拉线长度来调整驻车拉杆的空行程。调整时，旋松手制动拉索端部，调整螺栓上的两个紧固螺母，使调整螺栓的长度减小，直到手制动手柄棘轮行程量在 4～7 个齿的范围内为止。

① 用车轮挡块掩好汽车。

② 松开手制动杆。

③ 用力踩下制动踏板，以便让制动摩擦片紧贴在制动鼓上。

④ 将手制动杆拉过 4 个棘齿，抬起制动踏板。

⑤ 扭紧调整螺母，直到两个车轮用手转不动为止。

⑥ 松开手制动，检查两车轮是否转动自如。

调整好后，手制动在拉杆行程的 60%（如拉到 9 个齿中的 5 个齿）时，车辆应能在 15° 的坡路上稳定地停住。

7. 检查制动管路

检查制动器管道和软管的安装状况，如图 2-11 所示。

（二）自动变速器的免拆清洗及保养

由变速系统磨损产生的油泥、积炭等污垢，会堵塞滤芯并缩小用于流通的管路，导致自动变速器控制阀功能紊乱（见图 2-12）。拆卸油底壳也只能排出小部分的旧油，油管、散热器、液力变矩器内的旧油仍不能排净。

图 2-11　检查制动管路安装情况

图 2-12　自动变速器漫画

1. 高质量的自动变速器清洗保护剂的保养效果

（1）清除由于变速系统磨损形成的油污、积炭等污物，中和酸性物质，避免腐蚀。

（2）清洁精密偶件及油道，改善牵引响应。

（3）防止胶质、沉淀物产生，防止变速箱油氧化，使各个部件不受腐蚀。

（4）防止振动、噪声和打滑。

（5）适合所有类型的变速器。

2. 保养方法

常规情况下，汽车每行驶 20000～25000km 时，应清洗、保养一次，如遇变速箱打滑、换挡迟缓、系统渗漏时，也应清洗、保养一次。

① 清洗。将汽车举升到适当高度，拆开一条自动变速器冷却油管，将其两端分别与自动变速器清洗换油机的进、回油管路相连，如图 2-13 所示。

图 2-13　清洗自动变速器

短暂起动发动机，判断油的流动方向，确保变速箱的出油端与清洗机的回油管相连。在中间接上球阀，使回油端与清洗机的出油管相连。将清洗剂瓶与清洗机外部吸油管相连。将清洗机的转换阀 2 转到“吸油”位置，将转换阀 1 定在“换油”位置。连接电源开启开关，将清洗剂打入变速箱后，拆下外部吸油管，将转化阀 1 和转化阀 2 都转到循环位置。

起动发动机，开始循环清洗。操作所有的变速器挡位，每一挡位停留 5～10s，10～15min 后，清洗完毕。

② 换油。在清洗机新油桶内注入约 12L 新油，将转化阀 1 转到“换油”，将转化阀 2 转到“循环”；开启电源开关，开始向变速箱内注入新油；待新油视窗内有新油流动时，起动发动机，自动变速器开始新、旧油交换。调节球阀，使新、旧油流量一致。

操作所有的变速器挡位，每一挡位停留 5～10s。从视窗中观察，当旧油颜色与新油颜色一致时，换油完毕，关闭发动机；接好变速箱的油管，起动发动机，切入 P 挡，观察油位，以判断是否需要补充新油，同时，观察管路是否渗漏。

③ 保护。将保护剂添加到自动变器油箱中，它可在汽车运行时起到保护作用。

# 任务二　汽车底盘的防腐蚀喷塑保护

## 学习目标

1. 熟悉汽车底盘的损伤有哪些
2. 能够对汽车底盘外观损伤进行检查
3. 能够进行汽车底盘的防腐蚀喷塑操作

## 一、任务分析

在使用汽车的过程中，汽车要经历各种气候条件和复杂的路况：春季多风沙，细小沙石会对底盘有撞击；夏季雨后，有地表蒸汽烘烤和酸雨的侵袭；冬季雪后，有除雪剂的腐蚀，钢筋铁骨也会伤痕累累。很多车的表面看起来光艳照人，而底盘早已经锈蚀斑斑、漏洞百出。废气、冷风、噪音、灰尘都会从这些细小的洞孔中渗入。洞孔逐渐扩大，导致铁皮生锈，层层剥落，如图 2-14 所示。也许有一天，当你掀起地毯的时候，会发现，底盘几乎与地面能“亲密接触”了。俗话说，“车烂先烂底”，看一辆车子的成色好坏，观察底盘是最直观的方法。

图 2-14　受到腐蚀的汽车底盘

## 二、相关知识

1. 汽车底盘的损伤

汽车底盘的损伤包括以下两类。

（1）碰撞损伤

汽车底盘处于车身的最底部，离地面最近，最容易受到碰撞和刮擦。轻微的碰撞会损坏金属，造成锈蚀；严重的碰撞会损坏底盘零件，如刮坏油底壳、地板、副车架、稳定杆，撞坏纵梁、转向横拉杆、半轴等，造成机油泄露、车身变形、车辆跑偏等后果，直接影响到车辆的正常行驶。

（2）锈蚀损伤

汽车底盘是最容易被忽略，也是最容易遭到腐蚀的部位，归纳起来，汽车锈蚀的主要因素有如下这些。

① 长时间行驶，车辆上附着油污是避免不了的，油污严重时，会影响散热，还会腐蚀车体。

② 因轻微意外或碎石碰撞而划破表面烤漆防护层，以致锈蚀。

③ 在冬季，除了气候寒冷的因素外，一些北方城市添加在融雪剂中的某些化学药剂的成分对汽车底盘也会造成一定的腐蚀。

④ 雨天路湿，车辆下面的空隙处特别容易积存污泥，这就给湿气提供了藏匿的地方，这往往也是最容易生锈的地方。如果某部分长期潮湿，那么，其他干燥部分，也可能生锈。

⑤ 车体嵌板部分、凹处与其他部位常会聚积含水分的泥土与碎泥，加速锈蚀。

⑥ 潮湿的地毯使汽车内部无法完全干燥，造成地板锈蚀。

2. 底盘封塑

底盘封塑也叫“底盘装甲”，它是一项底盘防腐护理工艺，是将一种高附着性、高弹性、高防腐、防潮的柔性橡胶树脂厚厚地喷涂在底盘上，使之与外界隔绝，以达到防腐、防锈、防撞的目的，同时，还可以隔离一部分来自底部的杂音。底盘封塑不同于以前的底盘防锈处理。普通的防锈处理是在汽车底盘涂上一层油脂，也隔离水分，当汽车行驶一定的里程之后，油脂会不断蒸发、黏附灰尘，防锈效果会渐渐消失，黏附的灰尘、油污还会造成新的腐蚀。“底盘封塑”能牢固地附着在底盘上，彻底隔绝酸雨、除雪剂的侵袭。

（1）防锈保护胶

防锈保护胶如图 2-15 所示。它是以橡胶为基本材料的一种防锈剂，具有防腐蚀、隔音的功能，其施工方便，喷涂在垂直方向的表面时也不会滴流。使用前要摇匀。常见的包装形式有罐装和自喷罐装两种。

（2）喷塑枪

罐装的液态防锈保护胶需要配合专用的喷枪来使用，并且，以压缩空气为动力，进行喷涂，如图 2-16 所示。如果是气雾型的防锈保护胶，则可直接喷涂。

图 2-15　防锈保护胶

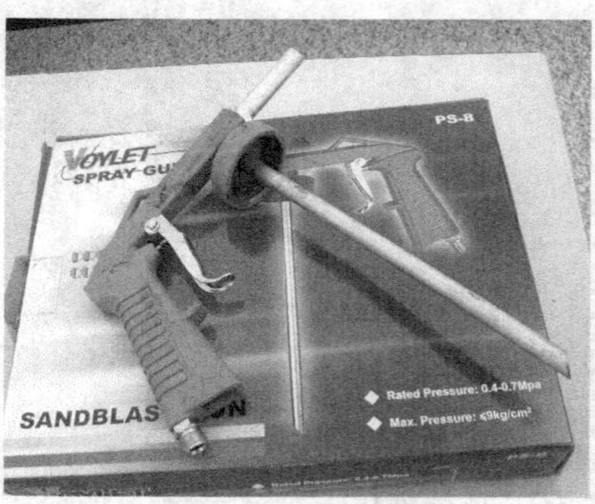


图 2-16　防锈保护胶喷枪

（3）其他工具

空气压缩机和供气管路为喷涂保护胶提供动力。

# 三、任务实施

汽车底盘的防腐蚀喷塑保护

1. 底盘损伤的检查

① 举升车辆到适当高度，确认安全后，进入车底，仔细对底盘进行检查。

② 检查底盘有无刮碰损伤，表面是否有锈蚀，零件是否有变形等情况，如图 2-17 所示。

③ 检查排水口是否变形或被堵塞，是否能正常排水，如图 2-18 所示。

图 2-17　检查车架是否损坏

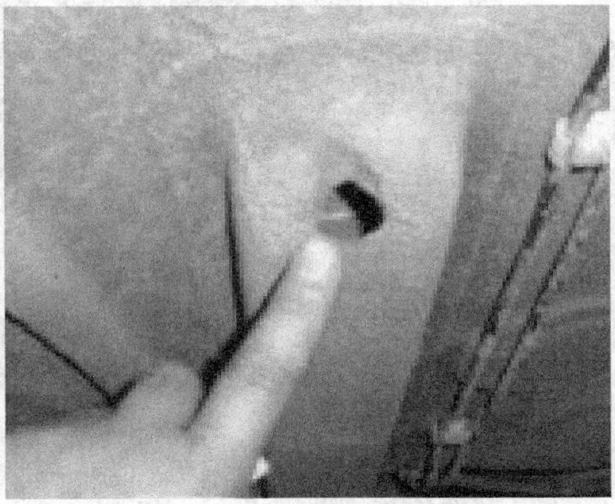

图 2-18　检查车底排水口

2. 施工前的准备

（1）个人防护用品

① 穿戴好工作服、工作鞋、工作帽等常规个人防护用品，如图 2-19 所示。

② 佩戴防护口罩、耐溶剂的橡胶手套和防护眼镜。

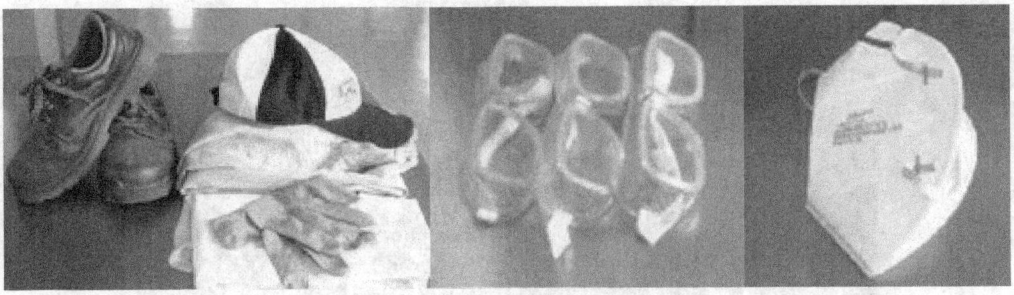

图 2-19　劳动保护用品

（2）施工安全

① 底盘装甲操作要在车下施工，使用车辆举升机时要注意安全。

② 进行喷涂操作时，要注意工作车间的通风。

③ 不得将防锈保护胶和除油剂等喷涂物对着他人或其他物体喷涂。

3. 施工流程

（1）清洁

先要仔细地将底盘彻底清洁一遍。

① 可以先用高压水枪将泥土等污垢清除。

② 用专用的去污剂把沥青、油污等彻底去除，如图 2-20 所示。

③ 用压缩空气吹干底盘部分的积水，尤其是缝隙中，要彻底干燥。这些处理中的任何一项疏忽都会影响“装甲”的牢固度。

图 2-20　彻底清洁

（2）处理损坏和锈蚀部位

如果汽车老旧，车底已经有了腐蚀现象，或者底盘有被刮碰的痕迹，使以前的保护胶或油漆被损坏了，已露出钢铁部分，那么，一定要先将这些部位处理好，否则，做好“装甲”后，锈蚀仍然会在内部发生。处理这些损坏的方法如下。

① 先用钢刷或铲刀将锈蚀和破损的漆膜处理掉，露出新鲜的钢铁底材。

② 用 100～150 号砂纸打磨一遍，吹净污物并做好除油，如图 2-21 所示。

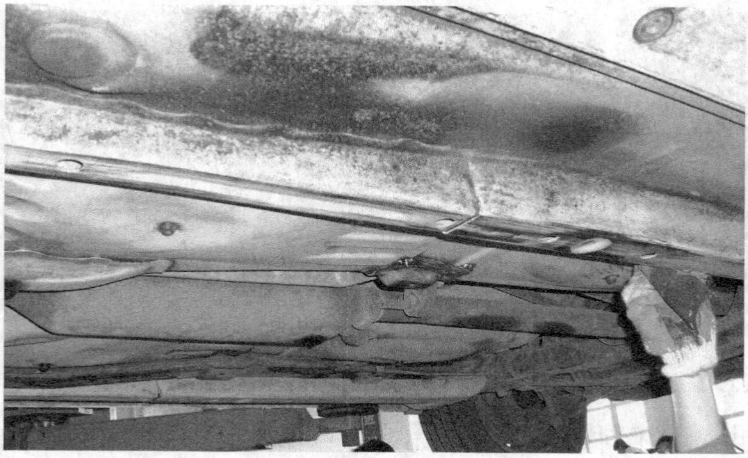

图 2-21　处理损坏部位

（3）贴护

① 对于油管和露出的螺栓等部位要先做好贴护。

② 底盘保护胶不可用在汽车可转动部分和需要散热的部位。将变速器、传动轴、油箱、转向轴、排气管等部位用报纸密封起来，如图 2-22 所示。

图 2-22　贴护

（4）首次喷涂

喷涂的量不要过多，达到 50%的遮盖力就可以了，喷涂完成后，要静置 5min 左右，才能进行下一次喷涂，如图 2-23 所示。

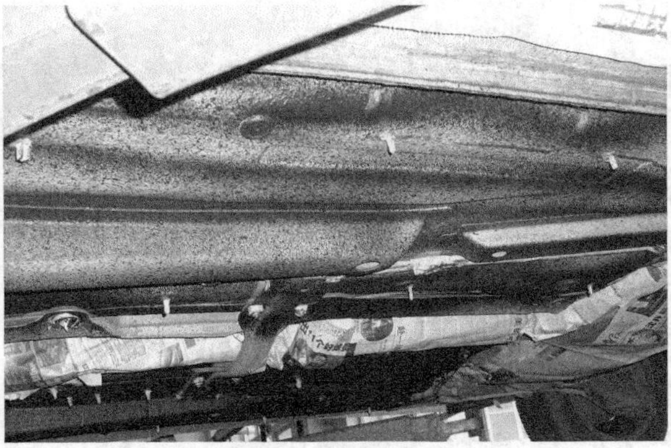

图 2-23　首次喷涂

（5）二次喷涂

① 要将底盘全部遮盖，不能露出底盘原来的颜色，以达到完全保护的目的，如图 2-24 所示。

图 2-24　二次喷涂

② 如果产品使用说明中有明确的要求，可分多次喷涂。具体情况要依产品操作说明来定。

（6）检查

撤掉保护贴纸，检查是否有遗漏的地方，是否在不应该喷涂的部位喷涂了，如图 2-25 所示。

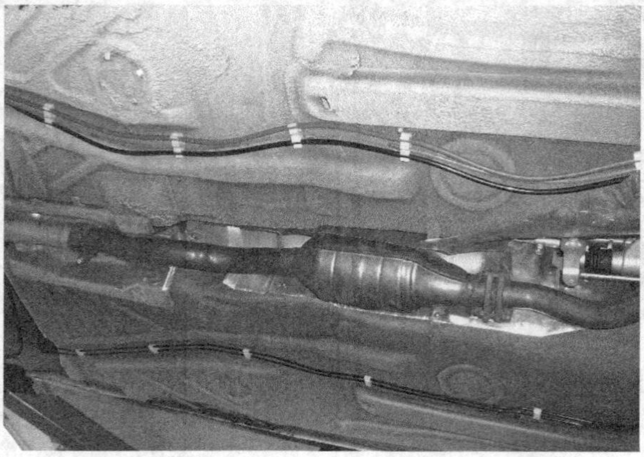

图 2-25　检查

# 任务三　车轮的保养与美容

## 学习目标

1. 掌握车轮和轮胎的相关知识
2. 能够正确使用汽车轮胎
3. 能够进行车轮的检查和保养
4. 能够进行车轮的美容保养操作

## 一、任务分析

轮胎是车轮中与地面直接接触的部件，它在汽车的行驶性能中起着关键作用，属于易磨损零件，并且，经常会受到各种机械和化学损伤。在汽车的运输成本中，轮胎的费用占 5%以上。因为轮胎直接与地面接触，它必须要在不同速度的行驶条件下发挥其一切作用，所以，很多情况下，轮胎成了车轮的代名词。

图 2-26　车轮的组成

## 二、相关知识

汽车车轮由轮胎和轮圈组成，如图 2-26 所示。有的车轮轮圈不太美观，还会为其另外加一个装饰罩盖。

轮圈是车轮的骨架，用于安装轮胎的部件。轮圈与轮胎接触的轮圈外环叫轮辋，轮辋的制造需要很精确，用以装配无内胎的轮胎。在使用时，汽车的轮辋规格是很重要的，它将决定汽车可以装用哪些轮胎。轮圈的轮辋和轮毂之间部分叫轮辐。大多数车辆所使用的轮圈为钢材压制及焊接而成，目前，铝合金轮圈也被使用得越来越多了。

轮胎是安装在轮圈上的接地滚动的圆环形弹性部件，是橡胶与纤维材料及金属材料的复合制品，制造工艺是机械加工和化学反应的综合过程。橡胶与配合剂混炼后，压出胎面；帘布经压延、裁断、贴合制成帘布筒或帘布卷；钢丝经合股、包胶后成型为胎圈；然后，将所有半成品在成型机上组合成胎坯，再在硫化机的金属模型中，经硫化制成轮胎成品。

（一）汽车轮胎

1. 轮胎的作用

（1）支承汽车的总重量

轮胎与轮圈一起承受汽车的重力并传递来自于其他方向的力和力矩，包括垂直反力、侧向反力和切向反力等，因此，轮胎应当始终保持适当的气压。轮胎侧壁触地部分的弯曲度不应超过其胎侧高度的20%，以使轮胎合理地挠曲，使胎身可以保持最佳的使用状态。

（2）吸收并缓和汽车的动能

轮胎还能吸收并缓和汽车行驶过程中所受到的一部分冲击和振动，保证汽车具有良好的乘坐舒适性和行驶平顺性。当加速或刹车时，每只轮胎所承受的力相当于汽车的总重量。此时，轮胎会将外力传递到横轴上，从而产生制导效应，使轮胎以一定的速度将车子维持在驾驶者所希望的轨迹上。

（3）保证轮胎与路面的附着性

轮胎还应与路面有良好的附着性，以提高汽车的动力性、操纵性和通过性。在20世纪90年代初，用硅取代了轮胎中的炭黑，使油耗有所降低，但这并不影响轮胎的附着力。

（4）降低噪声

轮胎还起着降低噪声的作用。如今的轮胎都是由辐式胎身和金属轮辋构成的。这种结构有不少优点，轮胎侧壁异常柔韧，能起到保障舒适的作用；胎面则因金属轮辋而变得坚硬，以保证其抓地性良好。胎面上的花纹主要起排水和避免因路湿而发生侧滑的“水层效应”。胎面花纹还能起到降低行驶噪声的作用，轮胎设计师需要不断设法降低噪声。

2. 轮胎的结构

现在的轿车使用的轮胎大部分是无内胎的轮胎，其胎体内层有气密性好的橡胶层，且需配专用的轮辋，如图2-27所示。胎冠可提供路面黏附性和排水性，承受各种作用力；带束层可保证轮胎在高速转动时的性能；胎体帘布层可使轮胎在高内压下仍能保持其形状；橡胶层可保持轮胎的气密性；胎圈是轮胎安装在轮辋上的部分，由胎圈芯和胎圈包布组成，起固定轮胎的作用。

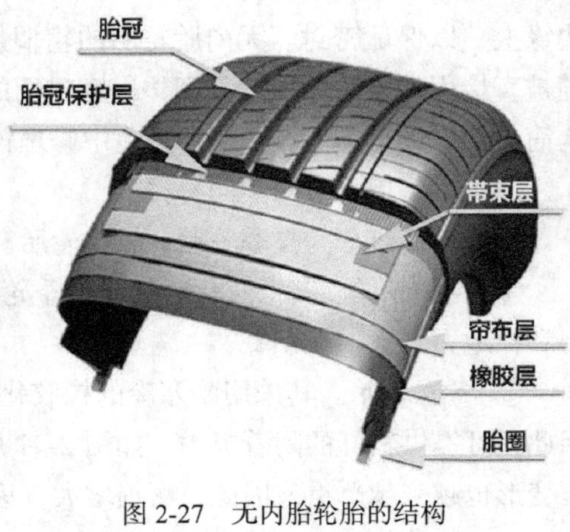

图2-27　无内胎轮胎的结构

世界各国轮胎的结构，都向无内胎、子午线结构、扁平（轮胎断面高与宽的比值小）和轻量化的方向发展。

3. 汽车轮胎的分类

（1）按胎体结构分类

汽车轮胎可分为斜交线轮胎、带束斜交轮胎和子午线轮胎。子午线轮胎与斜交线轮胎的根本区别在于胎体。

① 斜交线胎。胎体采用斜线交叉的帘布层，胎体帘线方向与轮胎行使方向成 30°～38° 大小的角度，如图 2-28 所示。

② 子午线胎。胎体是聚合物多层交叉材质，胎体的帘布方向与轮胎行使方向成 90° 夹角，如图 2-29 所示。其顶层是由数层钢丝编成的钢带帘布，可减小轮胎被异物刺破的几率。现在的轿车上用的都是子午线轮胎。

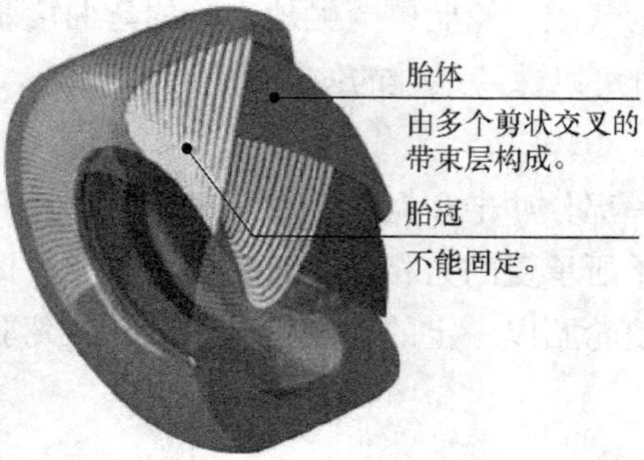


图 2-28　斜交线轮胎

图 2-29　子午线轮胎

（2）按轮胎的组成分类

汽车轮胎可分为有内胎轮胎和无内胎轮胎。无内胎轮胎中的空气是被直接压入外胎中的，因此，轮胎与轮辋间要有很好的密封性。无内胎轮胎在外观和结构上与有内胎轮胎近似，所不同的是，无内胎轮胎内壁上附加了一层厚 2～3mm 的专门用来封气的橡胶密封层，它是用硫化的方法黏附上去的“TUBELESS”，标识如图 2-30 所示。当轮胎被穿孔后，由于其本身处于压缩状态而紧裹着穿刺物，因此，能长期不漏气，即使将穿刺物拔出，也能暂时保持胎内气压。无内胎轮胎的胎圈上有若干道同心的环形槽，在胎内气压的作用下，槽纹能使胎圈压紧在轮辋边缘上，以保证密封。无内胎轮胎的轮辋是不漏气的，它有着倾斜的底部和平匀的涂层。气门嘴被直接固定在轮辋上，其间垫以密封用的橡胶衬垫。无内胎轮胎具有气密性好、散热好、结构简单、质量小等优点。缺点是途中修理较为困难。

（3）按使用季节的不同分类

汽车轮胎可分为夏季轮胎、冬季轮胎和四季通用轮胎。

① 夏季轮胎。其橡胶化合物比冬季轮胎硬。温度在 7℃以上时，夏季轮胎具有最佳的附着力和抓地力。

② 冬季轮胎。其采用耐寒冷的橡胶化合物制成，这种化合物在温度低于零度时不会硬化，因此，可提供较好的附着能力，如图 2-31 所示。随着温度提高，冬季轮胎的柔韧性会提高，挤压变形也越来越严重，因此，磨损增大，滚动阻力提高，耗油量提高。

图 2-30　无内胎标识

图 2-31　冬季轮胎

③ 四季轮胎。既适合冬季使用，也适合夏季使用。

（4）按胎内气压大小分类

汽车轮胎可分为高压轮胎（气压为 490～686kPa）、低压轮胎（气压为 196～490kPa）和超低压轮胎（气压为 196kPa 以下）。

（5）按胎面花纹分类

汽车轮胎可分为普通花纹轮胎、越野花纹轮胎和混合花纹轮胎。普通花纹细而浅，适用于比较好的路面；越野花纹凹部深而粗，与软路面的附着性较好，越野能力强，适用于矿山、建筑工地等路面情况；混合花纹介于普通花纹和越野花纹之间，中部为菱形、纵向为锯齿形或烟斗形花纹，两边为横向越野花纹，适用于在城市、乡村之间的路面行驶的汽车。

（6）按轮胎帘线类型分类

汽车轮胎可分为钢丝轮胎、尼龙轮胎、人造线轮胎和聚酯轮胎等。

（7）按用途不同分类

汽车轮胎可分为轿车轮胎、载货汽车轮胎和特种车辆及工程机械用轮胎等。

4. 轮胎标记

汽车轮胎上的标记有 10 余种，正确识别这些标记对轮胎的选配、使用和保养十分重要，对于保障行车安全和延长轮胎使用寿命也具有重要意义。轮胎型号中的尺寸单位一般为 inch（1inch=2.54cm）。

（1）断面宽度

断面宽度指轮胎的横断面宽度，如图 2-32 所示。一般用“B”表示，单位为“mm”，如 165mm、185mm 等。

图 2-32　断面宽度

（2）扁平率

扁平率是指轮胎断面高/轮胎断面宽（H/B），如图 2-33 所示。扁平率用百分数表示，如扁平率为 55%、65%等。一般来说，扁平率小于 50%的轮胎属于扁平胎。

（3）子午线轮胎

子午线轮胎用“R”表示，有些轮胎上还有单独的标示，如图 2-34 所示。

（4）轮辋直径

轮辋直径是指轮辋直径的大小，一般用“*d*”表示，如图 2-35 所示。其单位为 inch，如轮辋直径为 14inch、18inch 等。

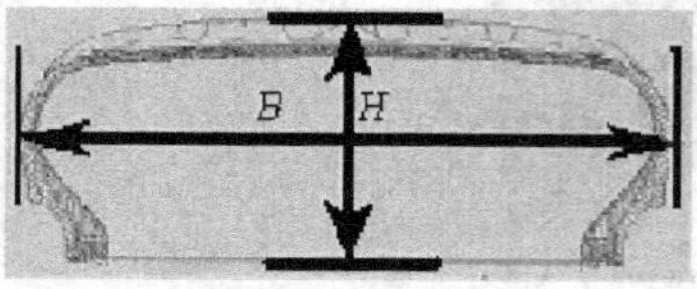


图 2-33　扁平率

图 2-34　子午线轮胎

图 2-35　轮辋直径

（5）载重系数

载重系数是指轮胎的承载能力，载重数的大小不是实际载重数值，它与实际载重量相对应。轮胎常用载重系数对照如表 2-1 所示。

表 2-1　常用载重系数对照表

| 系　数 | 83 | 84 | 85 | 86 | 87 | 88 | 89 | 90 | 91 |
|---|---|---|---|---|---|---|---|---|---|
| 重量（kg） | 487 | 500 | 515 | 530 | 545 | 560 | 580 | 600 | 615 |
| 系　数 | 92 | 93 | 94 | 95 | 96 | 97 | 98 | 99 | 100 |
| 重量（kg） | 630 | 650 | 670 | 690 | 710 | 730 | 750 | 775 | 800 |
| 系　数 | 101 | 102 | 103 | 104 | 105 | 106 | 107 | 108 | |
| 重量（kg） | 825 | 850 | 875 | 900 | 925 | 950 | 975 | 1000 | |

（6）速度标志

轮胎的速度标志是指轮胎的最大行驶安全速度，用英文字母表示。轮胎速度标志的含义如表 2-2 所示。

表 2-2　轮胎速度标志表

| 速 度 标 志 | 最大安全速度（km/h） | 常 用 车 型 |
|---|---|---|
| N | 140 | 备用胎 |
| P | 150 | |
| Q | 160 | 雪胎，轻型货车胎 |
| R | 170 | 轻型货车胎 |
| S | 180 | |
| T | 190 | |
| U | 200 | |
| H | 210 | 运动型轿车 |
| V | 240 | 跑车 |
| Z | 240 | 跑车（或大于 240km/h） |
| W | 270 | 特型跑车 |
| Y | 300 | 特型跑车 |

注：① 较常见的轮胎速度标志为：P，S，T，H。

② 如轮胎无速度标志，那么，除非另有说明，否则，均默认为最大安全速度为 120km/h。

一般情况下以上 6 个轮胎标识会组合在一起并醒目地标记在轮胎胎体上，按断面宽度、扁平率、R、轮辋直径、载重系数、速度标志的顺序组合，如图 2-36 所示。对扁平率和轮辋直径的了解有助于更换适合的轮胎，而对于轮胎的载重系数和速度标志的了解则有助于行车安全。

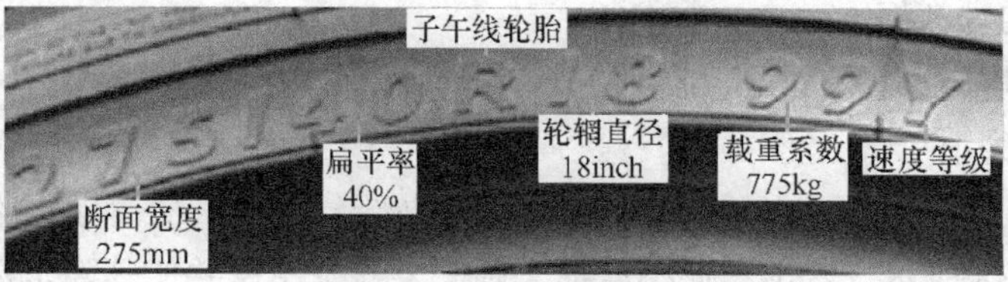


图 2-36　轮胎的基本标识

275/40 R 18　99Y 轮胎标识中各项的含义为 275：胎面宽 275mm；40：扁平率为 40%；R：子午线结构；18：轮圈直径为 18inch；99：最大载荷为 775kg；Y：最高安全极速是 300km/h。

（7）负荷及气压

轮胎上一般会标示最大负荷及相应气压，负荷以“kg”为单位，气压即轮胎胎压，单位为“kPa”，如图 2-37 所示。

图 2-37　轮胎最大负荷和胎压

（8）磨损极限标志

轮胎一侧有用橡胶条、块标示的轮胎磨损极限，一旦轮胎磨损达到这一标志位置，应及时更换，否则，会因强度不够而中途爆胎。

（9）层级

层级是指轮胎橡胶层内帘布的公称层数，与实际帘布层数不完全一致，它是轮胎强度的重要指标。层级可用中文标志，如“12 层级”；也可用英文标志，如“14P．R”即 14 层极。

（10）帘线材料

有的轮胎上会有单独的标示，如“尼龙”（NYLON），一般将其标在层级之后；也有的轮胎厂家将其标注在规格之后，并且，用汉语拼音的第一个字母表示，如 9.00－20N、7.50－20G 等，N 表示尼龙、G 表示钢丝、M 表示棉线、R 表示人造丝。

（11）平衡标志

先用彩色橡胶制成标记形状，再将其印在胎侧，以表示轮胎此处最轻，组装时，应将此处正对气门嘴，以保证整个轮胎的平衡性。

（12）滚动方向

轮胎上的花纹能对排水和防滑起到特别关键的作用，所以，花纹不对称的越野车轮胎常以箭头标志装配滚动方向，以保证其附着力和防滑等性能。如果装错，则适得其反。

（13）生产批号

用一组数字及字母来标志，表示轮胎的制造年、月及数量，如“98N08B5820”，表示 1998

年8月B组生产的第5820只轮胎。生产批号用于识别轮胎的新旧程度及存放时间。

（14）商标

商标是轮胎生产厂家的标志，包括商标文字及图案，商标大多比较突出和醒目，使人易于识别。商标大多与生产企业厂名相连标示。

5. 轮胎的不均匀磨损

一般轮胎的不均匀磨损有以下几种情况。

（1）胎冠中央磨损

这种情况是由于轮胎胎压过高，仅使胎冠的中央部分接地，从而导致胎冠中央比两边部分磨损得快，如图2-38所示。若出现此类磨损，则需要检查胎压并使其降至标准范围内。

（2）胎冠两肩磨损

这种情况是由于胎压过低，使胎冠的两肩接地，从而导致胎冠两肩比中央磨损得快，如图2-39所示。出现此类磨损，也应检查胎压并给轮胎充气至标准范围内。

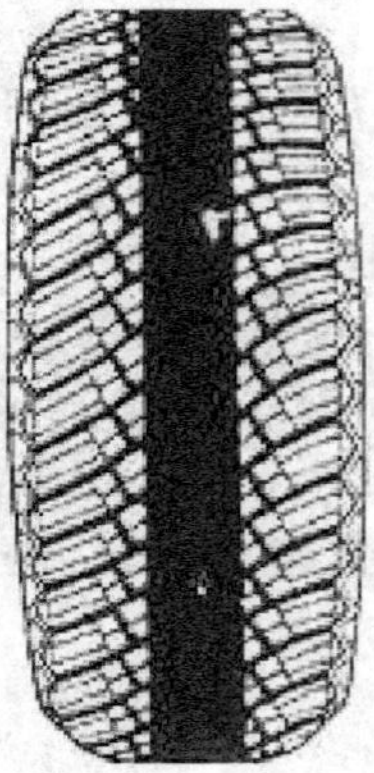

图2-38 胎冠中央磨损

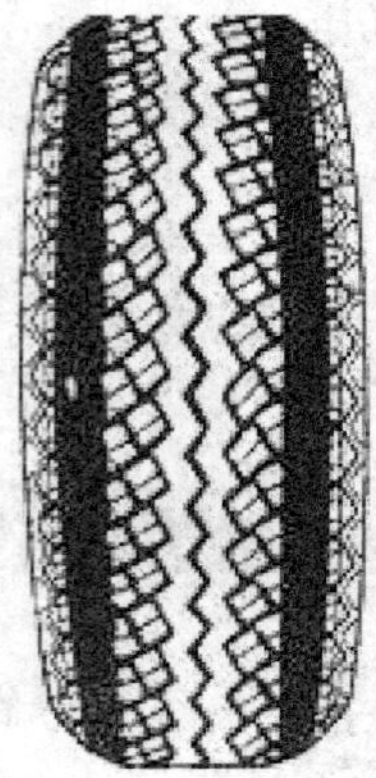

图2-39 胎肩磨损

（3）胎冠单侧磨损

胎冠内侧或外侧磨损，如图2-40所示，是由于车轮定位不准或长期不进行换位所致，前轮外倾角及前轮前束不合标准会引起前轮偏磨。一旦出现此类磨损，则需要进行四轮定位，必要时，还需进行轮胎的互换。

（4）胎冠呈锯齿状磨损

这种磨损与前轮前束有关，当胎冠由外侧向内侧呈锯齿状磨损时，则说明前轮前束过大；反之，则说明前轮前束过小。

（5）胎冠呈波浪状或碟片状磨损

此类情况是由车轮的平衡不良、轮辋和轮轴及其轴承不正常或车轮定位不准引起的。出现这种磨损后，应及时进行车轮的平衡或四轮定位，并且，应检查相关轮辋与轴承。车轮平衡不良还会造成行车方向不易控制、车子跑偏或直行时转向盘不正等情况，在特定行车速度下，车身还会发生抖动的现象。

（6）胎冠局部磨损

这是由紧急制动使车轮抱死或快速起步使车轮打滑引起的磨损，如图2-41所示。这种磨损会缩短轮胎的使用寿命，所以，应尽量避免紧急制动与急速起动。

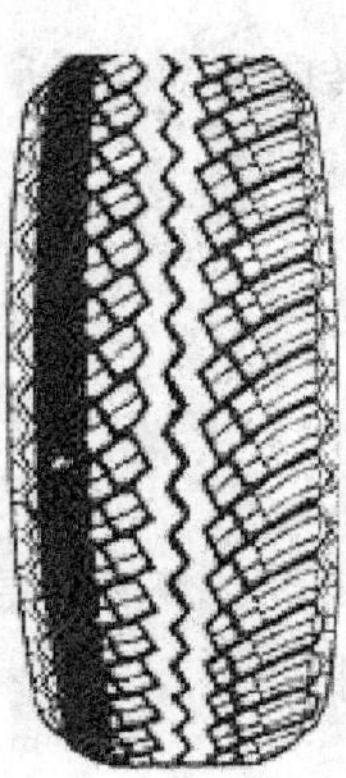

图 2-40　胎冠单侧磨损

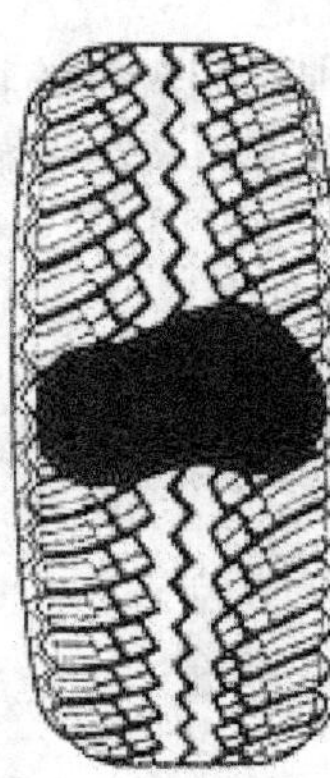

图 2-41　胎冠局部磨损

（二）车轮的使用注意事项

1. 注意胎压

过高或过低的胎压都会造成轮胎的不正常磨损，缩短轮胎的寿命。在气候比较恶劣的冬、夏两季，可根据维修服务站的建议，定期调整胎压。

2. 避免急加速

汽车由静止状态突然起动时，轮胎与路面会发生剧烈摩擦，加速胎面磨损。

3. 减少紧急制动

紧急制动会加剧胎面的局部磨损，容易造成轮胎起包、脱层等后果。应多用滑行减速，少用制动，尤其是紧急制动。

4. 定期进行车轮换位

① 汽车前、后桥的负荷不同，所以，4 只轮胎的磨损会不均匀。在新胎行驶 5000km 后，应进行同侧车轮的前后换位，即同侧的前、后车轮互换；行驶到 10000km 后，应进行前、后车轮的交叉换位，即左前与右后互换，而右前与左后互换，如图 2-42 所示。

② 轮换车轮时，备用车轮可以一同轮换，如图 2-43 所示，但是，备用车轮参与轮换时，它必与所用的车轮和轮胎的型号完全一致。进行车轮轮换时，应检查各个轮胎的磨损程度。轮换后，必须调整前、后轮的胎压到规定值并检查车轮螺母的扭紧力矩。对于子午线轮胎、雪地行使用轮胎或镶钉轮胎，轮换前应先做好方向标记，以便按同一方向安装车轮。

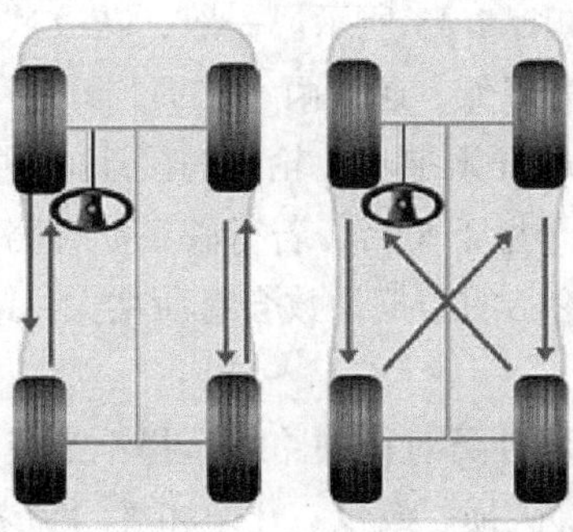


图 2-42　车轮换位

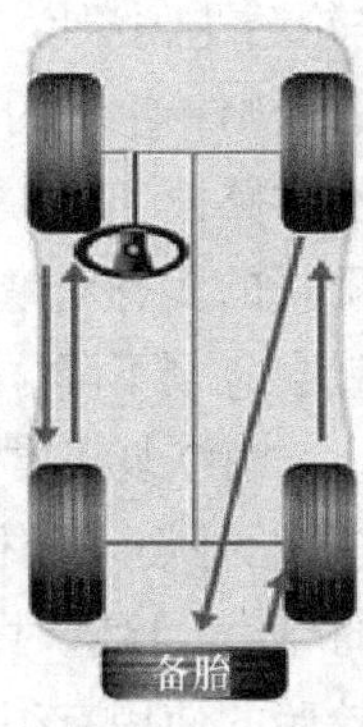


图 2-43　备用车轮参与换位

5. 同车慎装异种轮胎

一辆车应慎装两种不同规格的轮胎，因为它们的花纹的设计、质量、直径等技术参数都不尽相同，如果将两种不同规格的轮胎装在同一轴上，就会造成转向过度或不足，容易产生侧滑，轻则影响汽车的操纵灵活性，重则造成车祸。

## 三、任务实施

（一）检查车轮

1. 轮圈检查

车轮轮圈容易受到刮碰，所以，要经常检查看其表面是否受损、平衡块是否脱落、是否发生了变形，如果变形严重，就要及时更换新的轮圈，以免发生事故。

2. 轮胎检查

（1）胎压检查

① 汽车轮胎的标准气压值在油箱盖内侧、车门框内侧或后备箱内侧标注。车辆的使用说明书上也会有标准胎压值。要定期使用气压表测量轮胎气压，如图2-44所示，不可用肉眼判断。

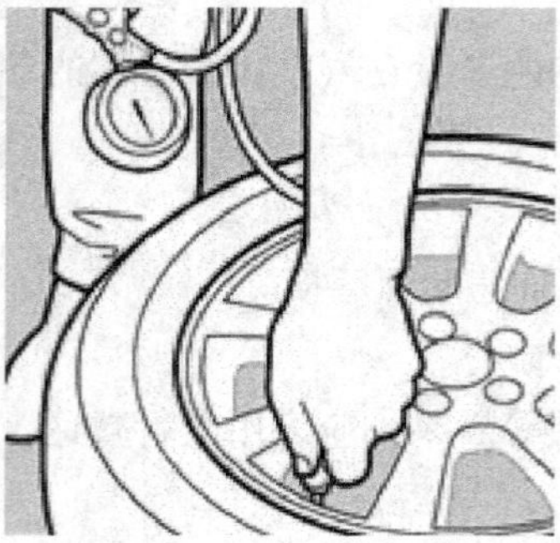
图2-44 检查轮胎气压

② 有时，气压降低许多，轮胎看上去却并不太瘪，所以，每月应至少检查一次气压（包括备胎），备胎的气压要充得相对高一些，以免日久会降低。正常情况下，轮胎也会漏气，造成气压降低，平均每月会少0.07MPa的气压。轮胎气压会随温度的变化而改变，温度每升/降10℃，气压也会随之升/降0.007～0.014MPa。

③ 必须在轮胎冷却时测量气压。检查完轮胎气压后，可将肥皂液涂在气嘴上，查看是否漏气，如果出现明显的气泡或抖动，则表示气嘴芯漏气，应拧紧或更换气嘴芯。平时应将气嘴的防尘帽戴上，以防脏物和水汽进入气嘴 。

（2）轮胎表面的检查

① 平时要常查看整个胎体是否被钉子、铁屑、玻璃碎片、石头等硬物刺穿，或者，有其他撞伤，这些潜在的隐患都可能导致轮胎漏气。一个小小的轮胎刺孔，如不及时处理，也会导致人员伤亡。

② 检查轮胎花纹深度。用花纹深度规来测量，如图2-45所示。一般，花纹残留深度不得低于1.6mm，否则，轮胎的驱动力、制动性能都要大大降低，遇到雨水路面，就要“水上滑行”了。在有雨水的路面上行驶时，随着车速的增加，轮胎开始乘水，轮胎的接地面积就会明显减小。另外，雨量的多少对摩擦系数也有显著的影响。开始下雨后，若行驶在沥青路面上，轮胎的摩擦系数就会急剧下降，随着泥土和灰尘被冲掉，轮胎的摩擦系数会有所增大，路面干燥后，摩擦系数才能逐渐恢复正常。

③ 检查轮胎外伤。胎体被扎伤、刮伤一般是因为驾驶员对行驶路线选择不当或不注意避让尖锐、突出的障碍。检查时，应查看轮胎是否有扎钉、破损、鼓包、开裂和气门嘴老化等现象。轮胎外伤对轮胎的使用有很大影响，有外伤的轮胎应慎重使用。气门嘴是一个容易被忽视的地方，应留意检查。

④ 检查轮胎的磨损状况。轮胎的寿命与轮胎花纹的寿命紧密相关。一般情况下，轮胎侧面每隔60°就有一个小“A”符号，一周共有6个，在小“A”所对应的胎冠部分的花纹下刻有花

纹残留极限，如图 2-46 所示。

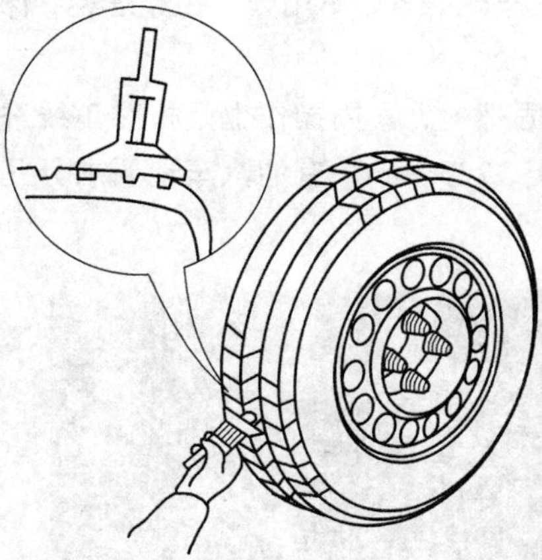

图 2-45　检查花纹深度

图 2-46　检查轮胎磨损情况

（二）轮胎的美容保养

1. 轮胎亮光剂

轮胎亮光剂能够快速渗透到轮胎表层，清走污垢，防止轮胎硬化、爆裂，令轮胎恢复原色，光亮如新。市场上多使用喷涂型的轮胎保养蜡，液体涂抹形式的轮胎保养剂的质量要高于喷涂型的。

2. 拆卸车轮

① 将车辆停放平稳，拉紧手制动。取下车轮罩盖，露出车轮螺栓。

② 拧松车轮螺栓。按对角线顺序拧松车轮螺栓，不要将螺栓完全拧下，如图 2-47 所示，否则，会对轮圈和螺栓造成损坏。

③ 举升车辆，使车轮离开地面至方便取下车轮的高度，卸下车轮螺栓，取下车轮。

3. 轮胎的保养

先将轮胎花纹里的异物清除干净，再将特制的轮胎增黑剂喷于轮胎的表面。使用前，应先摇匀增黑剂，再将其均匀地喷在轮胎表面，静候 3～5min，待轮胎自动干透即可，如图 2-48 所示。

图 2-47　拆卸车轮

图 2-48　保养中

保养时，药剂会迅速渗透到橡胶内部，从而起到分解有害物质、延缓轮胎老化并使其增黑、增亮的作用，如图 2-49 所示。

4. 安装车轮

① 先在车辆举升位置进行预安装。按对角线的顺序紧固车轮螺栓，不用大力扭紧螺栓，保证车轮不晃动就可以了。

② 降下车辆，使车轮着地，用扭力扳手按规定力矩紧固螺栓，紧固操作也是按对角线进行，如图 2-50 所示。一般轿车车轮螺栓的扭紧力矩在 100～120N · m，有的汽车还要求分几次紧固。

图 2-49 保养后

图 2-50 按规定力矩拧紧

③ 安装上装饰罩盖，车轮的保养操作结束。

# 任务四 汽车轮胎压力报警指示系统的安装

## 学习目标

1. 了解汽车轮胎胎压不正常的危害
2. 掌握防爆轮胎和胎压报警指示系统的相关知识
3. 掌握车轮平衡的相关知识
4. 掌握轮胎更换和车轮动平衡的操作方法
5. 掌握汽车轮胎压力报警指示系统的安装方法

## 一、任务分析

在汽车高速行驶的过程中，轮胎故障是所有驾驶者最为担心和最难预防的，这也是突发性交通事故发生的重要原因，如图 2-51 所示。据统计，在中国高速公路上发生的交通事故有 70%是由爆胎引起的，而在美国，这一比例则高达 80%。怎样防止爆胎已成为安全驾驶的一个重要课题。据国家橡胶轮胎质量监督中心的专家分析，以标准的车胎气压行驶和及时发现车胎漏气是防止爆胎的关键。

图 2-51　行车爆胎

## 二、相关知识

1. 胎压不正常的危害

（1）胎压过高

轮胎气压过高会产生如下后果。

① 胎面与地面接触面积减小，胎冠中央磨损严重。

② 轮胎与地面之间的附着力降低，降低制动效能。

③ 缓冲性能降低，降低乘坐舒适性。

④ 轮胎损伤严重时，胎压过高也会带来爆胎的危险。

轮胎胎压过高时，地面对车辆的阻力将降低，可以降低燃油的消耗，但是，与其造成的危害程度相比，还是得不偿失的。

（2）胎压过低

轮胎气压过低会产生如下后果。

① 胎面与地面接触面积增大，胎冠两侧磨损严重。

② 轮胎与地面之间的附着力增大，增加油耗。

③ 缓冲性能降低，降低乘坐舒适性。

④ 在车辆高速行驶时，会导致爆胎。对于无内胎的车轮来说，轮胎内部的密封情况完全靠轮辋与轮胎接触部位来实现，而胎压过低则会使密封情况变差，尤其是在车轮高速转动时，密封性的急剧下降会大大增加爆胎的可能性。

2. 防爆轮胎

防爆轮胎也叫自承载式轮胎，其轮胎胎壁两侧有加强层，能够承载车身重量。它可以在完全漏气的情况下继续行驶很长距离，不会像普通轮胎一样，当胎压减少或消失后，轮胎就会变瘪，甚至脱离轮圈，使车辆无法行使或失去控制，从而造成车祸，如图 2-52 所示。防爆轮胎有以下特点。

① 在出现缓慢的空气损失时，防爆轮胎仍能以 80km/h 的速度行使约 2000km。

② 在空气突然完全漏光时，防爆轮胎仍能以 80km/h 的速度行驶约 160km。

③ 安装防爆轮胎的车辆由于无需装备备用轮胎和车辆升降机，因此减轻了车辆重量，增加了可用空间，提高了车辆的安全性。

④ 使用时要注意：安装了防爆轮胎的车辆不允许安装普通车轮和轮胎，只有在紧急情况下

才能安装普通轮胎，也不允许把防爆轮胎安装到普通车轮上。

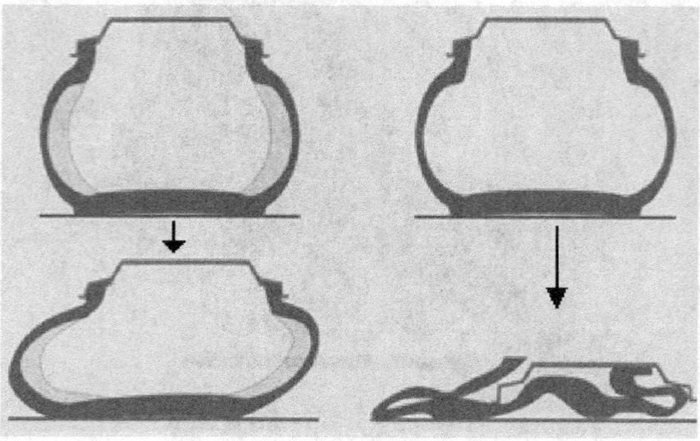

图 2-52　防爆胎与普通轮胎对比

⑤ 安装防爆轮胎的车辆要配备胎压报警指示系统。防爆胎的胎压无法从轮胎的外观看出，即使在胎压很低时，轮胎外观也没有明显变化。胎压不足对防爆轮胎来说也是十分危险的，所以，安装胎压报警指示系统尤为重要。

3. 汽车轮胎压力报警指示系统

汽车轮胎压力报警指示系统主要用于在汽车行驶时，实时地对轮胎气压进行自动监测，对轮胎漏气和低气压情况进行报警，以保障行车安全，如图 2-53 所示。

图 2-53　胎压报警指示系统

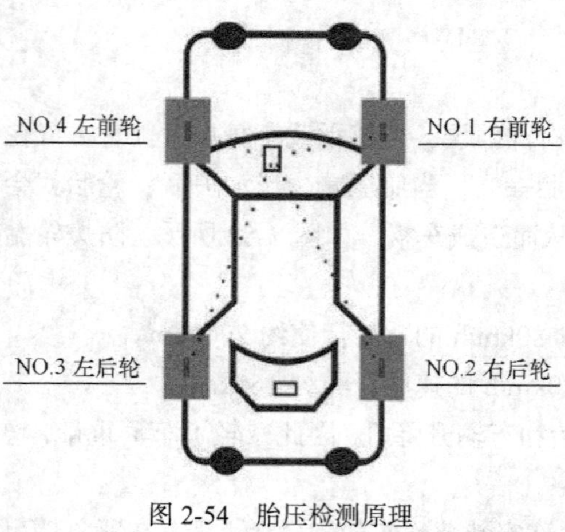


图 2-54　胎压检测原理

胎压报警指示系统主要通过两种形式对轮胎气压进行检测，分别是直接式和间接式。

① 直接式胎压监测装置是利用安装在每一个轮胎里的压力传感器来直接测量轮胎的气压，然后，用无线发射器将压力信息从轮胎内部发送到中央接收器模块上的系统，再对各轮胎气压数据进行显示，如图 2-54 所示。当轮胎气压太低或漏气时，系统会自动报警。

② 间接式胎压监测的工作原理是通过车轮转速传感器测量 4 个车轮的转速。它会比较对角分布的车轮的轮速并算出平均车速。当某轮胎的

气压降低时，车轮的动态直径乃至车轮转速都会发生变化。它可在 15km/h 的速度到最高车速的范围内，识别出所有车轮上 30% ± 10%的充气压力损失。如果超出了这个值，它便会通过组合仪表用红色 LED 灯或文字“爆胎”，以及一个声音报警信号向驾驶员发出警告。间接式轮胎报警系统实际上是依靠计算轮胎滚动半径来对气压进行监测的，其准确率较低。

4. 车轮平衡

由于制造或使用上的原因，车轮整体各部分的质量分布不可能非常均匀。当汽车车轮高速旋转起来后，就会形成动态不平衡状态，使车辆在行驶中出现车轮抖动、转向盘振动的现象。为了避免这种现象或消除已经发生的这种现象，就要使车轮在动态情况下通过增加配重的方法，来校正各边缘部分的平衡。这个校正的过程就是人们常说的动平衡。

车轮平衡分为动态平衡和静态平衡两种。动态不平衡会使车轮摇摆，令轮胎产生波浪型磨损；静态不平衡会使车辆产生颠簸和跳动现象，使轮胎产生平斑磨损，因此，定期检测平衡不但能延长轮胎的使用寿命，还能提高汽车行驶时的稳定性，避免在高速行驶时因轮胎摆动、跳动，而失去控制，造成交通事故。

车轮动平衡检查是更换新的轮胎和钢圈后的必做项目，轮胎更换完毕后，要对其充压到规定值，并且，用车轮动平衡机进行车轮动平衡检查与调整操作。

## 三、任务实施

胎压报警指示系统的安装

1. 准备

① 检查系统配件是否齐全，胎压传感器、显示屏、连接线、使用说明书是否齐全，相关零件是否有损坏，如图 2-55 所示。

② 顶起车身，取下车轮。

2. 扒胎操作

（1）准备工作

① 放尽胎气，去掉车轮上的旧平衡块和轮胎花纹里的杂物，如图 2-56 所示。

② 打开电源，连接好气源。

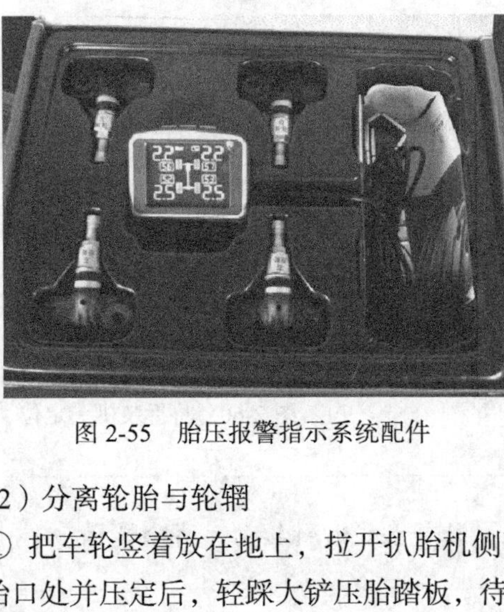

图 2-55　胎压报警指示系统配件

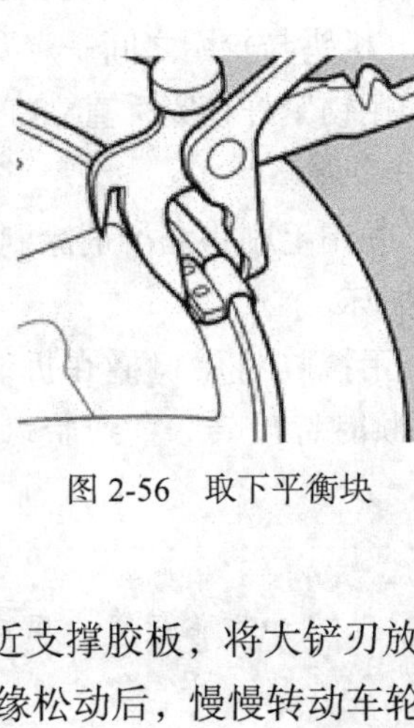

图 2-56　取下平衡块

（2）分离轮胎与轮辋

① 把车轮竖着放在地上，拉开扒胎机侧面大铲，使车轮靠近支撑胶板，将大铲刃放在靠近轮胎胎口处并压定后，轻踩大铲压胎踏板，待轮胎胎口与轮辋边缘松动后，慢慢转动车轮，重复

图 2-57　分离胎口

上述动作，车轮一周全部松动后，再全部踩下大铲压胎踏板，把胎口全部铲松，如图 2-57 所示。

② 换另一面，重复上述动作。

（3）在转盘上固定轮圈

将轮圈锁紧在转盘上，锁紧方式有两种：外夹和内夹。

① 外夹。先将卡爪向外张开，将车轮放置在转盘上，再踩踏锁紧踏板，使小爪紧锁轮辋外缘，如图 2-58 所示。

注意　夹铝合金轮圈时，应用尼龙护套。

② 内夹。将车轮放于转盘上，踩踏开启踏板，使卡爪外张，直至将车轮锁紧，如图 2-59 所示。

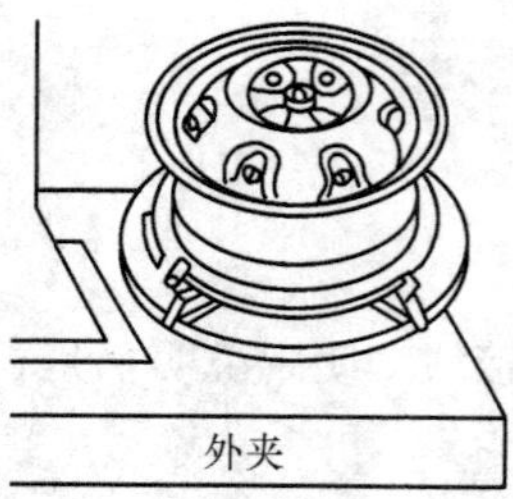


图 2-58　外夹锁紧方式

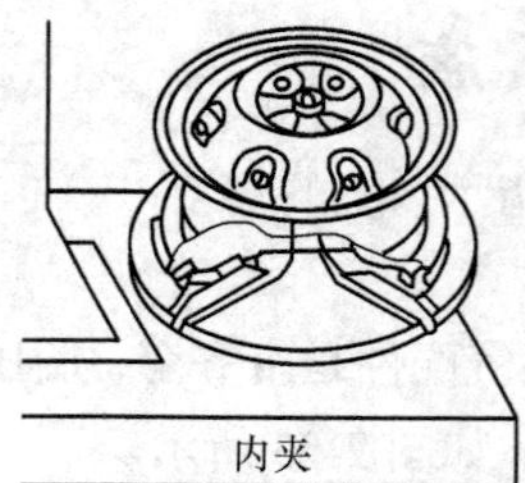


图 2-59　内夹锁紧方式

注意　尽量不用内夹，以防气动不足或轮圈不圆、打滑，崩出伤人。

（4）调整拆装机头的位置

① 按下垂直立杠，使拆装机头按如图 2-60 所示的样子对好，机头与轮圈之间一定要保持 2～3mm 的间隙。

② 用锁紧杆锁紧垂直立杠。

（5）扒胎

① 先用毛刷将润滑剂涂刷在胎口处，增加润滑度，以防胎口损坏。

② 用撬杠将胎口撬在拆装机头上，点踩开关踏板，让转盘顺时针旋转，直到胎口全部脱落为止，如图 2-61 所示。

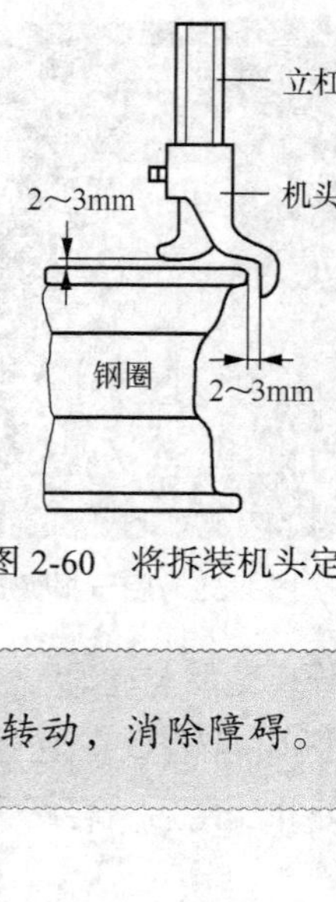


图 2-60　将拆装机头定位

注意　如拆胎受阻，应立即停止，上提踏板，让转盘逆时针转动，消除障碍。

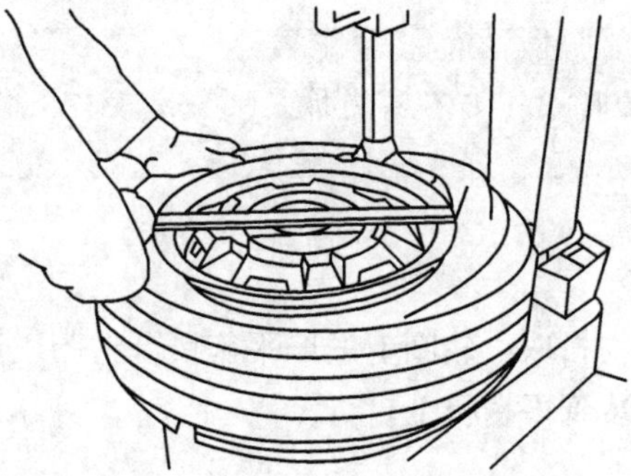

图 2-61　扒胎操作

③ 重复以上步骤，拆下另一侧，使轮胎与轮圈完全分离。

注意

在拆胎过程中，尽可能使身体其他部分远离动件，项链、手镯及宽松的服装对操作人员来说都是非常危险的。

拆铝合金圈时，应用尼龙护件，以防止轮圈受损。

3. 安装胎压传感器

① 用裁纸刀小心割掉原轮毂上气嘴底部的橡胶，注意，不要损伤轮辋，如图 2-62 所示。扯出原配气嘴，小心清理残留物。

② 安装轮速传感器，注意，传感器上的胎位标志要与所装轮胎对应，如图 2-63 所示。

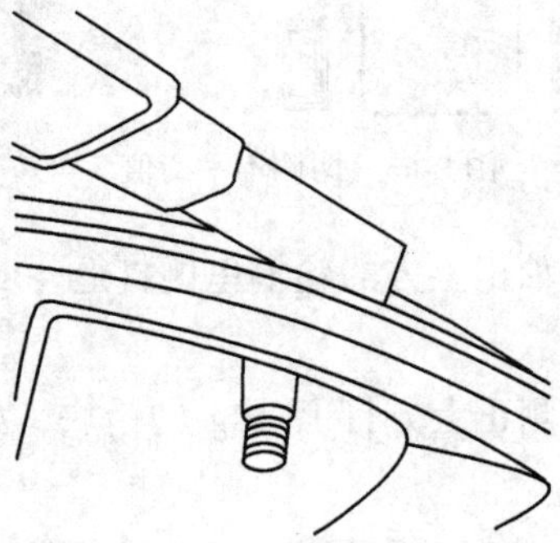

图 2-62　卸气嘴

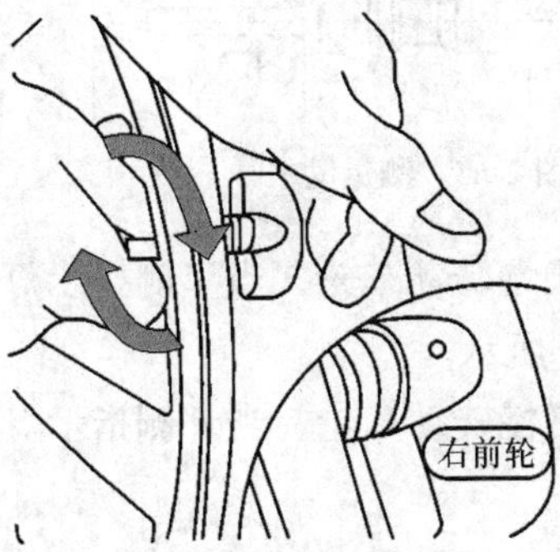


图 2-63　安装传感器

③ 重复上述步骤，完成其余胎压传感器的安装。

4. 装胎操作

① 将轮圈锁定在转盘上，先给胎口涂上润滑膏，再把轮胎套在轮圈上。

② 将拆装机头固定到工作位置，将胎口置于拆装机头尾部的上面，机头下部同时压低胎肚。

③ 顺时针旋转轮盘，让胎口落入轮圈槽内，如图 2-64 所示。

④ 松开卡住轮圈的夹紧爪，给车轮充气到规定气压。

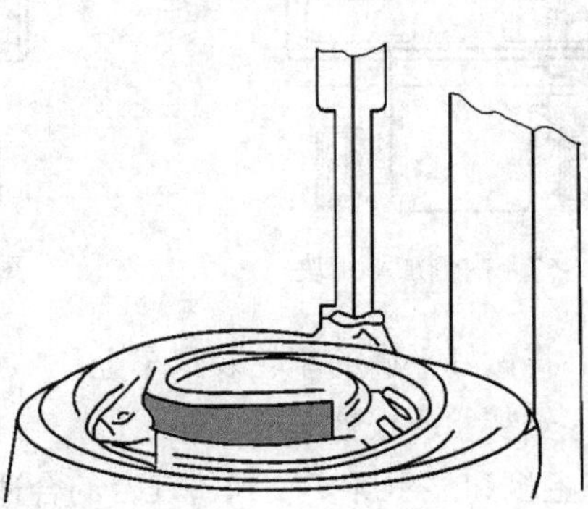

图 2-64　装胎操作

> **注意** 拆卸和安装轮胎时，一定不要使拆装机头锥滚与轮缘接触，避免划伤轮缘。

5. 检查车轮平衡

（1）在平衡机上安装车轮

① 清洁轮胎花纹内的杂物，取下轮圈上的旧平衡块，将胎压调整到标准气压。

② 将车轮按规定方式安装到平衡机上。

（2）输入尺寸

① 打开动平衡机电源。

② 输入几个测量参数：$A$ 为轮辋内缘到平衡机之间的距离，$L$ 为轮辋的宽度，$d$ 为轮辋的直径，如图 2-65 所示。

（3）平衡车轮

① 放下防护罩，按启动键 START，8s 后自动刹车，数据显示如图 2-66 所示。“40”为轮胎里侧误差值，“10”为轮胎外侧误差值。

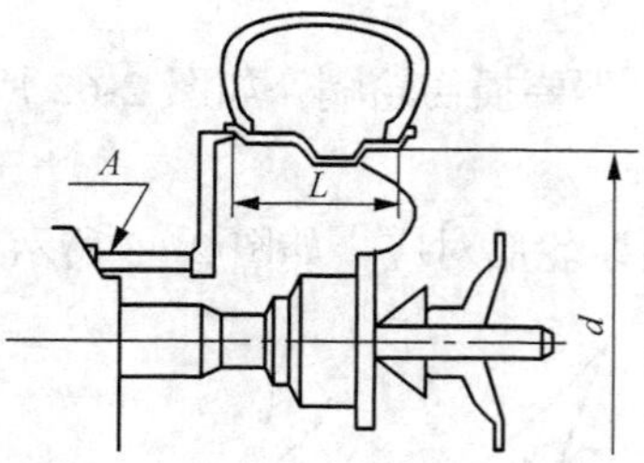

图 2-65　测量动平衡参数

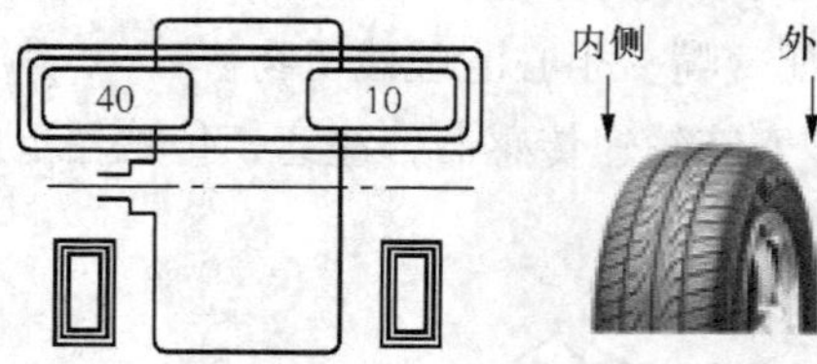

图 2-66　两侧不平衡值

② 慢慢转动车轮，当里侧指示灯全亮时，在垂直主轴正上方的轮辋里侧打上 40g 的铅块，如图 2-67 所示。

③ 慢慢转动车轮，当外侧指示灯全亮时，在轮辋外侧正上方打上 10g 的铅块，如图 2-68 所示。

④ 按下启动键，旋转车轮，自动刹车后，屏幕显示“00”，如图 2-69 所示。平衡结束，卸下车轮。如果没有达到平衡，则需重新平衡。

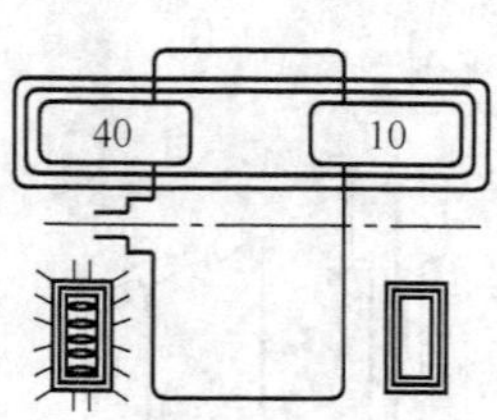

图 2-67　内侧加平衡块

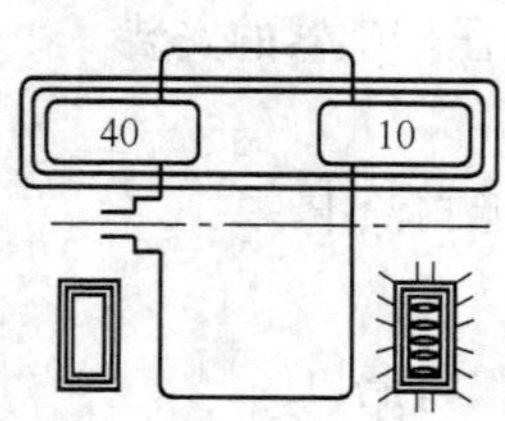

图 2-68　外侧加平衡块

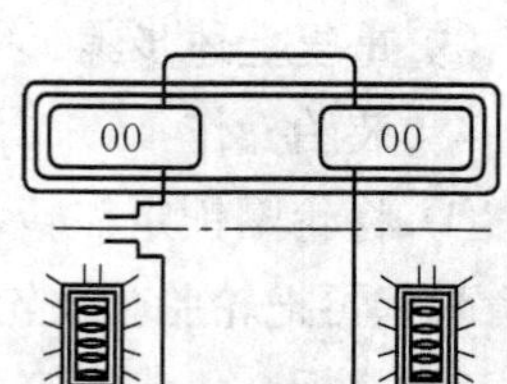

图 2-69　平衡合格

⑤ 将做好平衡的车轮装到车上。

6. 安装胎压报警主机和显示屏

把主机和显示屏安装到仪表台的合适位置，以便于查看，并且，要保证其牢固，如图 2-70 所示。

7. 匹配参数

起动发动机，进入胎压检测界面。按对应的轮胎，手动匹配各项参数，如图 2-71 所示。在匹配参数的过程中，要对轮胎进行充气、放气并连续超过 4s，系统才能收到数据信息。

图 2-70　安装显示屏

图 2-71　设定参数

8. 检验

行车检验系统并按实际情况调整更精确的胎压值。

## 习　题

一、选择题

1. 汽车底盘的损伤有（　　）和锈蚀损伤两类。

　A. 碰撞损伤　　B. 磨损　　C. 疲劳损伤　　D. 断裂损伤

2. （　　）类型的汽车底盘防腐蚀保护剂需要使用压缩空气和专用喷枪喷涂。

　A. 固态灌装　　B. 液态灌装　　C. 钢板　　D. 塑料板

3. 如果底盘以前的保护胶或油漆被损坏了，则要先（　　）。

　A. 修复破损的油漆层

　B. 除油清洗并干燥

　C. 用钢刷或铲刀将锈蚀和破损的漆膜处理掉，露出新鲜的钢铁底材

　D. 不用处理，直接喷涂即可

4. 下列哪项不是汽车底盘锈蚀的主要因素（　　）。

　A. 意外或碎石碰撞使表面防护层被划破

　B. 添加在融雪剂中的一些化学药剂的某些成分

　C. 雨天路湿，车辆下侧的空隙处特别容易积存污泥，给湿气提供了藏匿的地方

　D. 车身被损伤后，重新喷漆

5. 做底盘装甲操作时，为了达到良好的施工效果，需要（　　）。

　A. 在密封的工作车间内施工　　B. 在通风的工作车间内施工

　C. 使用价格昂贵的防腐蚀材料　　D. 使用最好的工具和设备

6. 轮辋规格代号中名义宽度和名义直径用（　　）作单位。

A. 毫米　　B. 厘米　　C. 分米　　D. 英寸

7. 可用花纹深度规来测量轮胎花纹的深度，一般花纹残留深度不得低于（　　）。

A. 1.0mm　　B. 1.5mm　　C. 1.6mm　　D. 2.0mm

8. 轮胎扁平率是指轮胎（　　），用百分数表示，如扁平率为55%、65%等。

A. 断面高/断面宽　　B. 断面宽/断面高

C. 轮辋直径/断面宽　　D. 断面高/轮辋直径

9. 轮胎按使用季节的不同可分为（　　）轮胎。

A. 四季通用　　B. 夏季　　C. 冬季　　D. 秋季

10. 下面哪项不是铝制轮圈的特点（　　）。

A. 质量轻，省油，经济性能好

B. 散热性能好，可增加轮胎的使用寿命

C. 真圆度高，可以提高车轮运动精度，适合高速行驶

D. 弹性差，会降低车辆行驶中的平顺性

11. 胎压过高的危害有胎面（　　）等。

A. 两肩过度磨损　　B. 中间过度磨损

C. 油耗降低　　D. 附着力增加

12. 安装（　　）的车辆必须要配备胎压报警指示系统。

A. 无内胎轮胎　　B. 防爆胎

C. 扁平胎　　D. 子午线轮胎

13. 拆装轮胎时，为防止轮圈损伤，要使机头与轮圈之间保持（　　）mm的间隙。

A. 1～2　　B. 2～3　　C. 3～4　　D. 4～5

14. 车轮平衡分为静态平衡和（　　）平衡两种。

A. 转动　　B. 热态　　C. 冷态　　D. 动态

15. 在匹配参数的过程中，要对轮胎（　　），系统才能收到数据信息。

A. 进行充气、放气并连续超过4s　　B. 做动平衡

C. 冷却　　D. 清洁

二、思考题

1. 汽车底盘的损伤类型有哪些？简要分析其形成原因。
2. 简述汽车底盘喷塑防护的施工流程。
3. 轮胎标志有哪些？描述“275/40 R 18　99Y”的含义。
4. 汽车轮胎磨损的类型有哪些？形成原因是什么？
5. 胎压不正常的危害有哪些？
6. 简单描述轮胎压力报警指示系统的安装步骤。

# 项目三

## 汽车车身的美容与装饰

汽车的工作环境复杂，不但要经受日晒、雨淋、石击、冰雪、严寒、炎暑这样多变的环境条件，而且，还会经常接触化学药品、酸、碱、盐等腐蚀性的物质，使车身表面被碰撞、划伤，材料老化，甚至被腐蚀，再加上不正确的保养护理，更加降低了汽车的使用寿命。脏污的外表，不仅破坏汽车的美感，影响观者的心情，而且，也直接影响着乘客的乘坐舒适性和健康，所以，要定期对汽车进行专业的清洗和保养，保持车辆外貌的美观，延长车辆的使用寿命，提高驾驶安全性。汽车车容装饰美观是汽车产品的一项技术指标，也被当作车辆年检中技术要求的项目之一。

## 任务一　车身的清洗及美容

### 学习目标

1. 了解车身污染的种类和形成原因
2. 掌握车身清洗及美容的工艺
3. 能够进行规范的车身清洗操作
4. 能够进行车身清洗后的打蜡操作

### 一、任务分析

汽车车身清洗听起来很简单，甚至有些人认为不就是洗车吗！“一桶水，一把刷子，一条毛巾”就完全可以搞定了，但实际上，这种想法是错误的。车身涂膜就像人身体的皮肤一样，光用水冲一下，是远远不够的，要想保持它各方面的性能，就必须进行专业的清洗和保养。

### 二、相关知识

（一）车身表面的污染

1. 车身表面污染的形成

汽车车身表面的污染主要是由尘土和泥水引起的。泥沙和油污容易溅到车身上，它们再黏附另一些尘土和污物，就会使车身变得越来越脏。尘埃黏附过程大体可分 3 个阶段：尘土扩散、传播和颗粒分离，污染程度以每平方厘米面积上的污秽毫克数来度量。

2. 车身表面污染的种类

造成车表污染的有两大类污垢和损伤。污垢包括：外部沉积物、附着物、水渍等，损伤包括锈蚀损伤和刮碰损伤。它们往往具有很高的附着力，能牢固地附着在零件的表面。由于这些污染有各自不同的性质，因此，清除它们的难易程度也不同。

（1）污垢

① 外部沉积物。可以分为尘埃沉积物和油腻沉积物。大气中含有一定数量的尘埃，在运动着的车辆附近，当尘埃的颗粒度为 5～30 mm 时，其含量就会达至 0.05 $g/m^3$ 左右。当尘埃颗粒的含量增加时，它在金属表面的凝聚和沉积也会加快。在潮湿的空气中，吸附在汽车表面的水膜会提高尘粒间的附着力，从而使尘粒加速凝聚，其附着在汽车表面上的牢固程度主要取决于表面的清洁程度、尘粒的大小和空气的湿度。油腻沉积物是由于污泥和尘埃落到被机油污染了的零件上而形成的，也可能相反，是润滑油落到了被污泥所污染了的表面上，然后，润滑油浸透了污泥并附着在车身表面。

② 附着物。汽车在行驶中，容易沾上不同的附着物，如柏油、沥青、鸟粪（见图 3-1）、虫尸等。这些附着物能牢固地粘在车身表面，一般很难用水清洗干净，要用有机溶剂去除清洗。如果这些附着物在车漆表面停留时间过长，就会侵蚀到油漆的内部，甚至会对车身的基材造成损害，所以，看到这些附着物时，一定要及时清除。

③ 水垢。落到汽车表面的水滴中含有颜料、化学溶剂等会损坏涂膜的物质，若时间长了，水分蒸发干了，车身上就会形成很难去掉的水垢。有些水垢甚至会浸透到油漆里，威胁到车身钢板。若车身打蜡过度或蜡的质量不好，那么，融化后，也会形成难以去除的水垢。

（2）损伤

① 锈蚀损伤。汽车锈蚀主要发生在车身的钢铁部件上，进而在汽车底盘很难接触到的部位堆积含盐分、灰尘和湿气等的物质。意外或碎石碰撞可划破汽车表面烤漆防护层，以致造成锈蚀。沿海地区的空气中含有盐分，工业污染区的灰尘中含有化学物质，这些都会加速生锈，尤以温度刚高于冰点时为最。若车子某部分长期潮湿，那么，其他干燥部分亦可能生锈。图 3-2 所示为车身板件的锈蚀。

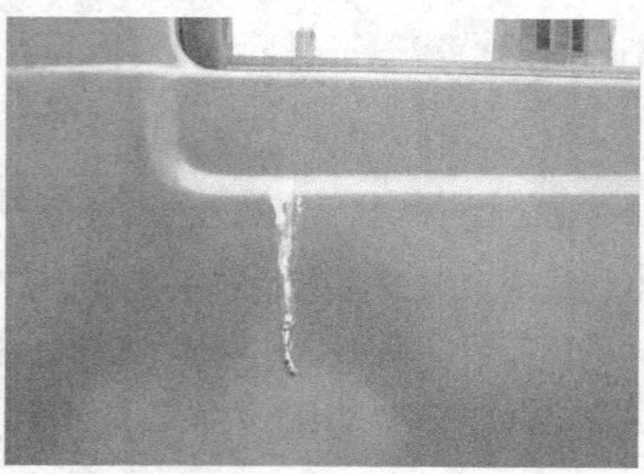

图 3-1　车门上的鸟粪

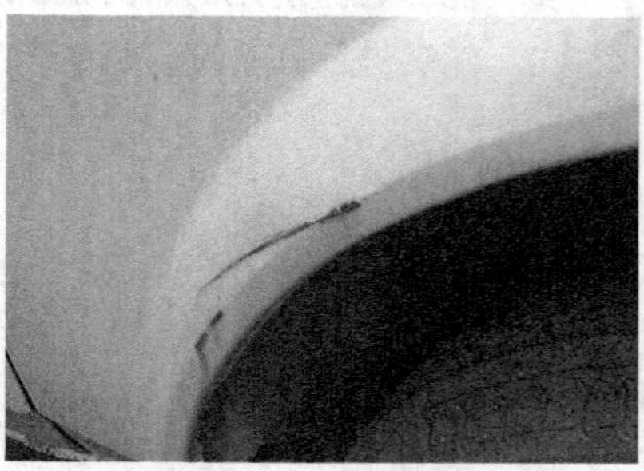

图 3-2　车身板件的锈蚀

② 刮碰损伤。刮碰附着污染物是车身与其他物体相互刮碰后，附着的污染物，如图 3-3 所示。与上面讲的几种附着物不同，它可能会对车身的涂膜和基材造成损害。很多时候，人们会认为，若因为汽车刮伤而去维修站进行油漆修补，那么，维修的费用会非常高，并且，会消耗很长的时间。有经验的美容技师可以很容易地将这种损害处理掉，但是，因为车身表面已经有

了机械碰撞，所以，美容处理也仅仅是使外表看不出来罢了。

图 3-3　刮碰附着的污物

（二）车身清洗

1. 个人安全与防护

个人防护用品指为防止一种或多种有害因素对自身的直接危害所穿用或佩戴的器具的总称。正确使用劳动防护用品，可以使员工避免在生产过程中受到直接伤害，对员工的身体健康及生命安全都起着重要的作用。要根据工作性质的不同，合理佩戴劳动保护用品，如图 3-4 所示。

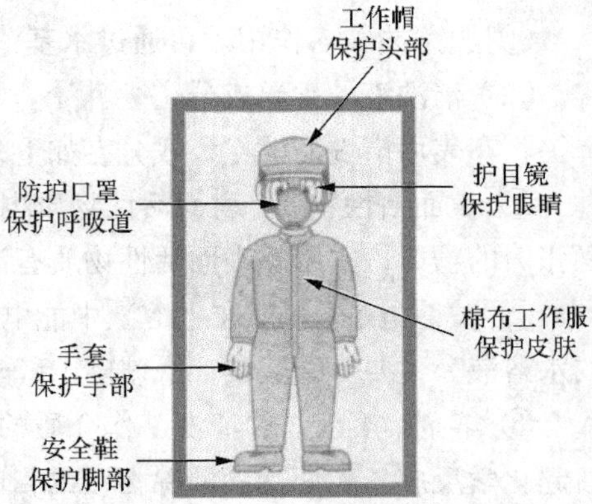


图 3-4　个人安全防护用品

① 棉布工作服。用天然植物纤维织物制作，具有隔热、耐磨、扯断强度大、透气的特点。

② 工作帽。用于保护劳动者头部，防止因劳动者头发过长或掉落对操作施工产生的影响。

③ 防护眼镜。用来保护眼部，防止飞屑、尘粒、化学物质等伤害眼部。防护眼镜的质量一定要好，否则，会因眼镜的损坏对眼睛造成更为严重的二次伤害。

④ 防护口罩。防止将烟雾、化学物质、有毒气体吸入肺部。有防尘口罩和防毒面具之分。在烟尘严重的环境中配戴防尘口罩，在有溶剂挥发的环境中配戴防毒面具。

⑤ 手套。防止手部受伤，有皮手套、线手套、防水手套、耐溶剂手套等。

⑥ 安全鞋。保护脚部，安全鞋的性能有防滑、绝缘、防砸、耐溶剂、防水、抗高压等。

汽车美容行业经常接触各种清洗液和溶剂等液体，所以，基本的防护用品一定要准备齐全，防水鞋、防水手套等是必不可少的，还要有规范的工作服，并且，工作服上不能有尖锐的饰物，以防刮坏车身涂层。进行底盘装甲操作时，会有胶粒喷出，所以，要配戴眼镜和防护口罩等。

2. 车身清洗液

好的清洗液呈中性，含阴离子表面活性剂，能同时达到去除车身静电、油污和涂膜保养的多重目的。一般民用洗涤剂是无法替代的。操作时，要按照使用说明来做，绝大多数的洗车液都要求与水按一定的比例混合使用，可根据车身污染程度的不同随时调整混合比例。图 3-5 所示为车身清洗液。

图 3-5　车身清洗液

（1）用清洗液除渍的原理

用清洗液除渍是一个比较复杂的过程，水基清洗液主要通过“润湿—吸附—悬浮—脱（冲）落”等不断循环的过程来除去物体表面污渍。

① 润湿作用。当清洗液与表面上的污渍接触后，表面污渍及其空隙会被清洗液润湿，使污渍与被清洗表面的结合力减弱，进而使污渍松动。

② 吸附作用。清洗液中的电解质形成的无机离子会吸附在物体表面污渍的质点上，改变物体表面对污渍质点的静电吸引力。清洗汽车外表面时，既会产生物理吸附（分子间相互吸引），又会产生化学吸引（类似化学键的相互吸引）。

③ 悬浮作用。经过清洗液的润湿、吸附，物体表面上的污渍质点会脱落，悬浮于水基清洗液中。

④ 脱（冲）落作用。可通过水基清洗液的流动，将已悬浮于物体表面的污渍冲离该物体。

（2）清洗液的主要成分

汽车表面清洗液的主要成分有如下几类。

① 表面活性物质。表面活性物质也称表面活性剂或界面活性剂，是一类能显著降低液体表面张力的物质，常用的表面活性物质有油酸、三乙醇胺、醇类、合成洗涤剂等。

② 碱性电解质。即在水溶液中能电离出金属离子的化合物，在汽车清洗中常见的是弱碱性的水溶液。主要有碳酸钠、水玻璃、磷酸盐等。

③ 溶剂。溶剂作为清洗工作介质的主体，它能溶解表面活性剂等添加剂，使它们共同对污渍起化学反应，从而达到清除污渍的目的。主要有：油基溶剂类，如煤油、松节油、溶剂汽油等；水基溶剂类，主要是水，它被应用得最多。

④ 摩擦剂。用以增加与清洗物体表面的接触和摩擦的物质，如硅藻土等。

3. 清洗工具和设备

（1）手工清洗工具

手工清洗工具包括喷水壶、刷子、毛手套等。

① 喷水壶。用于盛放调配好的洗车液，可用它来喷遗漏的部位及车轮和保险杠等难清洗的部位。

② 刷子。用于车身橡胶饰条，以及车轮和保险杠等难清洗部位。

③ 毛手套。喷涂清洗液后，可用它来擦拭车身，去除油污，而且不伤涂膜，如图 3-6 所示。

（2）手工擦拭工具

手工擦拭工具包括刮水板、鹿皮、毛巾、甩干桶等。

① 刮水板。用于去除车身水分，方便快捷，不损伤涂膜，如图 3-7 所示。

② 鹿皮。用于玻璃的精细擦拭，其吸水性强，如图 3-8 所示。

③ 毛巾。用于擦拭车身，其吸水性好，不掉纤维，不伤涂膜，如图 3-9 所示。

④ 甩干桶。用于快速甩干鹿皮、毛巾和清洗后的脚垫等。

图 3-6　毛手套

图 3-7　洗车刮水板

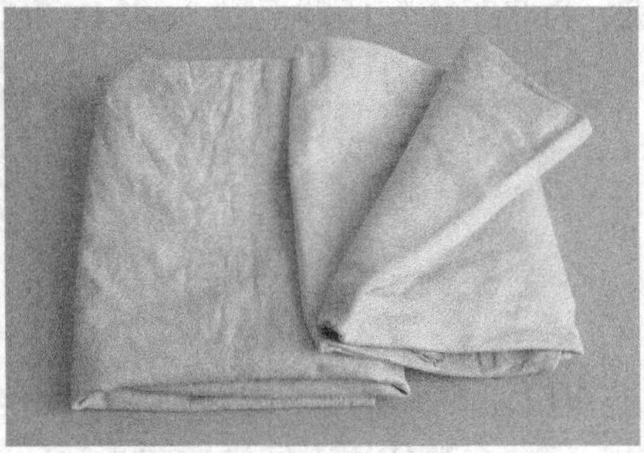

图 3-8　鹿皮

图 3-9　纳米毛巾

（3）洗车机

移动式清洗机主要由电动机、水泵、管路、喷枪等组成。电动机通过弹性联轴器或传动带直接驱动柱塞泵。水泵由壳体、曲轴、柱塞、进水口、出水口和压力表等组成。水泵出水口经胶管与喷枪相连，喷枪由枪体、手柄、扳机及喷嘴等组成。喷嘴有一般喷嘴和喷水枪两种。可以通过喷枪的尾部调节出口水流的形状，常用的为柱状和雾状两种。喷嘴有扇形和强力圆形。柱状水流或圆形喷嘴的水流冲击力强，可以除去汽车轮胎及底盘上的干泥土。雾状或扇形喷嘴的水流覆盖面积大，除污效率高，适于去除车身上的一般污渍。

① 洗车机的使用。

- 在起动前，必须将吸水滤网放入水中。严禁无水时打开洗车机。
- 起动后，运转 3～5min，然后，再加压。应根据清洗作业情况，调节喷枪工作状态。
- 为避免人身伤害事故，设备起动后，喷枪不能对着人。

② 维护要求。

- 检查油位并注入足够的润滑油，始终保持油在油位线上。
- 水泵曲轴箱内的润滑油每用 200h 后，需更换一次。若曲轴箱内不慎混入了其他液体，则应及时更换润滑油。
- 如高压管打结或扭曲，不能用力拉扯。不要将高压管拉过锐利物边缘或使其受到汽车碾压。

③ 长期存放设备的注意事项

- 长期存放前，应彻底清除水泵内的积水。
- 将机器放在干燥处，切勿使其与带有腐蚀性的化学品接触。

图 3-10　泡沫清洗机

（4）泡沫清洗机

泡沫清洗机可利用机体内的高压空气（一般通过外界注入）将其中的清洗液经连接管道压出并喷射于待清洗物体的表面。泡沫清洗机的结构比较简单，一般由压力罐及一组阀门组成，如图 3-10 所示。泡沫清洗机的使用与保养方法如下。

① 使用前，先打开加水阀和排气阀，按水柱标高加入一定量的清水，然后，再按比例加入清洁剂。

② 将加水阀和排气阀关闭，然后，用快速接头接上空气压缩机，再将工作气压调至 0.2～0.4MPa（顺时针转压力开关为调大压力，逆时针转压力开关为调小压力）。

③ 使用完毕要及时将内部液体排掉，以免生锈。

4. 清洗车身的注意事项

（1）注意水质

在汽车清洗作业中，水源的质量往往容易被忽视，质量较差的水不但不能起到清洁的作用，而且，还会对涂膜造成损害。洗车作业用水要清洁、无污染，严禁使用未经过滤或受污染的水源，以免影响清洗效果或对汽车外表造成损伤。在通常情况下，只要使用自来水或符合标准的循环水就可以了。

根据可持续发展的战略，为了节约城市用水，在用水清洗车辆时，必须配置循环水设备，但如果循环水的质量无法保证，则将直接影响到汽车的清洗质量。要想使洗车污水经处理后达到可再循环使用的程度，就要解决处理后的水质标准问题。第一，对于汽车清洗，尤其是用高压水清洗汽车时，对车身危害最大的是水中的固体悬浮物，它会在高压力的夹带下，对汽车涂膜造成一定的损伤；第二，是水中的矿物油，如果含量过多，也将对汽车造成污染；第三，为了防止对车体的腐蚀，水源的 pH 值应保持在 6～8 之间；第四，从保护人体健康的角度出发，水中细菌的总数应当控制在一定的范围之内；第五，就是色度、臭味这些水感指标，也要达到不能使人有不快感的程度。在国家标准 GB/T 18920—2002《城市污水再生利用城市杂用水水质》中，对洗车用水的水质标准做了详细规定。应当说，经处理后的污水只要符合国家标准，就能完全放心地用于清洗车辆。

（2）注意洗车液

严格来说，使用的清洗用品应为中性，也就是 pH 值为 7，或者稍偏碱性。因为中性的洗车液不但能保护车身涂膜，还不会损伤从业人员的皮肤，而且，车身污染大部分都有酸性，所以，洗车液可以稍显碱性。目前，有些从业人员仍在使用洗衣粉等生活用品或工业用的洗涤剂洗车，轻则会使涂膜失去原有光泽，重则会使涂膜被严重腐蚀，局部产生变色、干裂，还会加速局部涂膜脱落部位的金属腐蚀。

（3）注意擦洗用品

擦洗时，应根据擦洗部位的不同选用不同的擦洗材料。当清洁车身涂膜时，应该使用干净、柔软的毛巾或鹿皮，切不可使用硬质的清洁工具，以免在涂膜上留下擦伤痕迹。擦洗车身下部和轮胎等部位的工具及水桶要专用。各个不同部位的擦洗用品不得混用。许多人洗车喜欢用一些旧毛巾或劣质毛巾，殊不知旧毛巾和劣质毛巾上的纤维容易脱落，而且，有的劣质毛巾过薄，针织密度很小，也容易损伤涂膜，这些毛巾晒干后会变得很硬，用来擦车也会造成涂膜划痕。

（4）注意工作环境

不要在阳光照射下洗车，有些不规范的洗车店由于场地的限制，到了夏季就直接在烈日下洗车，而且，根本不等待发动机冷却。在这一状况下进行汽车清洗作业时，车身上的水分会很快被蒸发，使车身上原来的水滴留下许多斑点，影响清洗效果。夏季温度很高，再加上汽车在行驶后，发动机温度更高，若此时洗车，则会使汽车发动机提前老化。在烈日下洗车，还会产生透镜效应。所谓透镜效应是指在阳光的照射下，车表涂膜上的小水滴对日光有聚焦作用，焦点处的温度会高达 800℃～1000℃，从而导致涂膜被灼蚀，出现肉眼所看不见的小孔洞，这些小孔洞有的还会深达金属基材。当灼伤的范围较大时，一些密度较高的涂膜就会出现严重的失光现象，所以，在夏季，洗车、打蜡一定要在有遮蔽的环境下进行。

冬季也不要在寒冷的环境中洗车，以防水滴在车身上结冰，造成涂膜破裂。在北方的严寒季洗车时，应在室内进行，车辆进入工位后，先停留 5～10min，再进行冲洗。

（5）注意洗车的时机

如果天气一直晴好，车身也没有特殊的脏污，那么，大约 1 周做 1 次全车清洗工作即可。

连续雨雪天时，用湿布或湿毛巾擦拭全车所有的玻璃即可，等到天气放晴之后，再将全车进行一次清洗。

（三）几种特殊类型的车身清洗

1. 新车开蜡清洗

出厂的新车，尤其是需要通过轮船运输的进出口汽车，在长时间的运输储存过程中，为了防止海水侵蚀，隔绝空气和紫外线，会将车身多涂一层保护蜡。这层保护蜡比较厚，并且，十分坚硬，以防途中树枝或强力风沙的刮碰及抽打。保护蜡的主要成分有多种软化点不同的石蜡、硅油、树脂等，它能对车表面起到一年以上的保护作用，但是，这层蜡膜厚而无光，并不美观，所以，在使用前，应先把保护蜡去掉，让汽车露出庐山真面目。

现在，大部分国产车采用车身保护膜，如图 3-11 所示。使用前，应先把保护膜揭掉。

图 3-11　新车车身的保护膜

（1）几种常见的保护性封蜡

① 油脂型保护蜡。蜡膜呈半透明状态，可提供蜡壳极硬的保护层，多用于长途海运的出口汽车，即使海水飞溅于涂有封蜡的车体表面，也不能对其造成任何损害，它还可防止大双层托

运车在途中因碰到树枝或其他人为因素所造成的轻微损伤，可保证新车在出厂后一年内不受其他有害物质的侵蚀。

② 树脂型保护蜡。蜡膜呈半透明状态，主要用于需短途运输的汽车，可以为车身提供一年以上的良好硬质保护层，这层保护膜在厚度上大约是油脂保护蜡的 1/3，能防止新车在运输过程中因受到人为轻微刮蹭所造成的划痕，但无法抵御海水的侵蚀，所以，这种树脂保护蜡不大适合为在海洋运输的汽车提供防止侵蚀的保护。

③ 硅油保护蜡。蜡膜呈透明状态，可为汽车提供短期的保护，能有效防止紫外线、酸碱气体、树汁、虫屎、树枝抽打等一般的侵害，对于海水或运输过程中可能遇到的刮蹭不能起到很好的保护作用，所以，国外这种新车保护蜡已在 20 世纪 70 年代被各大汽车生产商所淘汰。

（2）新车开蜡清洗操作

在使用新车之前，必须除去保护蜡，因为这层保护蜡会影响汽车涂膜的光泽，原车光泽的 80%左右都会被保护蜡遮盖。若这层保护蜡不除，在汽车行驶时，尘埃则会极易附着在车身表面，这是因为保护蜡含油脂成分较多，易黏附灰尘的缘故。

由于保护蜡的种类不同，因此，开蜡时所采取的操作步骤也不尽相同。

① 油脂型保护蜡的开蜡程序如下。

- 用高压水枪将车体上的大颗粒泥沙冲洗掉，然后，用配制好的开蜡洗车液清洁车身，冲洗后无须擦干。
- 将油脂开蜡洗车液装在手动喷壶或气动喷雾器内，将洗车液均匀喷洒于车体。
- 等待 3min 后，喷洒少许清水，用半湿毛巾按顺序（不可乱擦）擦拭全车，再用配制好的脱蜡洗车液将全车清洗，冲净后无须擦干。
- 将油脂开蜡洗车液再次喷洒于某一板块，等待 1min 后，将喷洒过药液的板块用半湿毛巾擦拭，这时，此板块残留的封蜡应被完全清除，再用开蜡洗车液清洁。按此方法逐块清洗，直至清除全车封蜡。
- 最后，将车身缝隙处残留的封蜡清除干净，再将全车外表用开蜡洗车液清洁，擦干后，打蜡即可。

② 树脂型保护蜡的开蜡程序如下。

- 用高压水枪将车体上的大颗粒泥沙冲掉，然后，将配制好的开蜡洗车液均匀喷洒于车体，再用洗车海绵擦拭全车，冲净后无须擦干。
- 将树脂开蜡洗车液均匀喷洒于某一板块，等待 1min 后，用半湿毛巾擦试喷洒过药液的板块，这时，此板块封蜡应已被完全清除，然后，用脱蜡洗车液清洁此板块。按此方法逐块清洗，直至清除全车封蜡。
- 将车身缝隙处残留的封蜡用塑料刮片垫半湿毛巾清除干净。
- 再次用配制好的脱蜡洗车液清洁全车，擦干后，打蜡即可。

③ 硅油新车保护蜡开蜡程序如下。

- 用高压水枪将车体上的大颗粒泥沙冲掉。
- 用喷雾器将强力脱蜡洗车液均匀喷洒于车体。
- 用洗车海绵按汽车板块顺序快速擦拭全车。
- 用高压水枪将车身的蜡质及污物冲净，擦干后，打蜡即可。

（3）新车涂膜的保护

车蜡有两种：一种叫新车蜡，一种叫新车保护蜡。这是两种完全不同的蜡，一辆新车应先使用新车保护蜡，在洗车后才可使用新车蜡。

① 新车保护蜡含有大量高分子聚合物成分，最常见的是“特氟隆”，它有很强的抗氧化、抗腐蚀功能，涂抹一次，一般可保持一年之久，日常洗车不能将其洗掉。

② 新车蜡是一种柔和性的蜡。新车漆是完整无缺的，因此，它使用的上光蜡中也没有必要加入任何含有研磨功能的抛光剂（无需去除污垢及发丝划痕），因而，许多厂家就把不含抛光剂的、柔和的蜡称为“新车蜡”。这种蜡一般只能保持2～3个月，每年应使用4～5次。

注意

新车可以做封釉和镀膜等涂膜，但是，千万不要随便抛光，因为新车油漆表面的光泽度、涂膜厚度、机械强度等都是最好的，一般不会有严重的缺陷，只要在表面做防护性的保养就可以了，没有必要做损伤性的美容。

2. 全自动洗车

（1）全自动清洗机的类型

① 可按被清洗的车辆是否与水以外的助洗介质（如滚刷等）直接接触，将清洗机分为接触式与无接触式。

无接触式清洗机是通过特殊的喷嘴将高压水以不断变化的切线形式（俗称水刀）沿一定方向对待清洗的车身作喷射运动，从而达到清洗车辆的目的；而接触式清洗机是以海绵、尼龙和羽状布等材料制成的滚刷，通过各种形式的旋转并在水（或清洗液）的作用下，对汽车的外表进行清洗。

② 可按清洗时车辆是否移动，将清洗机分为隧道式与龙门式（又称为往复式）。

隧道式清洗机工作时，滚刷在原地做旋转运动，而待洗汽车由设备牵引，沿着固定的轨道缓慢地作纵向移动，如图3-12所示。而龙门式清洗机工作时，待洗汽车不动，洗车设备带动旋转的滚刷沿着被清洗汽车的车身缓慢地作纵向移动，从而达到清洗车辆的目的。

图3-12 隧道式全自动洗车机

（2）拨水剂

拨水剂在国内被俗称为光亮蜡。其功能是使水从车辆表面剥离开来。要想实现这个目标就要赋予车辆表面以不沾水的特性。使用拨水剂后，水开始在车表面聚成水珠，水团，最终在重力的作用下从车表面落下来。其实，鼓风机很容易把水珠，积水团从车表面吹掉，这种方式只对车顶棚平面上的积水很有效。要想充分发挥拨水剂的功效，车辆的清洁是非常重要的。如果车辆较脏，效果会大打折扣，还会使车表面看起来不平滑，缺乏光泽。使用前，应先把拨水剂用水来稀释，一般的比例为1：10～1：40。自动清洗机会自动把稀释的拨水剂水溶液喷淋到已经清洗干净的车辆上。要想获得较好的拨水效果，必须根据实际情况，灵活地调整稀释比例和喷液压力，太高的压力会使液体大量喷洒到车体外，造成浪费。

清洗完毕后，车驶出洗车房时，车身还会残留少量水渍。水的残留量与车漆的质量、车体形状、防泼水剂的质量都有关系，除了这些因素，洗车用水的品质也很重要，另外，浓度过大的泼水剂也会使车体出现残留物。在实际操作中，洗车人员通常会增加一道工序，即：在车辆清洗完毕，驶出洗车房后，专业人员会用干净的软布抹去残留的水渍。

3. 无水洗车

（1）无水洗车的起源

无水洗车源于新加坡，新加坡政府为环保及节水的需要，强制推行无水洗车，遂使无水洗车技术得以成熟和完善，简单一喷一擦即可。它不以水为清洗介质来对车辆进行保洁。无水洗车使用的清洗液各有不同，但其主要原理都是用化学药品使附着在汽车涂膜上的泥沙、油污、沥青、鸟粪等污渍膨胀、松化，从而使其脱离涂膜，然后，再使用干净毛巾将这些污渍擦除即可。

（2）无水洗车的优点

无水洗车可针对车漆、玻璃、保险杠、轮胎、皮革、丝绒等不同部位、不同材料使用不同的产品，可以在彻底清洁污垢的同时使汽车得到有效的保养。相比之下，水洗就没有这个优势。无水洗车液含有悬浮剂，悬浮剂可快速渗透，有效使污渍与车漆产生间隙，在沙土颗粒和车漆之间形成保护层，同时，棕榈腊会包裹在污垢的周围，使污渍与车漆隔离，再用表面活性剂去除污渍，用湿毛巾轻轻一擦就掉了，所以，不会划伤车漆。产品中还含有多种高分子涂膜养护成分、增光乳液、巴西棕榈蜡等可保护车漆、防静电、防紫外线、防雨水侵蚀、防车漆老化的成分，能有效地抵挡雨、雪、风、沙等对车体的伤害，并且，能保护车漆镜面光泽不受损坏。

（3）无水洗车的发展前景

无水洗车是一门新兴行业，随着汽车市场的发展，对无水洗车的需求越来越广。从国外市场分析，无水清洗的方法占据很大优势，虽然国内还未达到这一步，但可通过政府支持及调高水价、排污费用等方法，对有水洗车形成冲击，给无水洗车拓展市场创造有利条件，因此，我们可断言无水洗车的市场前景良好。

我们国家不同于新加坡那种城市化的国家，我国车辆的行驶条件非常复杂，总能碰到泥土、沙石，在车身沙粒、污泥比较多的情况下，无水洗车的方法会对车身造成损坏，所以，无水洗车要想完全取代有水洗车还是有一定难度的，可以先用洗车污水的循环使用技术来节水。如果从节能、环保的角度来考虑，那么，无水洗车还是值得大力推广的。

（四）洗车污水的循环回用

天然水体中通常含有3大类物质，即悬浮物质、胶体物质和溶解物质。在地球亿万年的进化过程中，自然界中的水体本身具有净化作用，因而，在自然状态下，水体一般均能保持自身的平衡与洁净。水体污染主要指将人类的各种活动排放的污染物排入河流、湖泊、海洋或地下水等水体中，使水和水体的物理、化学性质发生变化，从而降低了水体的使用价值。水体污染会严重危害人体健康，据世界卫生组织报道，全世界75%左右的疾病与水有关。常见的伤寒、霍乱、胃炎、痢疾和传染性肝炎等疾病的发生与传播都和直接饮用污染水有关。

许多从业人员在清洗车辆时采用粗放型作业，使大量宝贵的水资源被浪费。洗车污水的水量大且相对稳定，污水中的非水物质与其他污水相比要简单得多，污水中的绝大部分成分是可以被再次利用的水。洗车污水易于收集，再生处理的成本要比处理其他污水的成本低得多，处理技术也比较成熟。

1. 常用的污水处理工艺

① 先生化法（如生物膜技术等），再物化法（如沉淀、加药、絮凝、沉淀、过滤），再消毒。

② 先物化法（如沉淀、加药、絮凝、沉淀、过滤），再消毒。

③ 先物理法（如沉淀、过滤），再消毒。

2. 适用于我国的污水处理方法

针对我国洗车污水的主要构成与特点，有关专家、学者曾专门对洗车污水的处理模式进行了一次研讨，最后，专家们一致认为：洗车污水中多含有大量泥沙及少量油污，属无机废水，因此，物化法是处理我国洗车污水的最佳工艺。

3. 洗车污水循环使用简介

目前，市场上的洗车污水循环回用设备有许多种，现以某典型的洗车污水循环回用装置为例，简单介绍其基本工作原理。洗车污水循环回用系统原理图，如图 3-13 所示。

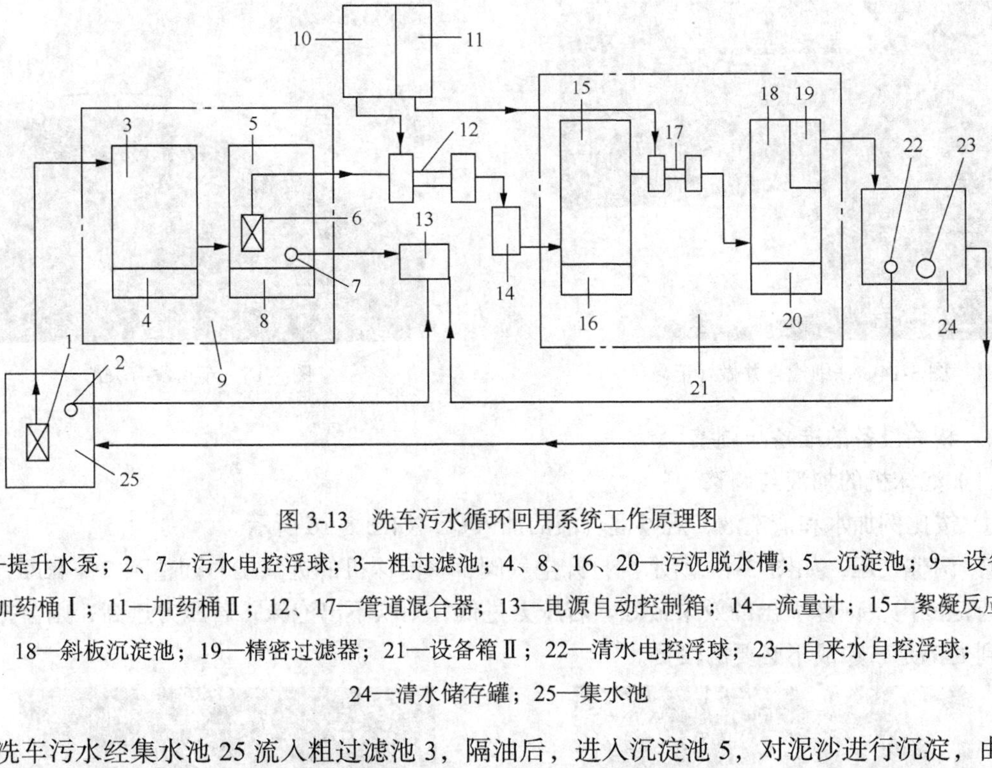


图 3-13　洗车污水循环回用系统工作原理图

1、6—提升水泵；2、7—污水电控浮球；3—粗过滤池；4、8、16、20—污泥脱水槽；5—沉淀池；9—设备箱Ⅰ；10—加药桶Ⅰ；11—加药桶Ⅱ；12、17—管道混合器；13—电源自动控制箱；14—流量计；15—絮凝反应池；18—斜板沉淀池；19—精密过滤器；21—设备箱Ⅱ；22—清水电控浮球；23—自来水自控浮球；24—清水储存罐；25—集水池

洗车污水经集水池 25 流入粗过滤池 3，隔油后，进入沉淀池 5，对泥沙进行沉淀，由污水提升水泵 6 将经过沉淀的污水输送至管道混合器 12 并加药，加药后的污水经混合和絮凝反应流入斜板沉淀池 18，经沉淀后的水通过精密过滤器 19 进行过滤后，再流入清水储存罐 24。此时，经过上述处理后的水已完全达到了国家规定的标准，可放心地用于机动车清洗了。系统将通过污水电控浮球 7、清水电控浮球 22、电源自动控制箱 13 及自来水自控浮球 23 等对整个水处理的过程进行全程控制，从而使补水、加药、液位控制等环节全部实现了自动化。

洗车污水循环回用设备的易损件是电气零部件部分，特别是控制箱中的继电器及水泵的浮球开关，这两类部件都应留有备件，以便随时更换。另一易损件是污水泵，只有经常清污，才能延长水泵的使用寿命。同时，沉淀池中的过滤网要随时清洗，若不能及时清洗，沉淀物中的黏着物就会堵塞网眼，使沉淀池中的污水外溢。要将以上这些内容整理成科学的保养制度，以规范设备保养，保证设备的正常运转。

## 三、任务实施

（一）车身的清洗操作

1. 检查车身表面

① 检查车身损伤，如图 3-14 所示。在给车辆进行美容操作前，一定要做好检查并记录下来。尤其是当顾客要给车辆进行涂膜、内饰、玻璃等部位的美容装饰时，发生的费用会比较高，为了避免与顾客之间产生不必要的误会，做好记录就显得非常重要了；还可以保留客户记录，便于以后的联系和沟通，提高自身的规范程度。

② 仔细检查车门、车窗等部位是否关严，如图 3-15 所示。一定要仔细检查车门、车窗、行李箱盖等部位是否关严，否则，高压水流会通过未关严的缝隙冲进驾驶室内，可能造成严重的后果（真皮座椅、电子元件等被损坏）。

图 3-14　仔细检查并做好记录

图 3-15　车窗没有关严

2. 相关设备的准备与调整

（1）泡沫机的加液与调整

① 按比例加水和清洗液，观察混合液的加入量，如图 3-16 所示。

② 调整气压，如图 3-17 所示。打开空气阀，将泡沫机的进气压力调整到 2～4kPa，在此段压力范围内，泡沫喷出的效果最好。若压力过低，则吹不出泡沫；若压力过高，则会把泡沫吹得到处都是，造成不必要的浪费。

图 3-16　加清洗液

图 3-17　调整气压

（2）高压水枪水流的调整

① 洗车水压的要求。接通水源和电源后，打开洗车机，调整高压水枪的水流形状，使水压达到要求。洗车时的水压没有绝对的要求数值，我们也无法准确判断，只要能把污物冲掉且不损坏涂膜和其他车身零件就可以了。一般来说，对车身进行预冲洗时，水压要高一些；二次冲洗时，水压要适当调小。高档汽车的涂膜和车身零件质量要好于低档汽车的，所以，冲洗时可以适当调高水压。洗微型汽车等低档车辆时，应尽量调低水压，否则，很容易把涂膜冲掉。

② 水压的调整。现在，市场上的大部分高压水枪的水压调整都要人为进行，调整方法有两种：一种是通过改变枪嘴与被喷淋物之间的距离，距离近则压力高，距离远则压力低；另一种是通过改变水流的形状来调整，扇形大则压力小，扇形小则压力大。具体使用哪种方法，还应根据实际情况灵活选择。

③ 水流形状的调整。

- 柱状水流的水压高，冲力强，适合洗缝隙和污泥堆积严重的地方，如图 3-18 所示。
- 大扇面水流的冲洗面积大，水压低，适合淋湿外表和二次冲洗，如图 3-19 所示。

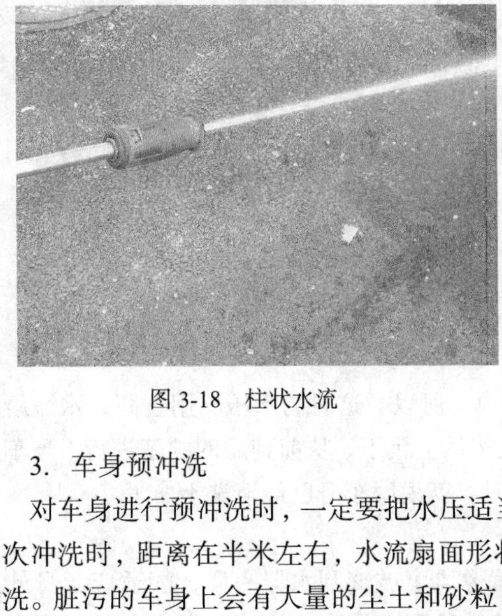

图 3-18　柱状水流

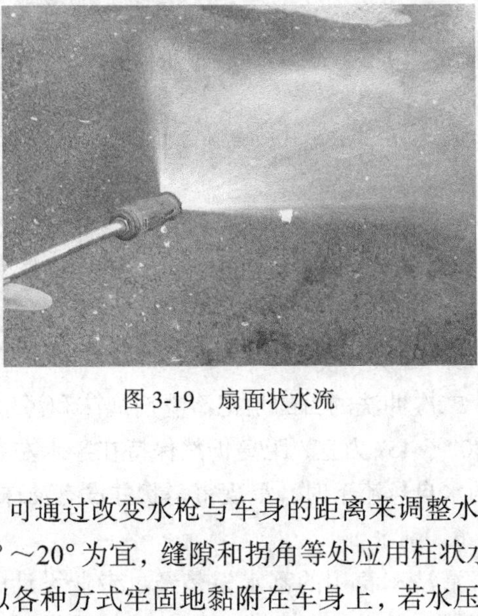

图 3-19　扇面状水流

3. 车身预冲洗

对车身进行预冲洗时，一定要把水压适当调高，可通过改变水枪与车身的距离来调整水压，初次冲洗时，距离在半米左右，水流扇面形状在 15°～20° 为宜，缝隙和拐角等处应用柱状水流冲洗。脏污的车身上会有大量的尘土和砂粒，它们以各种方式牢固地黏附在车身上，若水压小，则很难把它们冲洗掉，会为下一道工序埋下隐患。水压也不能调得太高，否则，会损伤涂膜和其他零件。

① 冲洗时，一定要遵循由上到下、从前到后的原则，从车顶到底盘，从发动机罩到行李箱盖的顺序仔细冲洗，不要漏掉任何一个缝隙和拐角等容易积存砂土的地方，如图 3-20 所示。车身通体均被高压水枪打湿且涂膜无大颗粒泥沙或污物后，才能确保下一步骤的顺利进行。

② 车轮上方的车身圆弧里有大量因车轮滚动而被甩上来的泥沙和污物，一定要清洗干净，如图 3-21 所示。

4. 喷洒泡沫并擦匀

① 喷涂的泡沫要均匀、适量，喷洒泡沫的顺序也应按从上到下来进行。喷完车身清洗剂以后，带上浸泡过的干净毛手套，轻轻将车身擦拭一遍，以便彻底去除顽固的油渍。应用毛手套擦拭的部位为车身上有油漆的表面和汽车玻璃表面，如图 3-22 所示。

图 3-20　从车顶开始冲洗

图 3-21　要仔细清洗车身的隐蔽处

② 轮胎和门槛下缘等车体下部，一定要用专用的海绵或刷子单独清理，以防止工具混用对车漆和玻璃造成意外损伤，如图 3-23 所示。

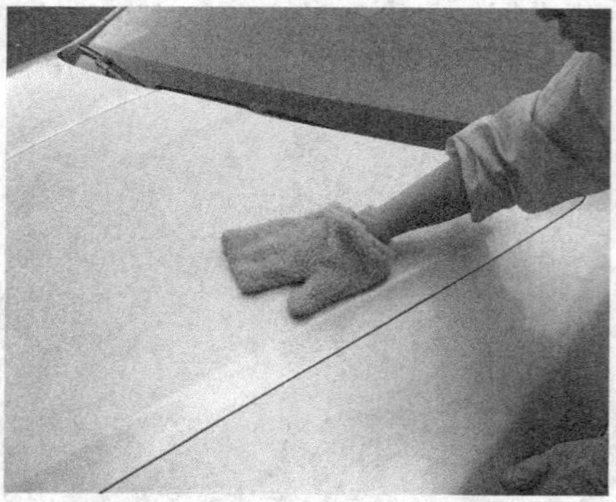

图 3-22　擦拭

图 3-23　清理轮胎和轮辋

5. 二次冲洗

二次冲洗的目的是把清洗剂泡沫和污水完全冲掉，所以，这时的水压不用过高，水流扇面在 30°～45° 为宜，距离仍然保持在半米左右，依然按从上到下、从前到后的顺序进行。当车身上的水自然流下时，呈现帘幕状并没有油珠的感觉时，就说明车身已经清洗干净了。

6. 刮水

清洗车身用的刮水板是经过专业设计的，它就像风窗玻璃刮水器一样，能适应车身的不同流线，并且，与车身表面的接触非常紧密。用其进行刮水操作，快捷、彻底、省时省力，如图 3-24 所示。

图 3-24　刮水

7. 精细擦拭

① 一定要将鹿皮浸泡透、拧干后，再使用，使它的吸水性更好，如图 3-25 所示。

② 精细擦拭时，一定要仔细、彻底，不要忽略了车门、行李箱盖内边缘和门框等部位，如图 3-26 所示。

图 3-25 浸泡并拧干

图 3-26 不要遗漏边角位置

8. 吹干

用压缩空气将锁孔、门缝、车窗密封条、倒视镜壳、油箱盖等部位吹干，尤其是锁孔里的水分，如图 3-27 所示。在北方的冬季，经常会在洗车后发生因车锁被冻住而无法开、锁车门的事情，有时还会因为油箱盖打不开而无法加油。

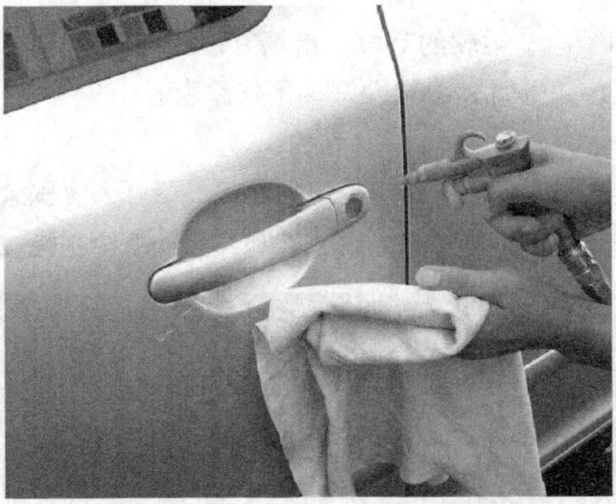

图 3-27 吹干锁孔

（二）手工打蜡

1. 工具和材料

（1）车蜡

可按作用的不同，将蜡分为保养蜡、修护蜡、综合蜡。

① 保养蜡，如图 3-28 所示。保养蜡能均匀地渗透到涂膜的细小空隙中，使涂膜上多一层保护膜，以隔绝紫外线、灰尘、油烟及其他杂质，保持涂膜的光泽和持久性。

② 修护蜡。在蜡中加入了研磨成分，如氧化铝、碳化硅等。可根据研磨剂的颗粒切削能力

图 3-28　保养蜡

不同，将其分为粗蜡、中蜡、细蜡。修护蜡能够修复涂膜上的划痕，但同时会使涂膜变薄。

③ 综合蜡。它是将修护蜡和保养蜡综合在一起，可以使抛光和保护一次完成，如常听到的三合一美容蜡等。

（2）车蜡的选择

市场上的车蜡种类繁多，分类标准也是五花八门。各种车蜡的性能不同，其作用和效果也不一样，所以，必须慎重选用，如果选择不当，那么，不仅不能保护车体，反而会损伤车漆，甚至使车漆变色。

一般情况下，选择车蜡时，要根据车蜡的作用和特点、车辆的新旧程度、车漆颜色及行驶环境等因素来综合考虑。

① 高级轿车选用高档车蜡。

② 为普通车辆选用普通的珍珠色或金属漆系列车蜡即可。

③ 最好为新车选用彩涂上光蜡，以保护车体的光泽和颜色。

④ 夏天宜用防紫外线的车蜡。

⑤ 行驶环境较差时，用保护作用突出的树酯蜡比较合适。

⑥ 选用车蜡时，还必须考虑车漆颜色，一般为深色车漆选用黑色、红色、绿色系列的车蜡，为浅色车漆选用银色、白色、珍珠色系列的车蜡。

（3）褪蜡毛巾

手工打蜡时，要使用干净、柔软的毛巾。市场有一种叫神奇百洁布的褪蜡工具，它不同于普通毛巾，极少掉毛细纤维，并且，柔软性好，不伤涂膜。

2. 上蜡

将少量蜡挤在海绵上，保证每次只处理一定的面积，不可大面积涂抹。上蜡时，手的力度一定要均匀，应用大拇指和小拇指夹住海绵，以手掌和其余的 3 个手指按住海绵，如图 3-29 所示。

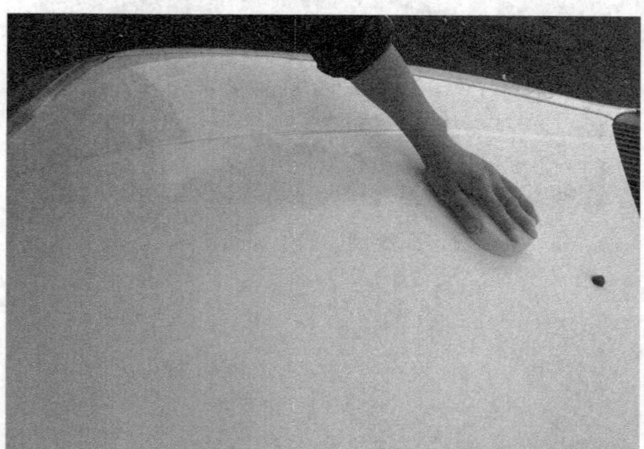

图 3-29　上蜡

上蜡时，应按一定的顺序进行，一般是从车顶开始上起，再到发动机罩、叶子板、车门、再到尾部，遵循先上后下的原则。应尽量使蜡膜薄而均匀，并且，要将车身上有涂膜覆盖的表面都上到。上蜡时，可以按直线往复，也可以按螺旋线进行，但是，不可把蜡液倒在车上乱涂。一次作业要连续完成，不可涂涂停停。

3. 褪蜡

上蜡完成后，停留几分钟，再用手或抛光机将其打亮。手工擦拭时，应先用手背感觉车蜡的干燥程度，以刚刚干燥而不粘手为宜。褪蜡时，按上蜡的顺序进行就可以了，手掌应放平，垫上柔软的毛巾，掌心微用力，反复擦拭，直到将蜡粉褪净，涂膜变得明亮、光滑为止，如图 3-30 所示。

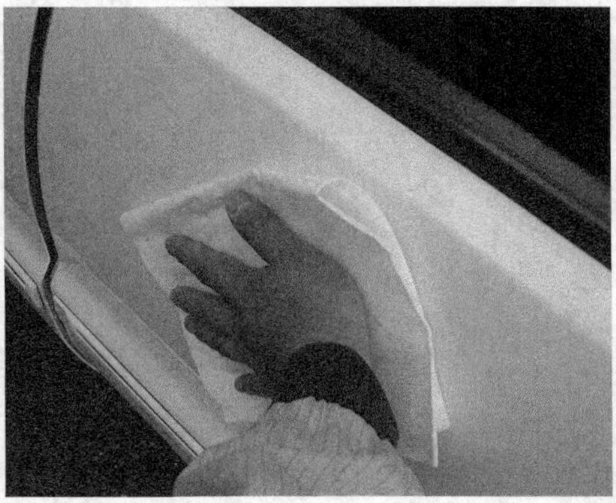

图 3-30 褪蜡

从侧面观察时，涂膜应光泽一致，没有未褪掉车蜡的地方。若用机器处理，则应在车蜡完全干燥后再处理，将转速控制在 1000r/min 以下。

打蜡后，车灯、车牌、车门和行李舱等处的缝隙中会残留一些车蜡，影响了车身的美观。若不及时擦干净这些地方的蜡垢，还可能导致锈蚀，因此，打完蜡后，一定要将蜡垢彻底清除干净。

4. 检查

打蜡完毕后，应再对全车表面进行一次检查，应注意检查容易被遗漏的部位，如发动机罩边沿及内侧、车门边缘内侧、车门把手内侧、行李箱边沿内侧、油箱盖内侧、轮胎等部位。保养完毕的车身将光亮如新。

5. 交车

将保养好的车辆交给顾客，整理设备和工具，进一步完善施工工单。

# 任务二 汽车车身涂膜的美容保养

## 学习目标

1. 了解车身涂膜的作用和种类
2. 熟悉车身涂膜的损伤和保养工艺
3. 掌握车身涂膜的抛光美容工艺
4. 掌握车身涂膜的封釉美容工艺
5. 能够鉴别车身涂膜的类型
6. 能够进行车身涂膜的抛光美容

## 一、任务分析

车身涂层就像人的皮肤一样，需要经常进行美容保养，才能保持“亮丽的容颜”。车身清洗是最基本的美容方式，虽然简单，其中的学问也是很多的。因为漆膜要受到紫外线的伤害，还会产生各种划痕，会附着各种污物，所以，要想预防和修复涂层的各种损伤，光凭良好的清洗是远远不够的，还需要进行涂膜深层的护理保养，如图 3-31 所示。

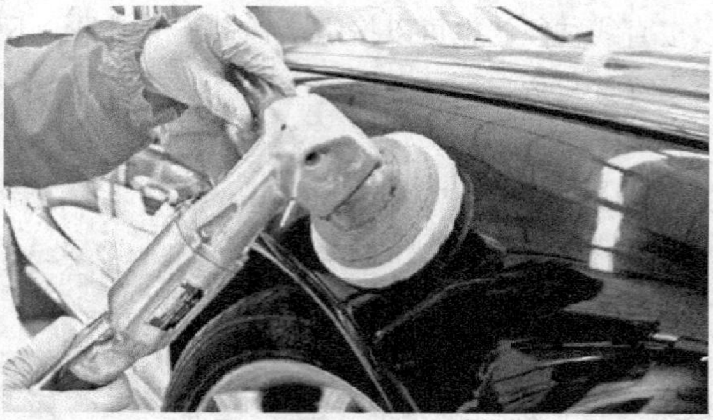

图 3-31 涂层美容护理

汽车涂膜的美容保养要遵循以下原则。

① 正规。一定要选择正规的美容店做涂膜的美容护理，使用正规的护理产品并按照正规的操作工艺操作。切不可图便宜，最后吃亏上当的是自己。

② 坚持。坚持按合理的周期、正规的方式做保养，时间长了，效果一定会让人满意。是一定要注意，抛光美容的次数千万不能过多，因为抛光会使涂膜变薄。

③ 及时。车辆有了损伤，一定要及时去处理，不能一拖再拖。小毛病有可能引起大麻烦，一个不起眼的划痕可能使车身被腐蚀。如果等到钢板被腐蚀了才去修理，那么，无论从哪方面来说都是得不偿失的。

④ 适可而止。美容护理也不要过度，一定要适可而止。不能在涂膜表面无休止地使用各种防护用品，尤其是手工蜡不要打得太多，否则，容易附着灰尘，天气太热时，蜡还容易化成水垢。涂膜也是有厚度的，如果过分抛光，一定会使它越来越薄，最终被抛穿，那么，不但没有起到护理作用，还增加了损伤程度。

## 二、相关知识

1. 车身涂膜的作用

汽车表面都需经过涂装形成一层特殊的表面层，表面层虽然很薄，但它的作用却非常重要。

① 保护作用。汽车车身大部分都是钢铁材质的，若长期暴露在空气中，则会被氧化或腐蚀。人们通过各种不同的工艺将涂料牢固地附着在车身表面，形成一层保护膜，将表面与空气、水分、日光及其他腐蚀性物质（如酸、碱、盐、二氧化硫等）隔离，起到保护表面、防止腐蚀的作用，从而延长其使用寿命。

② 美化作用。按照人们的喜好和与环境的协调，将五颜六色涂装在车体表面，形成色彩鲜艳、光亮平滑的美丽外观，可给人以赏心悦目的感觉。涂料对汽车内、外环境的美化，给人们带来了舒适、流畅、淡雅、新颖的视觉感。

③ 价值作用。良好的涂装质量可以提升车辆的价值，用不同质量的涂料喷涂的汽车的价格会有很大的不同。为满足各种特殊需要的专用涂料，可起到伪装、隔热、隔音、导电、防振、防燃烧、防毒气、耐低温、太阳能接收、红外线吸收等特殊作用，为各种特定环境条件下使用的产品提供了可靠的表面保护层，增强了产品的使用性能，扩大了使用范围。

④ 识别作用。涂料具有色彩鲜明、保持性好、涂装方便等特点，是作为识别、指令、指示、警告等标志的重要材料。执行紧急及特殊任务的工程抢险、救护、消防、警车等都是用不同颜色向其他车辆发出警告的，从而引起注意，以保证行驶安全，保障人民生命和国家财产安全。

2. 车身涂膜的类型

（1）按是否在生产线上产生分类

涂膜可以分为生产线原厂涂膜和维修站修补涂膜。

① 原厂涂膜所采用的原材料基本上是单组份的（常温下配料，但不起化学反应，能达到管道输送的工艺要求），采用高温固化工艺（加温到 150℃左右）。原厂涂膜厚度单工序约为 80μm，双工序约为 100μm。涂膜抗刮、抗磨等机械性能好，光泽均匀。

② 修补涂膜是维修站用于修复受损伤的涂膜表面的涂膜，它应与原厂漆性能相近。修补涂装过程所用的原材料基本上为双组份的（现用现配，使用时间有严格的限制），采用室温固化或烘烤强制固化工艺。按要求维修后，涂膜厚度应为 150μm 左右，这跟维修材料和维修技师的技术水平有直接关系。

（2）按面漆的施工工艺分类

涂膜可分为单工序面漆、双工序面漆和三工序面漆。

① 单工序面漆。单工序面漆的结构如图 3-32 所示。单工序面漆是指只施工一次即可获得的面漆，形成的涂膜有遮盖力，能遮盖住底漆颜色，呈现给我们需要的颜色，还有一定的光泽度，并且，有很好的抗机械损伤能力。白色的普通桑塔纳轿车和红色捷达轿车多为单工序面漆。

② 双工序面漆。双工序面漆结构如图 3-33 所示。双工序是指面漆需要分两次施工来获得：第一次要喷涂底色漆，底色漆为金属漆或珍珠漆，干燥以后，只能提供遮盖力，展现出绚丽的金属光泽；第二次要喷涂罩光清漆，清漆层能提供光泽度和抗机械损伤的作用。底色漆层和清漆层一起构成了面漆层，现在的轿车绝大多数都采用双工序或多工序的面漆。

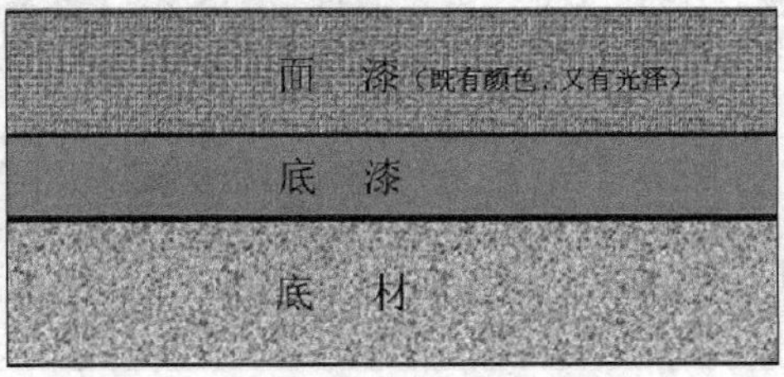


图 3-32　单工序面漆的结构

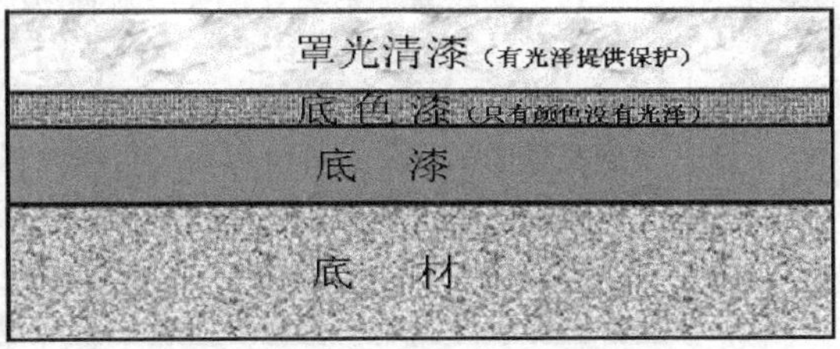


图 3-33　双工序面漆结构

③ 三工序面漆。顾名思义，就是面漆层要分三次施工才能获得，珍珠漆多为三工序。

3. 车身涂膜的损伤

（1）按程度对车身涂膜损伤的分类

可按车身涂膜损伤程度的不同，将损伤分为轻微损伤、轻度损伤、中度损伤和重度损伤 4 类。

① 轻微损伤。涂膜表面有细小的划痕，像发丝一样，所以，也叫发丝痕。整体观看时，会分辨不清，但涂膜的光泽度会降低，给人雾蒙蒙的感觉，尤其是黑颜色的涂膜，看起来会发白。

② 轻度损伤。该种涂膜损伤较重，划痕独立显现，用指甲横向轻轻刮过，会有明显阻力。

③ 中度损伤。涂膜损伤很重，能明显地看出来，但仔细观察后，损伤还没有贯穿面漆涂膜。

④ 重度损伤。该种涂膜损伤已经将面漆涂膜彻底损坏，露出了底漆，甚至底层金属。

（2）划痕对涂膜的影响

光线照射到划痕严重的涂膜后，会发生漫反射，如图 3-34 所示，使涂膜看起来没有光泽，总是雾蒙蒙的，尤其是有黑色涂膜的车身，即使刚清洗过，也不会有很高的光泽度，如图 3-35 所示。

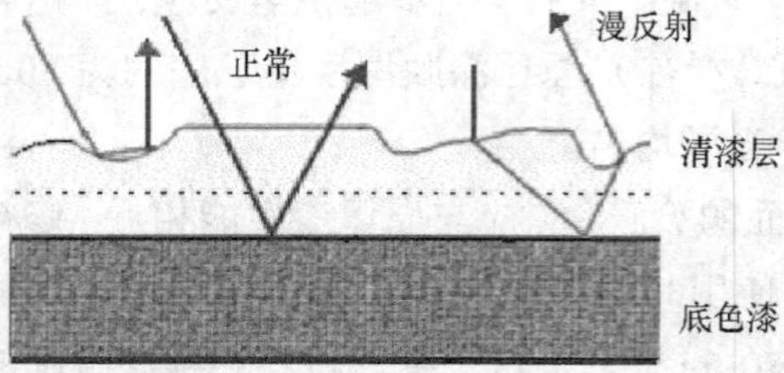

图 3-34　光线照射到有划痕表面后的反射情况

图 3-35　车身上的划痕

（3）涂膜损伤的保养修复工艺

对不同性质的面漆涂膜和不同的损伤程度采用的保养修复工艺如表 3-1 所示。

表 3-1　　涂膜损伤及保养修复工艺

| 面漆类型 | 损伤程度 | 保养修复工艺 | 损伤程度示意图 |
|---|---|---|---|
| 单工序面漆 | 面漆良好：表面无附着物和划痕，光亮、洁净 | 打蜡、封釉、镀膜 |   |
| | 面漆良好，但附着污物：表面无划痕，有附着物，如鸟粪、柏油等，有些附着物中的酸性物质会渗透到涂膜深处 | 用专用清洗剂去除污物，打蜡、封釉、镀膜 |   |
| | 面漆有轻微划痕：长时间没有进行涂膜保养，洗车毛巾及灰尘等造成了发丝状划痕，虽然车身很干净，但是，总感觉像是没有洗净 | 细抛光，去除发丝痕，打蜡、封釉、镀膜 |   |
| | 面漆有严重划痕：划痕明显，轻轻用指甲去试验，能感觉到有阻碍。仔细观察，发现没有见到底漆 | 打磨，粗抛光，细抛光，打蜡、封釉、镀膜 |   |
| | 面漆被划穿：见到了底漆，甚至看到底材（钢板、塑料） | 重新喷涂，打磨，粗抛光，细抛光，打蜡、封釉、镀膜 |   |
| 双工序面漆 | 清漆层良好：表面无附着物和划痕，面漆光亮、洁净 | 打蜡、封釉、镀膜 | 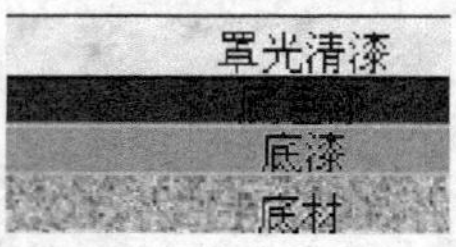  |
| | 清漆层良好，但有附着污物：表面无划痕，但是，有附着物，如鸟粪、柏油等，有些附着物中的酸性物质会渗透到清漆层深处 | 用专用清洗剂去除污物，打蜡、封釉、镀膜 | 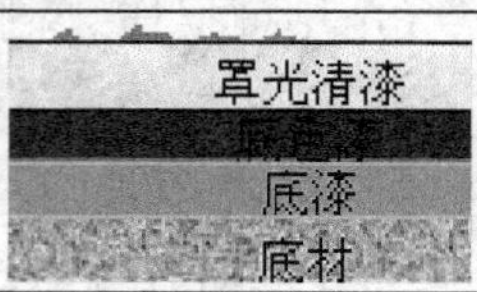  |

续表

| 面漆类型 | 损伤程度 | 保养修复工艺 | 损伤程度示意图 |
|---|---|---|---|
| 双工序面漆 | 清漆层有轻微划痕：长时间没有进行涂膜保养，洗车毛巾及灰尘等造成了发丝状划痕，虽然车身很干净，但是，总感觉像是没有洗净，黑颜色的汽车会更明显 | 细抛光，去除发丝痕，打蜡、封釉、镀膜 | 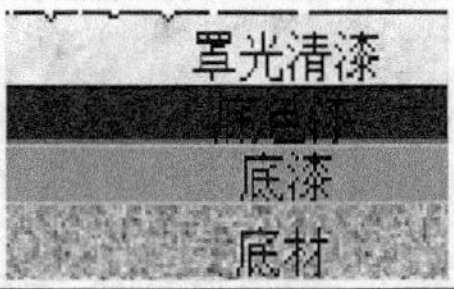  |
| | 清漆层有严重划痕：划痕明显，轻轻用指甲去试验，能感觉到有阻碍，仔细观察，发现没有见到底色漆 | 打磨，粗抛光，细抛光，打蜡、封釉、镀膜 | 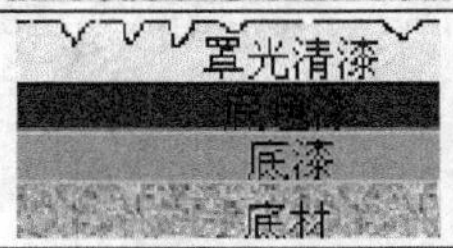  |
| | 清漆层被划穿：能见到底色漆，甚至底漆或底材（钢板、塑料） | 重新喷涂，打磨，粗抛光，细抛光，打蜡、封釉、镀膜 | 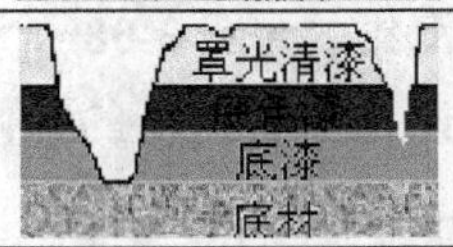  |

4. 涂膜的美容方法

（1）抛光

涂膜抛光是汽车美容技术中最为主要的部分，抛光技术的高低直接关系到汽车美容的最终效果。如果车身涂膜有划痕损伤，那么，经过喷涂之后，可能会出现粗粒、砂纸痕、流痕、反白、橘皮等细小缺陷，为了修复这些缺陷，要对其进行适当的研磨抛光处理，以提高涂膜的镜面效果，达到光亮、平滑、艳丽的要求。

① 抛光机。抛光机有立式和卧式两种，立式抛光机体积小巧，携带方便，可以作为打蜡工具使用。绝大多数的美容店都使用卧式抛光机，如图 3-36 所示。它操作方便，使用寿命长，抛光效果好。

② 抛光蜡。它属于美容修复蜡，含有不同磨削程度的磨料颗粒，可根据磨料颗粒的不同将抛光蜡分为粗蜡、中蜡和细蜡。可以用手指取少量蜡并反复摩擦，以感觉出粗蜡和细蜡的不同磨削能力，进而区分出不同的抛光蜡，如图 3-37 所示。高品质的抛光蜡会有如下特性。

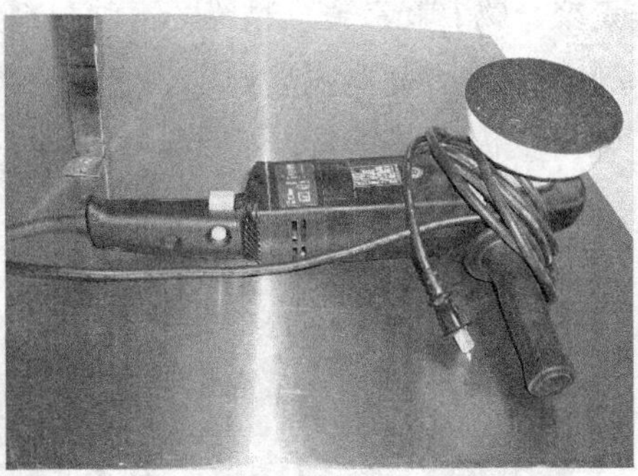

图 3-36　抛光机

图 3-37　抛光蜡

• 采用氧化铝磨料颗粒，抛光速度快且效果好。在抛光过程中，磨料颗粒会逐渐减少，纯机械抛光基理可以使效果更持久，不会受到洗车、天气及阳光的影响。相比之下，含硅、腊和其他添加剂产品的抛光蜡的耐久性差，化学作用达到的光泽效果是短暂的。

• 不含硅。含硅产品会使涂膜产生所谓的“硅穴”，甚至会对底材造成伤害。

• 水基产品、使用方便，满足环保要求、没有健康危害。用水作溶剂，抛光后很容易清洁，被飞溅到的零件用湿布一擦就行。其他产品常含有高浓度碳水化合物或其他有害物质。

• 产生极少的废尘。抛光结束后，不需要用水冲洗。

（2）封釉

封釉时，釉可通过封釉机的高速振动和摩擦并利用其特有的渗透性和黏附性使釉分子强力渗透到汽车表面涂膜的缝隙中，这样，涂膜也具备了釉的防酸雨、抗腐蚀、耐高温、耐磨、高光泽度等特点，从而达到美化和对车漆保护的目的。经过封釉的汽车涂膜光滑，手感柔顺，亮丽照人，涂膜能够达到甚至超过原车的外观效果，使旧车更新，新车更亮，也为以后的汽车美容、烤漆、翻新奠定了基础。

① 封釉机。它也是采用粘扣式的设计，与它配合的抛光盘是磨削能力不强的细海绵或蜂窝状海绵，如图 3-38 所示。它的运动轨迹与抛光机不同，转盘与轴心不是重合的，有一段偏心距，所以，它在运行的时候不是绕着圆心旋转，而是在旋转的同时有偏心的振动，如图 3-39 所示。

图 3-38　封釉机

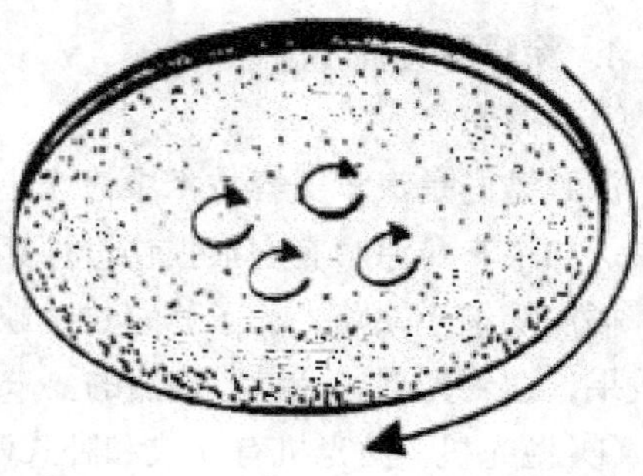

图 3-39　偏心复合运动

② 车身釉。釉是一种从石油副产品中提炼出来的抗氧化剂。特点是防酸，抗腐，耐高温、耐磨、耐水洗、渗透力强、附着力强、光泽度高等，如图 3-40 所示。

（3）镀膜

镀膜要在打蜡和封釉之后，它由玻璃纤维素、硅素聚合物、氟素聚合物等非石油材料制成，镀膜能在车漆表面形成一层不会被氧化的保护层，将车漆和外界完全隔离开来。它具有极高的强度和耐候性，而且，表面光滑，不容易黏附污物，光泽度极高且持久，如图 3-41 所示。施工一次可持续将近一年。

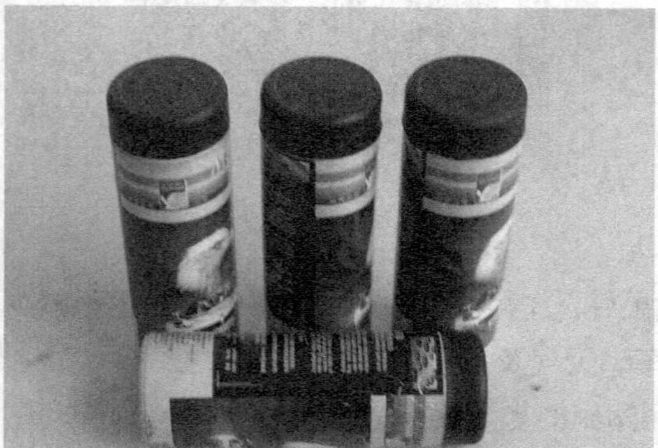

图 3-40　车身釉

图 3-41　涂层镀膜后的效果

镀膜保护的原理如下。

① 用活性促进剂对处理过的漆面进行脱脂、脱蜡处理，防止漆面残存的研磨剂与硅油影响下一步处理的效果。

② 用漆面增艳剂对漆面进行增艳处理，使漆面颜色更加鲜艳且光彩照人。

③ 用漆面密封剂对漆面进行密封处理，将制作好的漆面基底与空气彻底隔离，并且，为下一步处理做好准备。

④ 用镜面光滑剂填补漆面最细微的瑕疵，制造出特殊的光滑手感。

⑤ 用劲亮树脂剂制造出漆面绝佳的光亮度。

⑥ 使宝石护膜剂与镜面光滑剂、劲亮树脂剂充分反应，形成坚固的刚甲保护膜。

⑦ 用氟釉元素剂对漆面进行抗氧化、抗洗涤处理，最后，在制作好的漆面上封镀极品釉层，并且，在药剂未干之前用釉剂保护制作好的漆面，使各层药剂能够有充分干燥的环境。

（4）抛光、封釉与镀膜的区别

① 从保养原理的不同可以看出，抛光属于损伤性美容，而封釉和镀膜属于保护性美容。

② 封釉保护的原理是使釉剂渗透进车身涂膜中，提高涂膜的各种性能；而镀膜是在车身涂膜表面形成一层保护膜，以达到保养的目的。

## 三、任务实施

（一）车身涂膜类型的鉴别

1. 观察法

单工序面漆基本都是素色漆，涂料中没有金属颗粒，只有颜料，如红、白、黑、偏黄白等。涂膜外观没有金属闪烁感，由于面漆之上没有清漆层，因此，其立体感不强。白色的捷达轿车车身表面涂膜就是单工序的，如图 3-42 所示。

多工序面漆多为金属漆或珍珠漆，底色漆里含有金属、金属氧化物颗粒及云母颗粒等，如铜、铝、氧化铜等，经阳光照射后，其色彩斑斓。透明的清漆层对光线的折射，使涂膜富有立体感。如果观察角度合适，还会发生光线干涉现象，使涂膜更加耀眼夺目。银灰色的捷达轿车车身表面涂膜就是多工序的，如图 3-43 所示。

图 3-42　普通漆

图 3-43　金属漆

2. 打磨法

在车身涂膜上选一块不显眼的位置，如车门、油箱盖、后备箱盖等处的内侧，用 2000 号抛光砂纸轻轻打磨。打磨时，一定要加水湿磨，因为干磨下来的清漆也呈灰白色，不容易分辨。加水湿磨后，磨掉的清漆就不会显示颜色了。

① 打磨后，若砂纸上附着的颜色与车身涂膜颜色一致，则说明面漆是单工序的，如图 3-44 所示。

② 打磨后，若砂纸上没有颜色，则说明面漆是多工序的，打磨下来的是清漆层，如图 3-45 所示。

图 3-44　砂纸上有颜色

图 3-45　砂纸上没有颜色

（二）涂膜抛光的美容操作

1. 抛光机与抛光轮的使用

（1）抛光机的使用

① 抛光轮背面与抛光垫上有自粘扣，以方便安装和拆卸，如图 3-46 所示。安装粘扣式的抛光轮时，一定要保证二者的中心线重合。如果安装位置偏了，那么，海绵轮转动时，边缘的离心力将分布不均，会影响抛光的质量并加速设备的损坏。

② 普通抛光机有 1～6 个不同的速度挡位。高档的抛光机速度调节是无级的，可以在静止到最高转速之间随意调节，以满足不同抛光工艺的要求，如图 3-47 所示。

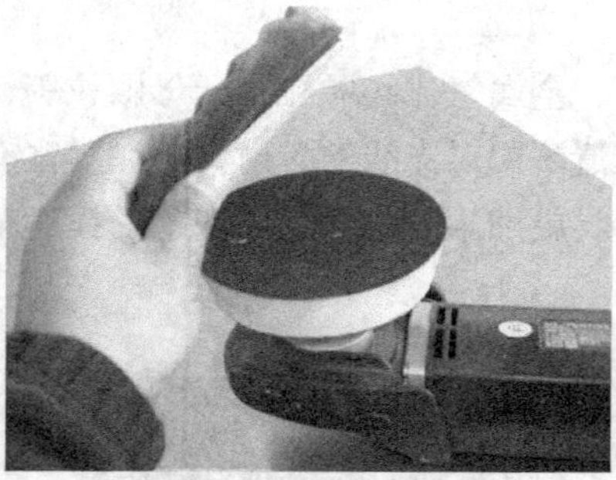

图 3-46　安装海绵轮

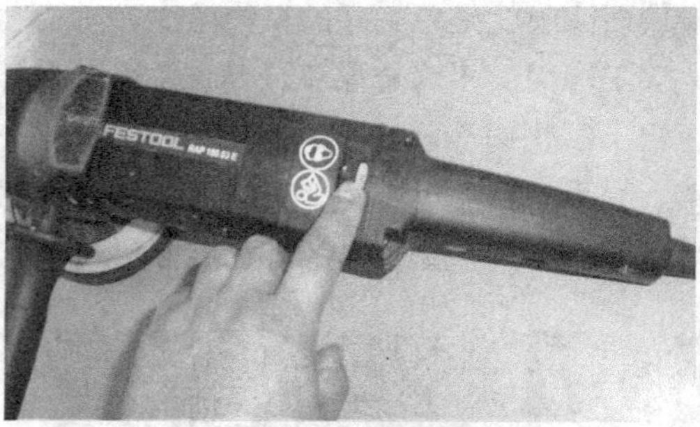


图 3-47　调速

③ 抛光操作时，可锁住开关，而不用用手指长时间按着开关，以方便抛光操作。要停机时，只要再按一下开关，即可将锁止解除，使抛光机停止工作，如图 3-48 所示。

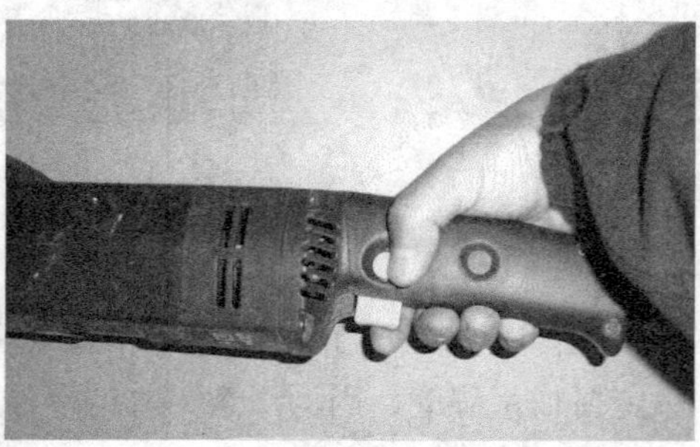

图 3-48　锁止

注意

- 粗抛时，转速要低些，一般在 1～3 挡；精细抛光时，转速要高些，一般在 1～5 挡之间。
- 抛光时，不要过分用力按压，保证抛光机不晃动就可以了。
- 抛光完毕，将抛光海绵取下，将其清洗干净并单独放好。
- 存放抛光机时，要让抛光盘向上，以防止抛光盘被压变形。

（2）抛光轮的选择

抛光轮要根据涂膜的损伤程度来选择，具体选择标准如表 3-2 所示。

表 3-2　　抛光轮的选择

| 产　品 | 技术特点 | 适用涂膜 | 实　物 |
|---|---|---|---|
| 羊毛球 | 用于涂膜的粗抛光，其特殊结构可使空气流通，有助涂膜温度保持最佳，切削力次强 | 新修补或刚处理过的划痕严重的表面 |  |
| 粗海绵 | 用于严重受损的旧涂膜抛光，切削力次次强 | 新修补或刚处理过的划痕严重的表面 |  |
| 细海绵 | 用于精细抛光，可提升涂膜表面的光泽 | 有发丝划痕或粗抛光后的表面 | 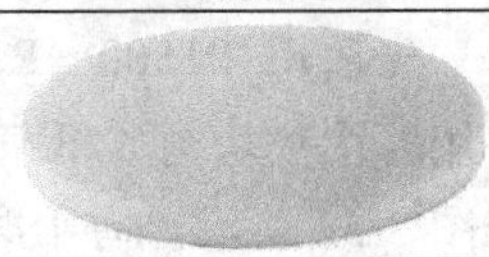 |
| 蜂窝状海绵 | 用于精细抛光，它的蜂窝状结构有助于消除抛光纹 | 有光晕的表面或汽车保养 | 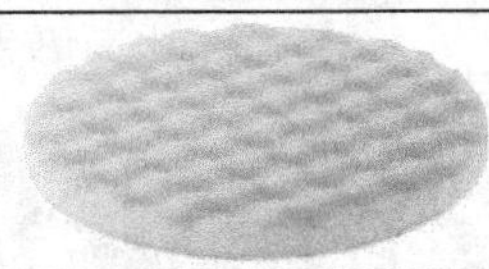 |

2. 抛光前的准备

① 准备工具。准备好抛光机、抛光轮、美容砂纸、抛光蜡、保养蜡等设备和材料。

② 清洗车辆。旧车涂膜表面会附有泥沙、灰尘、蜡质油污等污染物，一定要在抛光前将车辆清洗干净，使涂膜表面干燥、无尘、无蜡、无污痕。可用火山泥去除车身上的铁粉等顽固污染物，如图 3-49 所示。沥青、重油脂、蜡质等化学异物是最让人头疼的车身污染物，擦不掉、洗不掉，弄不好的话，还会越来越严重，甚至会把涂膜弄坏，这时，可用专用的脱脂溶剂清洗，迅速解决问题，如图 3-50 所示。

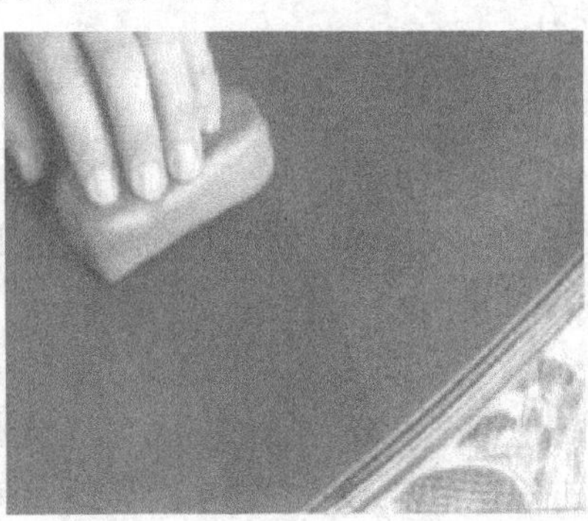

图 3-49　去除铁粉

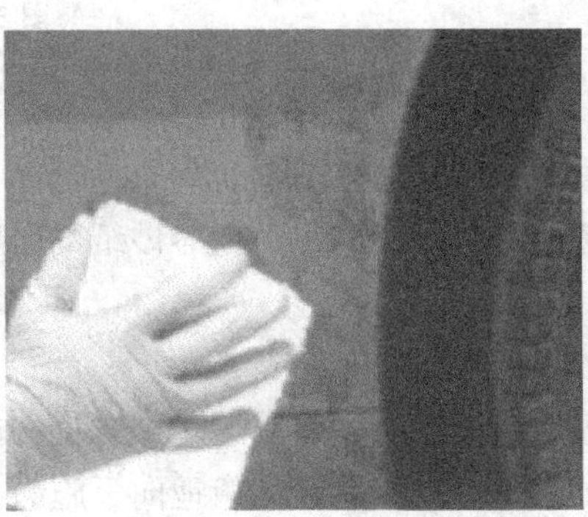

图 3-50　去除沥青

③ 将饰条、门把手、棱线等部位遮护好，如图 3-51 所示。扳回倒视镜，如果有外置天线，应将其取下。

图 3-51 抛光前的遮护

3. 涂膜缺陷的处理

（1）涂膜状况

涂膜可能出现氧化、脏膜、泛色、轻微划痕、流痕、粗粒、橘皮、失光、丰满度差等问题。

（2）处理方法

先后用 P1500～P2000 的美容砂纸在涂膜表面打磨。对凸出涂膜的流痕、粗粒、橘皮等，要用海绵垫块衬砂纸来打磨，注意，不要把涂膜磨穿，最后，用毛巾和清水把全车擦净、擦干，如图 3-52 所示。有干磨条件的，可以用干磨软垫进行抛光前的处理。

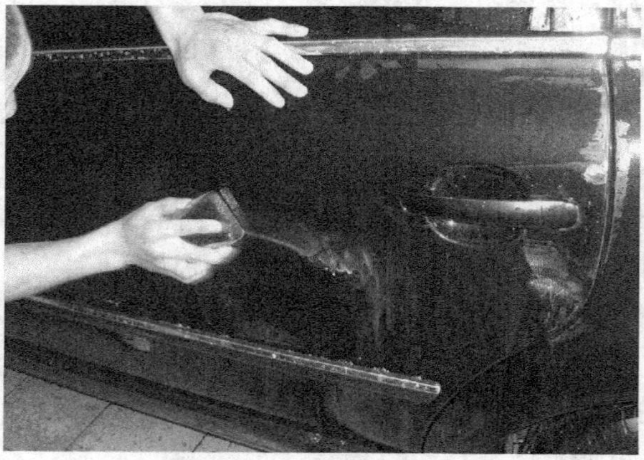

图 3-52 磨掉划痕等缺陷

4. 粗抛光

（1）涂膜状况

经过 P1500～P2000 美容砂纸的研磨后，涂膜无流痕，粗粒、橘皮、凸点，表面呈现无光状态。

（2）抛光方法

摇匀抛光粗蜡，将其置于抛光机的粗研磨轮上，将转速调至 800～1200r/min，将粗研磨轮平放于涂膜上，然后，均衡地向下施力，从车顶开始，有规律地沿水平方向来回移动，每一小块做一次处理，涂膜呈现出光泽后，即可用干净的毛巾把抛光剂擦净，如图 3-53 所示。

经过粗抛光后，涂膜表面无砂痕、划痕、粗粒、橘皮，涂膜无抛穿痕迹，呈现平滑、光亮状态。

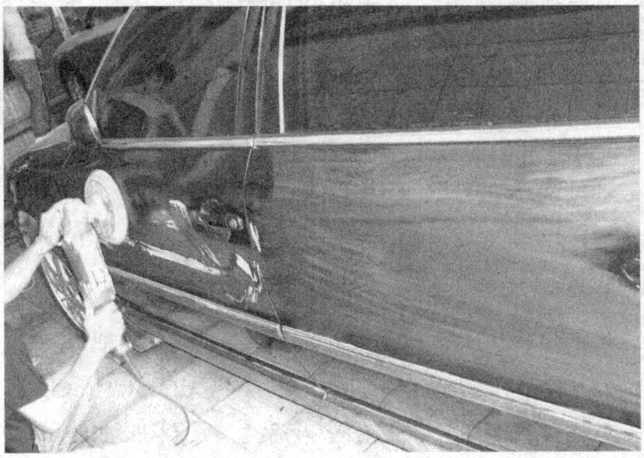

图 3-53　粗抛光

注意　粗抛光结束后，要及时将车身上的粗蜡粉擦掉，不要给后续工作埋下隐患。

5. 精细抛光

（1）涂膜状态

粗抛光结束后，涂膜表面的缺陷已经被处理掉了，但由于抛光粗蜡的磨削力很强，因此，涂膜的光泽度不高，还会存在细微的划痕和光晕。

（2）抛光方法

摇匀抛光细蜡，将其倒在抛光轮上，将转速调至 1200～1800r/min，将抛光机平放于涂膜上，然后，均衡地向下施力，从车顶开始，有规律地沿水平方向来回移动，每一小块做一次处理，直至涂膜呈现出没有光晕的闪亮效果，即可用干净的毛巾把抛光剂擦净。精细抛光结束后，涂膜要达到光可照人的程度，如图 3-54 所示。

图 3-54　精细抛光后的涂膜

6. 涂膜封釉

（1）对涂膜的要求

① 封釉前，要保证涂膜表面干净、平滑、无划痕。

② 若有划痕等缺陷，则可先对涂膜进行抛光，然后，用干净的软布将抛光残留物清除干净，才可以进行封釉。

（2）封釉操作

① 封釉前，先用干净的软布将抛光残留物清除干净。

② 使用前，要充分摇匀釉剂，用软布或海绵将其涂在漆面上，停留 60s 后，用手或机器抛光。

③ 机器的转速应保持在 1000r/min 以下，最后，用干净的软布擦去残留物。

④ 手工处理时，可直线抛光，抛亮即可。

7. 抛光美容的注意事项

① 抛光后的车身一定要进行清洁，抛光车间应无灰尘，日光不能直接照射车身。

② 车身不能过热，尤其是发动机罩的位置，要等到表面冷却后再施工。

③ 按从车顶→发动机罩→叶子板、车门→后备箱罩→保险杠蒙皮的顺序，由上到下，由前到后的顺序施工。

④ 一次施工面积不要过大，以个人手臂长度方便操作为准。

⑤ 分车身部分来操作，抛完发动机罩再去抛叶子板，不要这里还没抛完就抛下一处。

⑥ 更换抛光剂的同时要更换海绵轮，不可混用海绵轮。

⑦ 对棱线及边角位置进行抛光操作时，要小心，不要过分地抛，以免抛穿。

⑧ 抛光机要往复运动，不得在一处长时间停留，以免生热，损坏涂膜。

⑨ 不要将抛光机和抛光蜡等物品随手放在车身上，工作服上也不要有尖锐的饰物，抛光机电线妨碍操作时，要将其放在肩背上。

⑩ 抛光后的汽车，一定要及时上保护蜡或进行封釉等保养，以防止新涂膜被氧化。

# 任务三　车身涂膜的喷涂修复

## 学习目标

1. 了解涂料的相关知识
2. 掌握喷枪的使用方法
3. 掌握车身塑料饰条损伤的修复方法
4. 掌握涂膜划痕损伤的喷涂修复工艺

## 一、任务分析

汽车车身涂膜是车辆的“衣服”，它对车辆起到外观装饰及防腐的作用。若车身涂膜的面漆层被划穿，则会严重影响美观，如图3-55所示。若涂膜被划穿并露出金属，还会使汽车有被腐蚀的可能。严重的划痕已不能用抛光美容的方法来修复了，在这种情况下，要采用重新喷涂的工艺，使涂膜恢复到良好的状态。

图3-55　车身上的严重划痕

## 二、相关知识

1. 涂料

（1）涂料的组成

涂料由树脂、颜料、溶剂和添加剂组成，如图 3-56 所示。

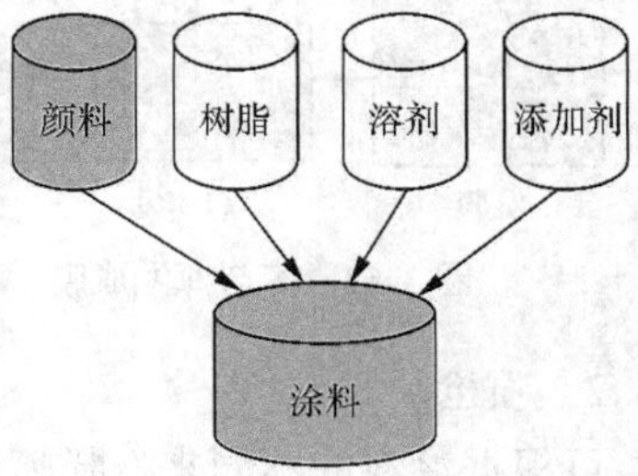


图 3-56　涂料组成

① 树脂。属于成膜物质，是涂料的主要成分，其作用是使颜料保持明亮的状态，并且，使之坚固、耐久地黏附在物体表面。它决定了涂料的类型，具有一定的保护与装饰作用，如光泽、硬度、弹性、耐水、耐酸碱等。成膜物质通过化学、物理改性后，可以提高涂膜的耐久性、附着性、耐腐蚀性、耐磨性和韧性等。现在市场上使用的车身涂料的成膜物质是树脂，可按来源不同，将树脂分为：天然树脂和合成树脂；可按结构和成膜方式的不同，将树脂分为：非转化型（热塑型树脂）和转化型（热固型树脂）。

② 颜料。颜料是涂料中的不挥发物质之一，呈微细粉末状、有颜色。它用于赋予面漆色彩和耐久性，起到装饰作用，同时，涂料具有较高的遮盖力，可提高涂料的强度和附着力，改善其流动性和涂装性能，改变光泽等性能。颜色分着色颜料（包括有机颜料、无机颜料及金属颜料）、体质颜料（主要用于改进涂料性能并降低成本，大多为天然白色或无色物）、防锈颜料（如氧化铁红、铝粉、红丹、铬黄、磷酸锌等）及特种颜料。可按化学成分，将颜料分成：无机和有机颜料，无机颜料的遮盖好、比重大、色调不太鲜明；有机颜料的遮盖低、比重小、色调鲜明。

③ 溶剂。溶剂是涂料中的“挥发”成分，它的主要功能是充分溶解涂料中的树脂，使涂料呈液态，便于在表面涂布。大多数溶剂是从原油中提炼出来的“挥发性”配料，它具有良好的溶解能力。优质的溶剂能改善面漆的涂布性能和涂膜特性，并且，能增强其光泽，有助于更精确地配色。可按用途不同，将溶剂分为：真溶剂、助溶剂和稀释剂；可按蒸发速度的不同将溶剂分为：低沸点溶剂、中沸点溶剂、高沸点溶剂。

涂料中含有各种各样的树脂，而各种不同的树脂应用不同的溶剂及稀释剂。不同的稀释剂用于不同的涂料，它们所含的溶剂及其混合比各不相同，所以，使用时应按周围的温度，选用最适合蒸发速度的稀释剂。稀释剂分为快、中、慢及特慢稀释剂等。

④ 添加剂。虽然添加剂在涂料中的比例还不到 5%，但它们却对涂料的贮存过程、施工成膜过程、性能及颜色调整方面起着各种重要的作用：有能加速干燥并增强光泽的加速剂；有能减缓干燥速度的缓凝剂；还有能减弱光泽的消光剂；还有些添加剂能起到综合作用，能减少起皱、加速干燥、防止发白、提高对化学物质的耐受能力等。

（2）涂料的成膜

① 物理成膜（热塑型）。靠溶剂挥发而干燥成膜，成膜前、后的涂料分子结构不发生变化，仅靠溶剂挥发、温度变化等物理作用使涂料干燥成膜。其干燥迅速，但形成的涂膜耐溶剂性差、机械性能不好、光泽低、耐候性差，如图 3-57 所示。

② 化学反应型（热固型）。成膜前后，其涂料分子结构会发生变化，成膜过程中，除溶剂挥发等物理作用外，主要靠树脂在固化剂或加热或光照等条件下发生化学反应而成膜，所形成

的涂膜不能再被溶剂溶解，也不会因受热而熔化。涂膜的机械性能好、光泽高、耐候性好，如图 3-58 所示。

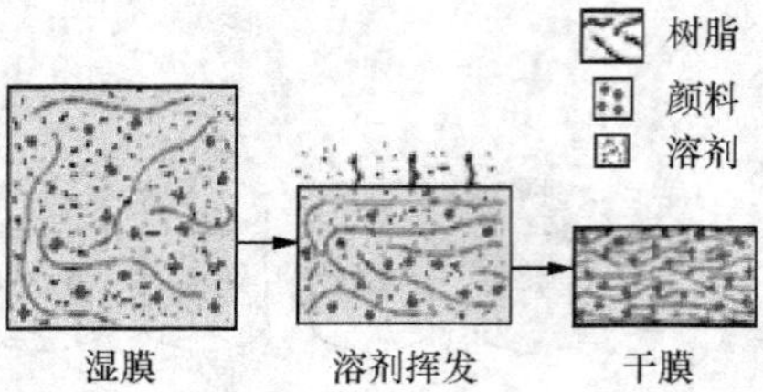


图 3-57 溶剂挥发成膜

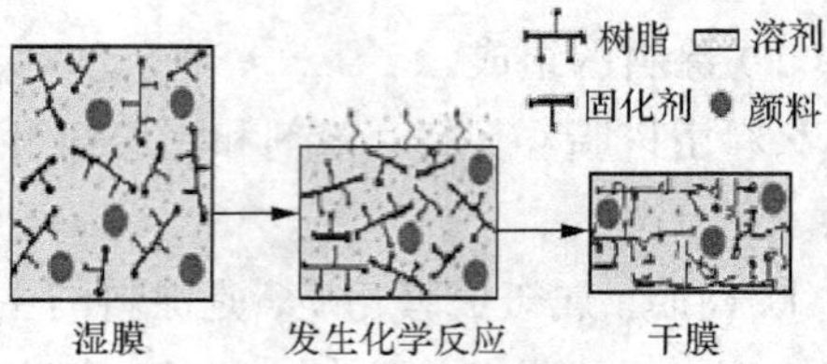


图 3-58 双组份化学反应成膜

2. 喷枪

可根据涂料的不同来选择喷枪，喷枪主要有重力式、吸上式（也叫虹吸式）和压送式 3 种。修补汽车涂装时，一般用吸上式和重力式喷枪。喷枪由涂料壶、枪身和喷枪控制装置等几部分组成。

（1）喷枪的使用方法

① 给喷枪装入涂料后，将枪尾的快速接头连接上压缩空气。

② 喷枪扳机分两挡，如图 3-59 所示。1 挡用于预喷空气，这时，喷枪可用于吹尘；2 挡时，流经喷嘴的涂料被雾化，进入正常喷涂阶段。手握喷枪柄，以食指与中指压扣扳机到 1 挡位，使压缩空气阀门打开，压缩空气沿管道到达喷气嘴，喷出气流，这时，由于针塞套筒未打开，气流可用于吹去涂装面的灰尘，然后，再向后压扣板机到 2 挡位，针塞后移打开喷料嘴，涂料随同气流扩散成雾状微粒并喷向涂膜，以形成涂装膜。

③ 喷涂时，可以根据工作需要调节风帽的位置，需要水平方向喷涂时，将喷嘴调成水平，此时的喷幅为竖线；需要上下喷涂时，将喷嘴调成竖直，此时的喷幅为横线，如图 3-60 所示。

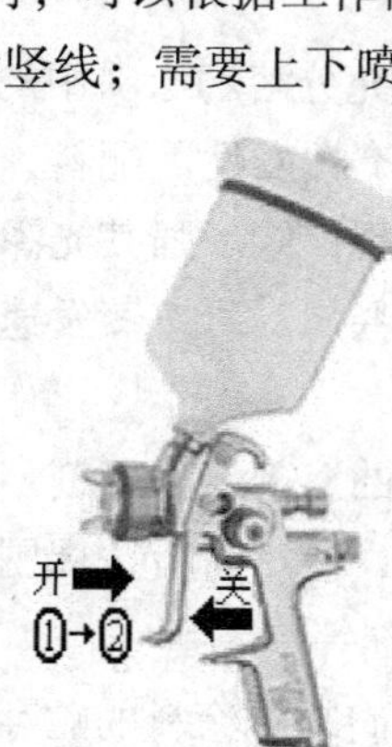


图 3-59 喷枪扳机挡位

图 3-60 风帽位置与扇形方向

（2）调整喷枪的基本参数

① 气压调整。当喷涂气压调节旋钮处于与枪体平行位置（最大雾化状态）时，顺时针旋转喷涂气压调节旋钮，可使喷涂气压变小；当喷涂气压调节旋钮处于与枪体垂直位置（最小雾化状态）时，逆时针旋转喷涂气压调节旋钮，可使喷涂气压变大，如图 3-61 所示。

② 喷幅调整。若增大喷幅，则需要逆时针旋转喷幅调节旋钮；若要减小喷幅，则需要顺时针旋转喷幅调节旋钮，如图 3-62 所示。一般情况下，为了获得良好的喷涂效果，建议将喷枪的喷幅调节到最大状态。

③ 流量调整。需增大涂料流量时，应逆时针旋转涂料流量调节旋钮，增大枪针行程，从而增大涂料流量；需减小涂料流量时，应顺时针旋转涂料流量调节旋钮，减小枪针行程，从而降低涂料流量，如图 3-63 所示。

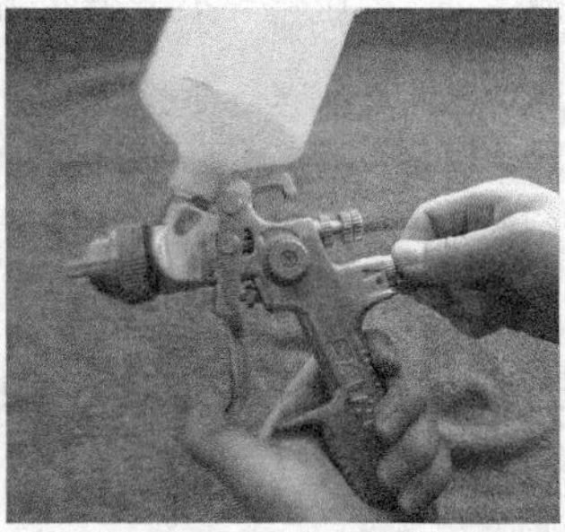
图 3-61 调整气压

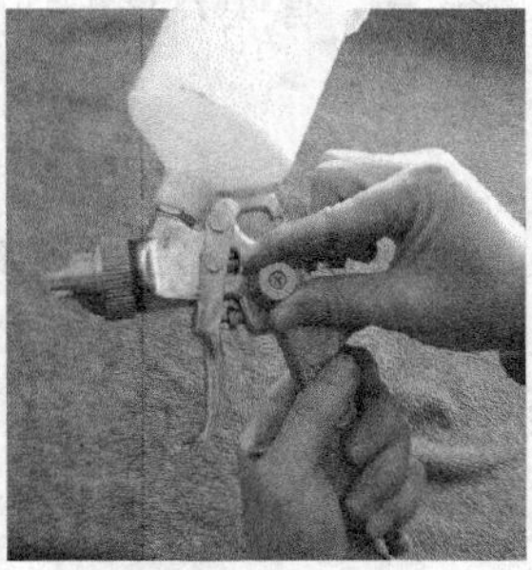
图 3-62 调整喷幅

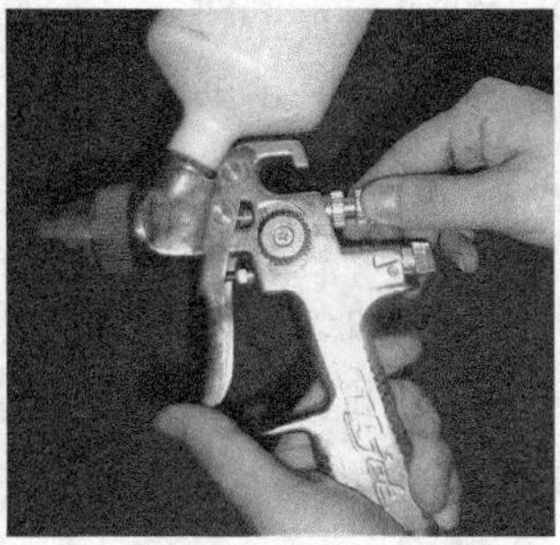
图 3-63 调整流量

3. 车身的艺术喷涂

（1）艺术喷涂的由来

艺术喷涂能带给人们更多的视觉上的冲击力，如图 3-64 所示。它是将空气和颜料混合，以喷涂的方式作画，用了一种别致的方法为人类的彩绘艺术抹上了浓重的一笔。真正的彩绘时代到来应归功于十九世纪九十年代美国水彩画家查理斯•伯迪克，是他发明了喷笔。早期的喷绘作品都是艺术家们在他们的作坊中完成的，此后的艺术喷涂工作者们也没有多少理论可循，他们中大多数人都是凭借自己的摸索及反复尝试来获得制作经验。每辆改装车、定制车的车主都是因为不愿融入大众，要体现自己的个性，才把心爱的车作为自己个性的载体并使其成为自己个性的延伸。在西方，改装车、定制车在涂装方面的改装是必不可少的，甚至可以说是一种传统。我们可以在车身上看到各种图案，有恐怖的骷髅图案、性感的美女图案、体现国家意志的图案、经典的火焰图案、体现历史的图案及各种动物的图案等，数不胜数。

图 3-64 车身的艺术喷涂

（2）艺术喷涂的发展

外国的一大批青年艺术家们开始了对汽车彩绘的执着追求，他们对这种艺术形式有一种偏执的狂热，因此，艺术喷涂的个性化表现展露无遗。制作彩绘涂装的工作室也是五花八门，它们的专业程度往往高到只制作某一种题材的作品，它们不会为了接活而接受任何题材的制作，以制作出更多的精品。

在国内，艺术喷涂还是一个新的领域。很多摩托车和汽车的车主都希望自己的爱车更加个性化。大多数想改装车辆的人都选择了市面上千篇一律的贴纸，而这些贴纸的内容可以说是毫无个性可言，同时，又充满了商业的气息。有些人意识到了这个问题，制作出一些不一样的贴纸，但是，其精度和耐久度都较差。

（3）车身艺术喷涂的工艺

① 先用白色涂料在车身板件上打底。用顶灯将要喷涂的图案投射到工件的合适位置，然后，用铅笔大致勾勒出画的主要轮廓，如图3-65所示。

② 用暗色的（黑色和蓝色）底色漆描图。用白色色漆在暗色底上描绘纹理，将其提亮，如图3-66所示。

图3-65　用铅笔描图

图3-66　用色漆描图

③ 对有错误的地方进行修整，对比原图来进行修饰，然后，用透明红、黄珍珠、黄色漆等进行最后的描画，如图3-67所示。

④ 罩上清漆，使整个作品光彩照人，如图3-68所示。

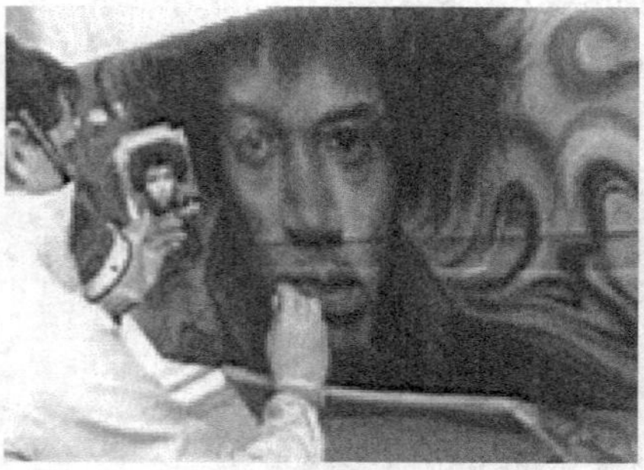

图3-67　修整

图3-68　罩漆

## 三、任务实施

（一）车身塑料饰条损伤的修复

汽车保险杠蒙皮上的塑料饰条不但能起到美观的作用，而且，还能保护蒙皮和车辆。因为它处在车身最外的边缘部分，所以，最先受到刮碰的就是它。饰条被刮碰后，会产生划痕、附着污物，严重的甚至会变形，如图3-69所示。

若饰条变形严重，就只能更换新的了。很多情况下，饰条只是受到了深浅不一的划痕伤害，换新的还有些可惜。这时，可以先用240～400号的砂纸将划痕打磨掉，再用手喷漆给其喷上合适的颜色，基本上就能恢复到原样了，如图 3-70 所示。

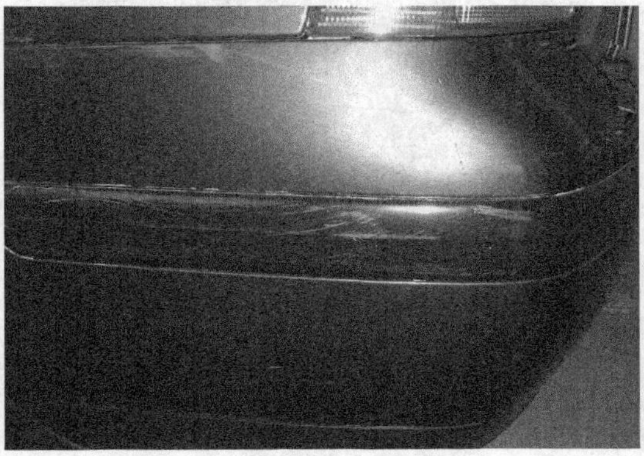

图 3-69　受到刮碰的饰条

图 3-70　修复后

（二）涂膜损伤的修补

若车身叶子板涂膜表面有划痕损伤，则需要进行涂膜修复，维修工艺如下。

1. 准备

① 准备个人防护用品：防静电工作服、耐溶剂手套、防毒面具、安全鞋、工作帽、防护眼镜等。

② 准备相关工具和材料：各种型号的打磨砂纸、相关油漆和辅料、喷枪等。

2. 打磨

① 用 P240 的干磨砂纸或 P400 的水磨砂纸在旧涂膜上打磨，如图 3-71 所示。将被损坏的油漆部位打磨平整。

② 确定需要喷涂中涂底漆的范围，用 P320 的干磨砂纸或 P600 的水磨砂纸进行进一步的处理。

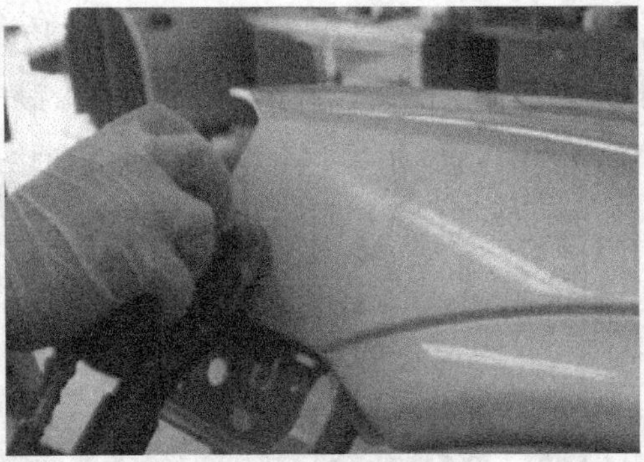

图 3-71　打磨损伤部位

3. 喷中涂底漆

（1）清洁

清洁打磨后的涂膜表面，保证无水、无油、无粉尘。

（2）遮护

将那些不需要喷涂的部位都覆盖起来。遮盖前，应对所有的表面如玻璃、装饰件、灯罩、保险杠等进行彻底清洗，一定要将灰尘全部除掉。在装饰条或其他部件上粘贴胶带时，尽量不要拉伸胶带。

（3）喷涂中涂底漆

① 先在修补涂膜边缘的接交部位喷涂薄薄的一层，待其稍干之后，给整个打磨后的表面喷一层，将损伤部位完全遮盖。一般要喷 2～3 遍，喷涂后的表面应平整、光滑，如图 3-72 所示。

② 为了加速中涂底漆的干燥，有时要用红外线烤灯来烘烤，如图 3-73 所示。

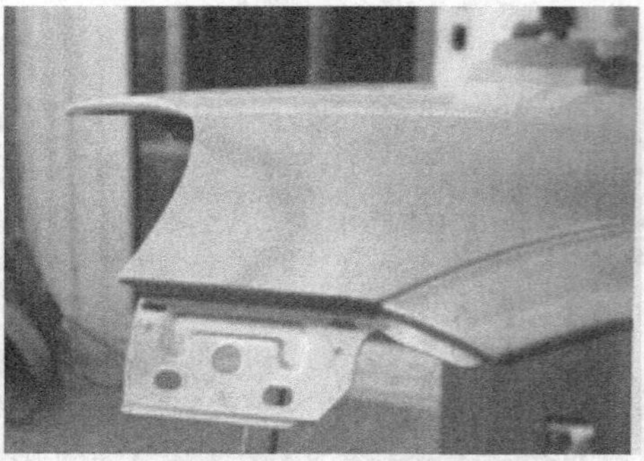

图 3-72　喷中涂底漆

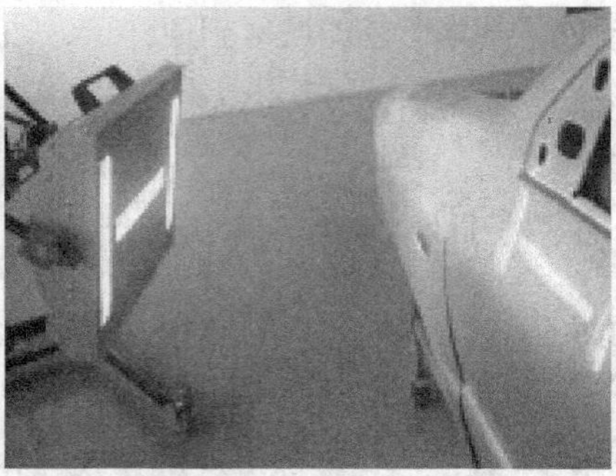

图 3-73　用红外线烤灯烘烤

4. 打磨中涂底漆

待中涂底漆干燥后，用 P400 的干磨砂纸或 P800～P1000 的水磨砂纸对其进行打磨，如图 3-74 所示，最后，用 P2000 的水磨砂纸或相当的研磨材料来打磨要喷涂面漆的范围，打磨范围要扩大。

所有需要喷涂的部位都要打磨到，不能有遗漏，打磨后的表面应光滑，无橘皮纹。如果要喷涂单工序的素色漆，那么，最后要用 P400 的干磨砂纸或 P800 的水磨砂纸打磨一遍；如果要喷涂金属漆，那么，最后要用 P500 的干磨砂纸或 P1000 的水磨砂纸打磨一遍；如果需要做过渡喷涂，那么，过渡部位要用 P1500 的美容抛光砂纸（或相同粒度的其他打磨材料）打磨一遍。

5. 喷涂底色漆

① 用除油剂清洁整个板件，用粘尘布进行喷涂前的除尘作业。

② 用面漆喷枪喷涂底色漆，调整好喷幅、出漆量和喷涂气压。若面漆的遮盖力低，则可先以低气压喷涂，遮盖中涂底漆范围，应从内向外喷涂，如图 3-75 所示。每一层底色漆干燥后，都要用粘尘布除去多余的银粉，直至中涂底漆完全被遮盖。

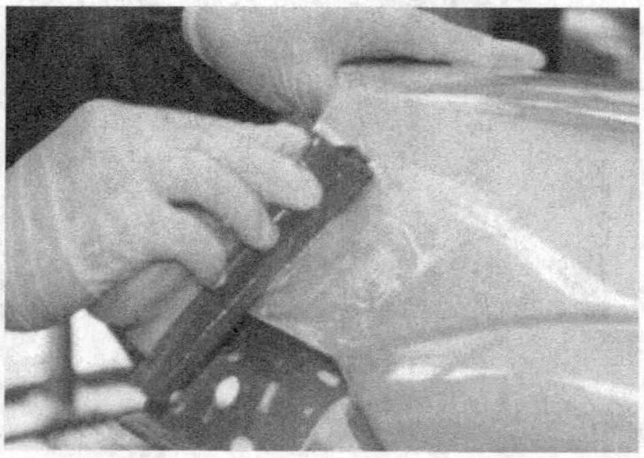

图 3-74　打磨中涂底漆

图 3-75　喷涂底色漆

把喷枪气压调高到规定值后，喷涂板件，每层干燥后，都要用粘尘布除去多余的银粉。一般要喷 2～3 层。

6. 喷涂罩光清漆

喷涂完金属底色漆并等涂膜完全干燥后，用干净的粘尘布将涂膜表面的漆雾擦净，以防有金属颗粒浮在表面，影响最后的涂膜效果。

喷涂第一层清漆，等待 5min 后，再喷涂第二层清漆，如图 3-76 所示。清漆喷涂完成后，静置 5min 让涂膜流平，然后，进行加热，使其干燥。干燥温度应达到 60℃，大约烘烤 30min，涂膜即可干燥。

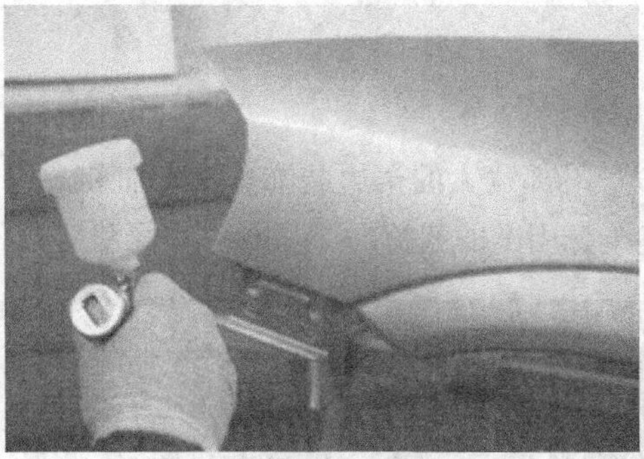

图 3-76　喷清漆

7. 抛光

等清漆完全干燥后，对喷涂过得涂膜进行抛光处理，使板件恢复良好状态。

# 任务四　汽车车身的装饰

## 学习目标

1. 掌握汽车大包围装饰的相关知识
2. 掌握汽车导流板和扰流板装饰原理
3. 掌握车身贴饰的种类有哪些
4. 掌握汽车贴饰的粘贴方法
5. 掌握大包围的制作方法

## 一、任务分析

汽车车身装饰的内容十分丰富，分布在汽车车身的每个角落。有改变车身外部形态的装饰，如车身大包围装饰、各种车身贴饰（见图 3-77（a））等；有改变汽车行驶安全性的装饰，如导流板和扰流板装饰、犀牛皮装饰、防擦条装饰（见图 3-77（b））；有改变汽车乘坐舒适性的装饰，如门窗上的晴雨挡装饰（见图 3-77（c））、静电带装饰等。

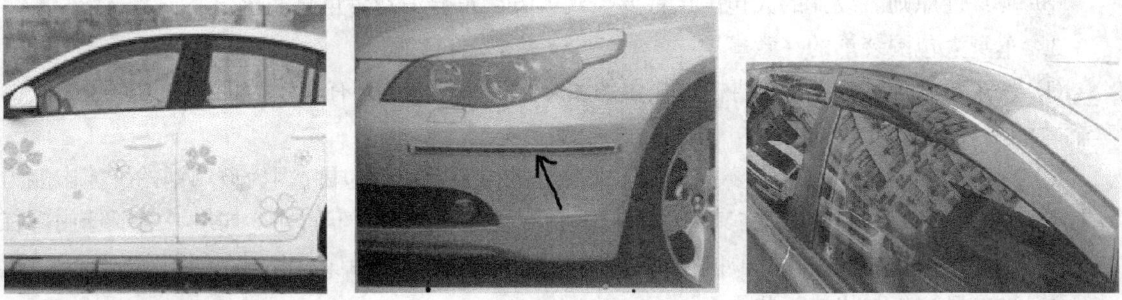

（a）车身贴饰　（b）防擦条　（c）晴雨挡

图 3-77　车身装饰

## 二、相关知识

（一）车身大包围装饰

汽车车身大包围是指车身下部宽大的裙边装饰。汽车加装大包围给人以雍容气派、热情奔放之感，另外，还可以改善车身周围的气流对于运动中车身稳定性的影响，如图 3-78 所示。

图 3-78 汽车车身大包围

1. 汽车车身大包围的组成

汽车车身大包围由前包围、后包围、和侧包围组成。前、后包围有全包围式和半包围式两种。全包围式是将原来的保险杠蒙皮拆除，然后加上新的大包围组件，或者是将大包围组件覆盖在原保险杠蒙皮表面；半包围是在原来保险杠蒙皮的下部附加一套装饰件，可以不用拆除原车的保险杠蒙皮；侧包围是在车身侧下部加装包围组件，主要是在车门槛位置进行装饰。汽车的大包围可以在前后保险杠蒙皮、中网、发动机罩、门槛、后备箱等多处进行装饰。

2. 汽车车身大包围的设计原则

① 安全性原则。汽车安装大包围后决不能影响整车性能和行车安全，设计中要考虑路面状况以及原车的减振性能。

② 标准性原则。设计的大包围组件要符合国家有关规定。

③ 协调性原则。各包围件的造型和颜色要与车身相协调。

④ 整体性原则。要将汽车的前、后、左、右各包围件作为一个整体进行设计。

⑤ 观赏性原则。设计的大包围组件要美观大方，符合消费者审美需求。

3. 车身大包围装饰的注意事项

① 汽车是否加装大包围，要根据使用的实际情况来决定，只有在较为良好的道路上行驶的车辆才能加装大包围。

② 尽可能不要选用那种需要拆掉原车保险杠才能安装的大包围，因为玻璃钢的抗撞击能力比较差。选用将原保险杠包裹在其中的大包围就不会影响车辆的牢固性。如果一定要选用拆杠包围，可设法将原保险杠中的缓冲区移植到玻璃钢包围中，以起到适当的保护作用。

4. 汽车导流板与扰流板装饰

汽车导流板是轿车前端保险杠下方抛物形连接板。扰流板是轿车行李箱盖上后端形似鸭尾状的构件，如图 3-79 所示。

（1）导流板与扰流板的作用

① 改善车型外观。扰流板优美的造型能使车身的流线型更加突出，使车身外部看起来更为美观。

② 提高汽车行驶稳定性。高速行驶的汽车的车轮与地面的附着力会随着车速的提高而逐渐降低，从而导致车轮发飘，使汽车行驶稳定性下降。在汽车车身的前端、后端安装导流板与扰流板，可显著改善车辆的空气动力学性能，从而保证汽车的安全行驶。

（2）导流与扰流的原理

法国物理学家贝努里曾证明了空气动力学的一条理论，即空气流动的速度与压力成反比。也就是说，空气流速越快，压力越小；空气流速越慢，压力也就越大，如图 3-80 所示。例如，飞机的机翼上部呈正抛物形，气流较快；下部平滑，气流较慢，形成了机翼下的压力大于机翼上的压力的现象，从而使飞机产生了升力。如果轿车外形与机翼横截面形状相似，在高速行驶中由于车身上下的气流压力不同，下面大、上面小。这种压力差必然会产生一种上升力，当车速越快压力差就越大，上升力也就越大。这种上升力也是空气阻力的一种，汽车工程界称为诱导阻力，这一阻力约占整车空气阻力的 7%。虽然这一比例较小，但危害却很大。其他空气阻力只是消耗轿车的动力，诱导阻力不但消耗动力，而且还会产生承托力，从而危害轿车的行驶安全。因为当轿车时速达到一定的数值时，升力就会克服车重而将汽车向上托起，减少了车轮与地面的附着力，使汽车发飘，造成行驶稳定性变差。

图 3-79　车尾安装的扰流板

图 3-80　车身的空气阻力

为了减少轿车在高速行驶时产生的升力，汽车设计师除了在轿车外形方面做了专门的设计，包括将车身整体向前下方倾斜，以便在前轮上产生向下的压力，并将车尾改为短平，减少从车顶向后部作用的负气压而防止后轮飘浮外，还在轿车前端的保险杠下方装上向下倾斜的连接板。连接板与车身前裙板连成一体，中间开有合适的进风口以加大气流度，减低车底气压，这种连接板就是导流板。在轿车行李箱盖上后端做成类似鸭尾状的突出物，将从车顶冲下来的气流阻滞后形成向下的作用力，这种突出物就是扰流板。导流板可限制空气流过下部车身（使汽车下面的湍流处于最小值，并且使空气的流动阻力降低），而且使前部的车轮不致抬起。边裙引导气流离开后轮，这样可减少气流扰动和气流阻力。扰流板改变了车身后端气流的方向，减少了气流的阻力并可阻止后部车轮抬起。还有一种扰流板是设计师受到飞机机翼的启发而设计的，就是在轿车的尾端上安装一个与水平方向呈一定角度的平行板。这个平行板的横截面与机翼的横截面相同，只是反过来安装，平滑面在上，抛物面在下。这样，车辆在行驶中会产生与升力同样性质的作用力，只是方向相反。汽车可利用这个向下的力来抵消车身上的升力，从而保障了行车的安全。这种扰流板一般安装在车速比较高的跑车上。目前，不少轿车也都装有导流板和扰流板，以提高轿车的行驶性能。

（二）车身贴饰

车身贴饰的种类繁多，分布在车身的每个角落，大体可分为车身美观贴饰和车身保护贴饰两大类。此外，按照粘贴的位置不同，贴饰可以分为汽车腰线、车窗贴饰、发动机罩贴饰、车尾贴饰等；按照内容不同，可以分为警示文字、卡通人物、汽车厂牌、几何图形等；按产地的不同可分为进口贴饰和国产贴饰两大类。

1. 车身美观贴饰

车身美观贴饰是在车身外表贴上各种图案的装饰。这种装饰不仅能突出车身轮廓线，还能协调车身色彩，使车身更加多彩艳丽，同时给人以丰富的联想和舒适的心理感受。

国外的车身贴饰最早出现在赛车上，因为赛车运动需要赞助商的支持，所以，车身上五颜六色的赞助商标识就成为了一种“极速广告”。其内容无外乎改装厂牌、配件商标、机油广告等。只要赛场上有的，车迷就会喜欢，所以，车身贴饰很快就出现在其他车上，且由单纯的商标发展到贴花、彩条等多种图案，如图3-81所示。质量好的贴饰使用期限几乎可以达到与车身面漆同等寿命，一些国际贴饰品牌的质量担保都可以达到8～10年。

图3-81 车身贴饰

2. 车身保护贴饰

（1）车身局部保护贴饰

车身保护贴饰是指在车身容易受到磨损的部位粘贴透明的保护膜。例如，门把手圆弧内侧的位置，开关车门时最容易受到手指的划伤，还有车后门口的下部，乘车人上下车时总是容易划伤该部位的车身涂层。

（2）车身保护膜

汽车车身保护贴饰使用的保护膜，能充分贴合车身漆面及内饰各种基材表面的属性，具有柔韧性、耐久性、抗化学腐蚀性等诸多优点。保护膜在使用时便于施工，可有效保证施工过程中面对曲折车身表面时进行准确、无缝隙、无气泡贴覆，充分保护车辆的原漆。

车身保护膜类型多种多样：有表面光亮的，也有表面带纹理的；有无色透明的，这种膜在市场比较流行，被形象地比喻为“隐形车衣”；有带颜色但是无光泽的，粘贴后有哑光效果；有带颜色还有光泽的，达到原车新涂膜的效果；有炫彩效果的，可粘贴到车轮轮圈或者仪表板等内饰件表面，彰显车辆的品味与个性，如图 3-82 所示。

图 3-82　仪表板贴饰

一般的原厂车漆颜色单调，可选颜色较少，如图 3-83 所示。而车身贴膜可以更换自己喜爱的颜色，创造个性化汽车，如图 3-84 所示。另外，颜色可以任意搭配组合，甚至通过打印写真个性化图案，使车身贴膜达到随心所欲的程度。

图 3-83　原厂涂膜

图 3-84　粘贴车身保护膜后

（3）车身改色贴膜法规约束

车身改色贴膜后，需要到车管所进行变更行驶证，完成年检。有些地区在《机动车登记规定》中已明确规定：办理变更车身颜色、更换车身或车架的，车主不用事先向车辆管理所申请，可以在变更后直接办理登记。不论是车身贴膜改色还是传统喷漆改色，都可以先变更颜色，后到车管所拍照变更行驶证，即可通过年检。另外，规定更改内容超过 30%时需到车管所备案，更改内容在 30%以下无需备案。

## 三、任务实施

（一）车身贴饰的粘贴

1. 粘贴条件

① 温度要求。粘贴彩条贴膜只能在 10℃～30℃的温度之间进行。温度过高会导致贴膜变

大，湿溶液迅速蒸发；温度过低会影响贴膜的柔性，从而影响其附着效果。

② 车身清洁。使用水和中性清洗剂将车身表面彻底清洗干净。为了使彩条能牢固地附着在车身上，车身表面必须没有灰尘、蜡质、油类和其他脏物。必要时，还应事先对粘贴部位进行抛光处理。

③ 拆卸影响粘贴的车身附件。车门把手、边灯、牌照等车身附件会影响粘贴，应该在贴饰粘贴前将其取下，并要保存好。

2. 美观贴饰的粘贴

① 测量所需贴膜的长度；将贴膜拉直，在比所需长度长 30～60mm 处剪断（这一长度可根据各人的操作习惯而定）。

② 将贴膜的背纸撕去，并将前面部分贴到要贴的位置。

③ 抓住贴膜松弛的一端，避免手指弄脏贴膜的胶质面，因为皮肤上的油脂会影响其附着性能；小心地拉紧贴膜，但注意不要拉长。如果在粘贴时，贴膜被拉长了，以后就会起皱。

④ 利用车身的轮廓线作为对齐的参考线，仔细检查贴膜是否对齐。

⑤ 彩条对齐后，小心地将贴膜粘贴到车身表面。一个长条要一次完成粘贴，不能分段粘贴，以保证直线的平直度。

⑥ 再次检查彩条对齐情况，如果彩条不够平直，要立即小心地把贴膜撕开，再重新粘贴一次。

⑦ 用橡皮滚子或柔软的棉布压擦贴膜。

⑧ 贴膜末端可使用小刀切割，注意操作时动作要轻，切勿划破车身表面涂层。

3. 车身保护膜的粘贴

① 将中性清洗剂与清水按 1∶40 体积比混合，这种溶液使得贴膜在永久黏附之前可以更容易正确定位。将溶液倒入塑料桶或喷雾罐中。

② 按板件大小裁剪车身保护膜，测量时应适当加长一些（一般长 5cm 左右即可），以防出错。

③ 将背纸慢慢地撕去，小心不要弄脏带安装胶的附着表面。

④ 用清洗剂溶液将贴膜的附着表面彻底弄湿，这将使它暂时失去附着力，并在车身粘贴位置上也喷涂一些。

⑤ 将贴饰定位在车身上；定位好之后，将其与车身结合处的清洗剂溶液挤出来，使其牢牢地贴在车身表面上。

> **注意** 为避免贴膜起皱，挤压时不要太快，不要过于用力，所用的压力只要能将水和空气挤出去即可。

⑥ 对于产生褶皱的部位，可以用热风枪加热定型，使之与车身完美贴合。

⑦ 用橡皮滚子或柔软的棉布压擦贴膜，使其粘贴更牢固。

⑧ 贴膜末端可使用小刀切割，注意操作时动作要轻，切勿划破车身表面涂层和其他车身表面，如图 3-85 所示。

⑨ 保护膜的边缘部位要长于车身板件边缘 2～3mm，并向内粘贴牢固。

⑩ 粘贴时按车身板件分块操作，最后将整车有涂膜的表面全部粘贴上保护膜，如图 3-86 所示。

图 3-85　按车身形状裁切

图 3-86　按车身板件分块操作

（二）汽车车身大包围的制作

1. 制作汽车车身大包围的材料

制作大包围的材料主要有塑料和玻璃钢两种。

① 塑料。用塑料制作的大包围套件的质量相对较高，是各名牌汽车改装厂生产大包围的主要材料，但塑料对成形所需的模具和生产设备要求较高，所以，产品售价也较高。

② 玻璃钢。用玻璃钢制作的大包围套件，虽然在细腻程度等方面不如塑料件，但因其制作方便，且对模具和生产设备要求不高，所以，多数生产商首选玻璃钢作为生产大包围的材料。

2. 制作工艺

现以玻璃钢材料为例，介绍制作工艺。

① 做胎具。大包围雏形的设计，被称为“做胎具”，即先用玻璃钢做成预想的产品形状。胎具做成后，就可以在试模上用玻璃纤维套出模具，经过打磨修整后的模具便可用于生产了。设计模具时要充分考虑到产品的结构特性，为了方便脱模，模具一般设计成两块或多块的组合。在模具内表面喷涂一层脱模剂，它能起到方便脱模的作用。

② 喷涂胶衣。在模具内表面喷涂一层胶衣，它是产品的表面，也是玻璃钢最重要的材料，同时还可以起到方便脱模的作用，而且它的颜色也决定了产品胚件的颜色。

③ 铺玻璃纤维。等胶衣干透后，先将调节好的不饱和树脂涂在胶衣上。然后，把预先裁好的玻璃纤维铺在主模上，此时，产品的造型就已基本形成。玻璃纤维一般要贴上3～5层，确保大包围都有足够的强度。等树脂完全固化干透，即可脱模。

④ 打磨修整。脱模后由于板件表面平整度和光滑度不好，所有需要进行打磨处理，有时还需要在不平整的部位刮涂腻子进行填充，如图3-87所示。板件经过打磨处理以后，表面光滑平整，此时可以喷上底漆。

⑤ 喷涂面漆。大包围产品表面的颜色是制作完成后喷涂的底漆颜色，安装到车身以后要根据车身颜色和客户要求对大包围喷涂面漆，大包围便制作安装完成，如图3-88所示。

图3-87　打磨修整板件

图3-88　安装完成的大包围

# 任务五　汽车天窗的加装

## 学习目标

1. 掌握汽车天窗的作用
2. 掌握汽车天窗的类型
3. 掌握汽车天窗的加装操作流程
4. 掌握汽车天窗加装注意事项

## 一、任务分析

车厢内的空气状况直接影响乘坐的舒适性，对于没有天窗的汽车，主要是靠侧窗进行通风换气，而打开侧窗后，车外的尘土、噪声便会灌进车内。若是冬夏两季，享受车内暖风和冷气时，让窗外的寒气或热浪扑面而来，会使人感到很不舒服，同时，还破坏了空调的效果。加装天窗后能较好地克服上述不足，实现有序换气。现在各大汽车制造商均推出了“天窗版”的轿车，如图3-89所示。

图3-89　汽车天窗

## 二、相关知识

1. 汽车天窗的作用

（1）换气

汽车天窗是在汽车顶部设置的窗口，加装天窗的主要目的是有利于车厢内通风换气。没有安装天窗的汽车，遇到车内空气污浊，如废气、吸烟、车内霉变等，常用打开侧窗的方法给车内换气。这种方法不仅使乘客感到不舒服，而且车外污浊的空气和噪声也会随之进入车内。因此，汽车在污染严重的城市道路上行驶时，为减少车外污浊空气进入车内，乘客一般都不得不关上侧窗。同时，在车窗密闭的汽车里，二氧化碳、细小微粒大量积聚，空气的污浊程度往往比车外严重得多。另外，来自车辆前方的污浊气体流经风口进入车内，同时，车内的空气缓慢地经车尾排口溢出，其中的微粒会滞留在车内，并在车内环流。长期吸入这种混合气体，必然会在汽车行驶过程中，对人体造成危害。同时，封闭的车厢内氧气减少，二氧化碳增多，会直接导致人体疲劳、精力分散、反应灵敏性降低，甚至有困倦、头疼症状。天窗作为一种新型的换气设备，可以很好地解决车厢内通风换气问题。它采用负压换气，抽去车内浑浊的空气，增加新鲜空气的流动，改善空气循环，始终保持车内新鲜空气的流通，提高车内乘坐的舒适性，减少驾驶员的疲劳。

（2）节能

开启天窗可降低车内温度，加强冷气效果，节省能源。阳光暴晒下的车内温度很高，这时打开天窗，比开空调降低车内温度的速度快 2～3 倍，并可降低能耗 30%左右。

（3）除雾

春夏两季雨水多、湿度大，前风窗玻璃容易形成雾气。打开车顶天窗至后翘通风位置，可以轻松地消除前风窗玻璃上的雾气，改善视觉效果，保证行车安全。使用天窗除雾，不仅快捷，而且不必担心雨水被吹进车内。

（4）提高汽车档次

天窗不仅是一种很好的换气设备，还起到美观装饰的作用。目前，大部分进口高档汽车基本都配有天窗，国产轿车还未普及。一辆汽车在装上天窗以后，会令人感到车的档次也随之提高。

2. 汽车天窗的换气原理

车厢换气包括进气和排气，没有天窗的汽车，进气是由进风口采用鼓风等方法来实现的。空气是利用行车时车体内外产生的正负压差，使车厢内气体通过缝隙和排气孔排出。此种进气、排气方式使得排气不通畅，进气受阻，车内空气无法得到快速更新。天窗换气利用的是负压原理，打开天窗时首先将车内的空气抽出，而不是直接进风，污浊的气体被抽走后，根据平衡原理，会从进气口补充进来经过过滤的新鲜空气。采用这种先排气后进气的换气方式，可加快空气的更新速度，对空调的影响也很小。

3. 汽车天窗的种类

① 按天窗开启形式可分为外掀式、内藏式和敞篷式。外掀式天窗在开启后向车顶的外后方升起；内藏式天窗在开启后可以保持不同的角度；敞篷式天窗开启后完全打开。不论哪种天窗，在车顶部分都配有太阳挡板。

② 汽车天窗按驱动方式的不同可分为手动式和电动式。手动天窗主要有外掀式和敞篷式，此类天窗结构比较简单，价格也较便宜，且便于安装；电动天窗主要有内藏式、外掀式，此类

天窗档次较高，价格较贵，安装时由于要布线，安装难度较大。

## 三、任务实施

汽车天窗的加装

1. 准备

① 将需要加装天窗的汽车清洗干净，并仔细检查车况。

② 安装天窗最好在相对密闭的环境中进行，并把车门和座椅用保护套套好，防止污损。

③ 准备好需要用的工具和设备。

④ 检查需要加装的天窗零件。打开包装盒，上面是一张安装图纸。这不但是一张安装图纸，还是一张定位模板。模板的外框就是在车顶上挖孔的大小，上面的字母 A 和字母 B 是和另一模板的对应，如图 3-90 所示。安装图纸的下面，还有车内边框、电机、操作面板、说明书等。天窗的玻璃是隔辐射的，呈灰黑色。

图 3-90　汽车天窗套装

2. 定位

定位开天窗的位置前，要注意原车的车顶结构，开天窗的部位一定要避开车顶上横梁，如图 3-91 所示。如果在开天窗的过程中将上横梁损坏，会降低驾驶室的整体刚度，严重影响车辆的安全性能。

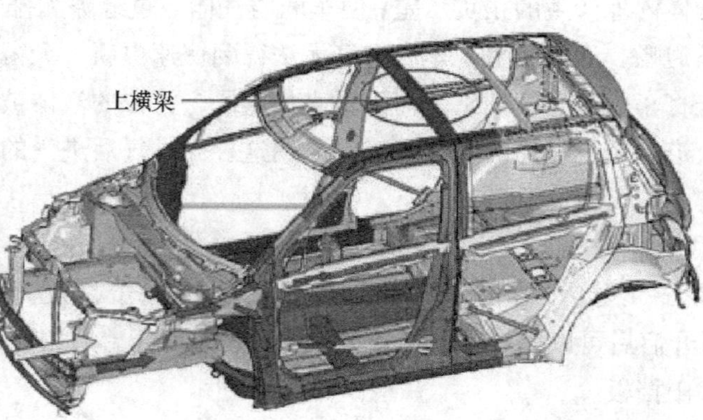


图 3-91　车顶结构

① 内部定位。车内饰模板是用来定位车内内饰板要挖的孔的大小的。将剪下的模板贴着车内饰板，进行定位，如图 3-92 所示。

② 外部定位。将车顶模板放在车顶上，按要求量好尺寸，然后用胶条粘好定位，如图 3-93 所示。

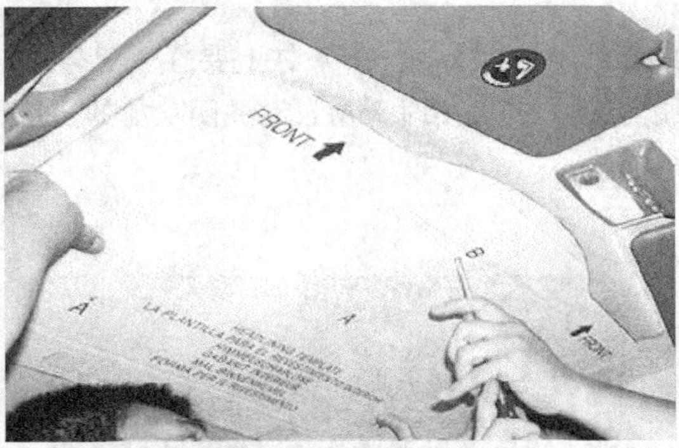


图 3-92　内部模板定位

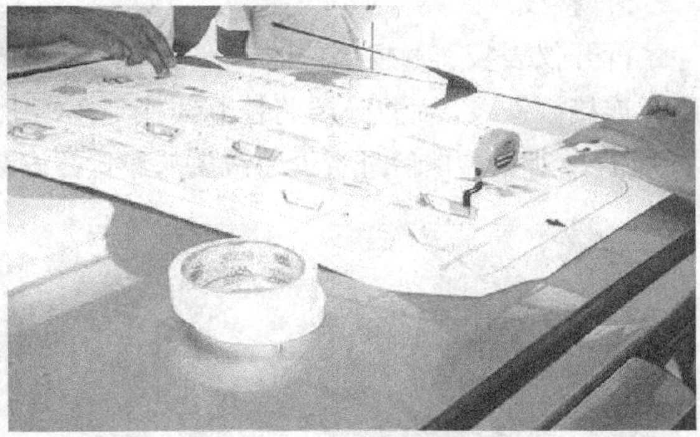

图 3-93　外部模板定位

③ 钻定位孔。用手电钻在模板上字母 A 和字母 B 的部位钻孔，保证内外模板完全重合，如图 3-94 所示；然后在钻孔部位插入螺丝刀加强固定。

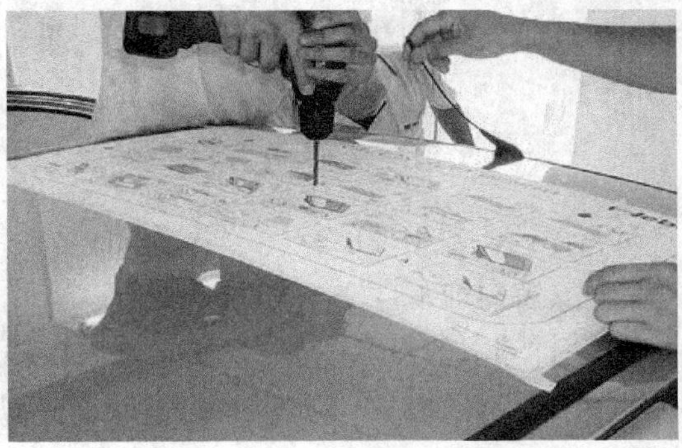

图 3-94　钻定位孔

3. 划线开孔

① 切割内饰板。用刀片依照车内的模板切割内饰板，注意切割边缘要整齐，如图 3-95 所示。

② 切割车顶外板。车顶外板是 1mm 厚度左右的钢板，在切割时要使用专用的切割工具，如曲线锯、电动剪板机等。操作前，要在车顶用剪刀剪一个洞，便于剪切工具起步切割；然后，沿着外模板的边缘将天窗位置剪出来，如图 3-96 所示。

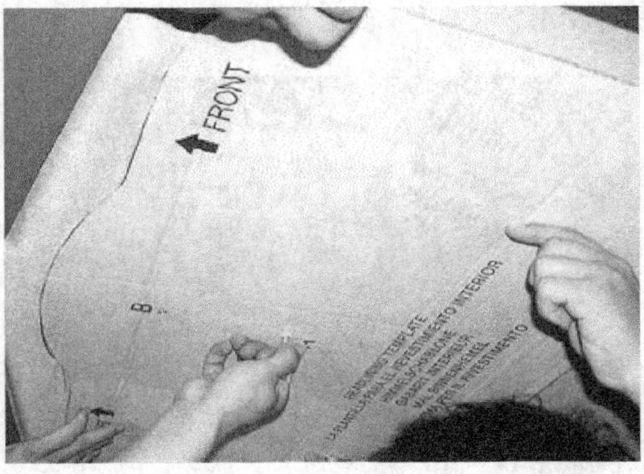


图 3-95　切割内饰板

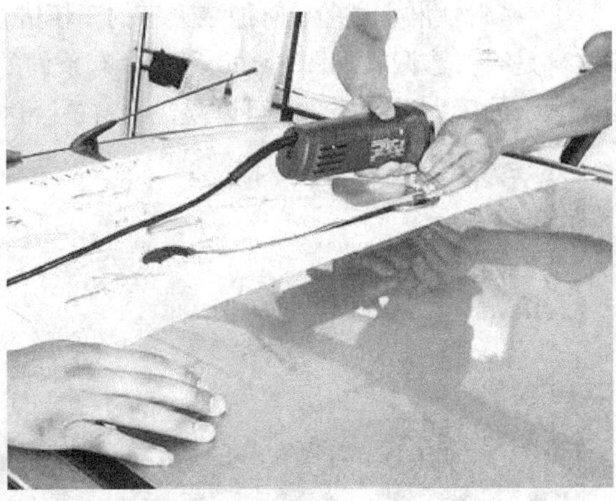

图 3-96　切割车顶外板

③ 处理切口。首先将切口部位的毛边打磨光滑，然后在露出的金属断面上喷涂防锈漆。

4. 安装天窗

将天窗的玻璃部分和铝框部分组合安装，调整好位置后，安装固定螺钉，保证强度，如图 3-97 所示。

5. 接线

拆开仪表板、A 柱部位的饰板。将天窗的电源接到汽车电源上，在 A 柱上要打一个螺孔，用于连接搭铁线。而且还要将控制线接到车锁上，以保证车锁关闭时天窗自动关闭功能的实现，如图 3-98 所示。然后进行天窗线束的布置并安装电动机。

图 3-97　安装天窗

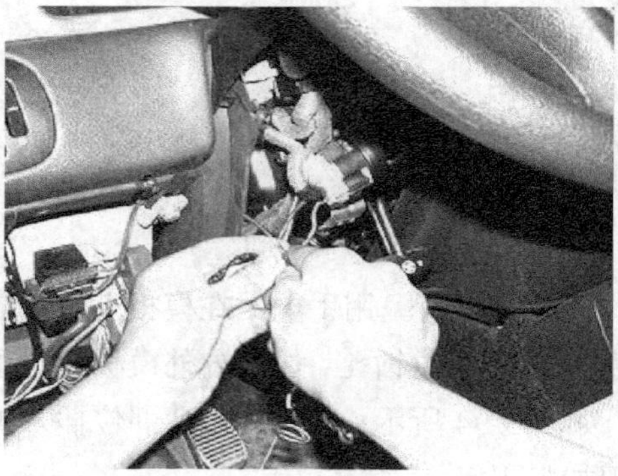

图 3-98　连接线束

6. 安装内饰密封件

安装拆卸下的内饰件，不能忘记将天窗部分的内饰密封件安装固定好，如图 3-99 所示。在实际工作中，该步骤操作最好在天窗的各项功能验证无误以后进行，便于在有问题的时候能及时调整。

7. 功能验证

① 基本功能验证。调节控制开关，验证天窗的各项功能是否能够实现。如果有故障要及时查找并排除。

② 密封性淋水试验。对加装天窗的车辆进行密封性淋水试验，在车顶部位反复淋水，观察车内部是否有渗漏，如图 3-100 所示。有条件的情况下，最好用高压洗车机进行冲水试验，因为高压水的压力很高，完全可以验证天窗是否达到使用要求。

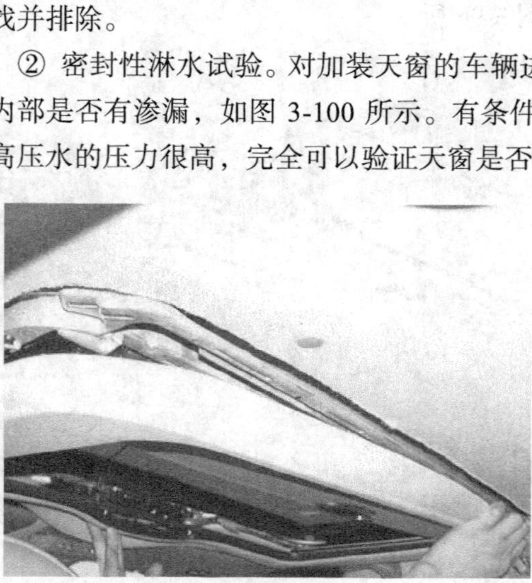

图 3-99　安装内饰件

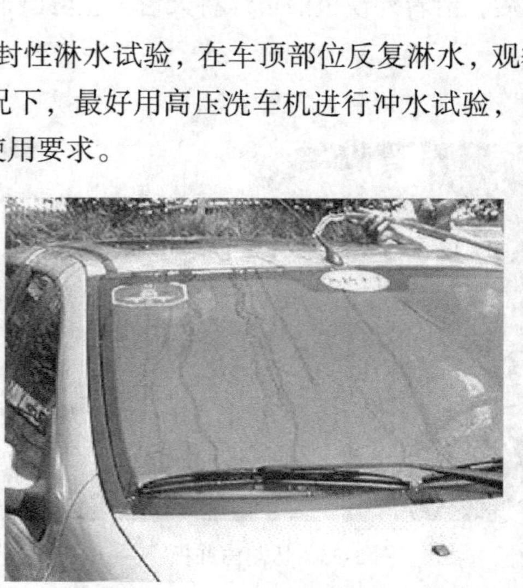

图 3-100　密封性淋水试验

# 习 题

一、选择题

1. 汽车车身表面的污垢中（　　）是损伤最严重的表现。

A. 外部沉积物　　B. 附着物　　C. 水渍　　D. 锈蚀

2. 车身清洗使用的清洗用品应为（　　）。

A. 酸性　　B. 碱性

C. 中性或者稍偏碱性　　D. pH 值大于 8 或小于 6

3. 清洁剂除渍是一个比较复杂的过程，一般都认为水基清洁剂主要通过“润湿—吸附—悬浮—脱（冲）落”等不断循环的过程来除去物体表面污渍。

4. 无水洗车源于（　　），政府为环保节水的需要，强制推行无水洗车，遂使无水洗车技术得以成熟和完善。

A. 新加坡　　B. 中国　　C. 美国　　D. 英国

5. 车蜡按作用的不同可以分为修护蜡、保养蜡和（　　）。

A. 美容蜡　　B. 粗蜡　　C. 细蜡　　D. 综合蜡

6. 汽车表面都需经过涂装而形成一层特殊的表面层。表面层虽然很薄，但它的作用却非常重要，其中最重要的作用是（　　）。

A. 保护的作用　　B. 美观作用　　C. 识别作用　　D. 提升价值作用

7. 涂膜表面有大量的（　　）时，会使涂膜光泽度降低，有雾蒙蒙的感觉。尤其是黑颜色的涂膜，看起来会发白。

A. 轻微划痕损伤　　B. 中度划痕损伤　　C. 重度划痕损伤　　D. 锈蚀损伤

8. 面漆表面有轻微划痕，需要的保养内容为（　　）。

A. 用 2000 号美容砂纸打磨　　B. 粗抛光

C. 细抛光　　D. 打蜡、封釉或镀膜进一步保养

9. 现有一台黑颜色的轿车，用打磨法辨别涂层类型时，若干磨砂纸上黏附的打磨物为灰白色，则说明该车涂层结构为（　　）。

A. 双工序面漆，打磨下来的是清漆层　　B. 双工序面漆，打磨下来的是色漆层

C. 单工序面漆，打磨下来的是清漆层　　D. 单工序面漆，打磨下来的是色漆层

10. 车蜡按作用的不同可以分为修护蜡、保养蜡和（　　）。

A. 美容蜡　　B. 粗蜡　　C. 细蜡　　D. 综合蜡

11. 当车身涂膜的面漆层被划穿，露出金属时，就需要采用（　　）的工艺修复。

A. 抛光　　B. 封釉　　C. 打蜡　　D. 重新喷涂

12. 涂料由（　　）、颜料、溶剂和添加剂组成。

A. 树脂　　B. 清漆　　C. 底色漆　　D. 面漆

13. 根据供应涂料的方式不同，喷枪主要有（　　）、吸上式（也叫虹吸式）和压送式 3 种。

A. 重力式　　B. 自动式　　C. 半自动式　　D. 手工式

14. 在维修严重涂膜划痕损伤时，一般用（　　）号干磨砂纸将油漆损坏的部位打磨平整。

A. P80　B. P120　C. P240　D. P400

15. 清漆喷涂完成后静置5分钟，让涂膜流平，然后进行加热干燥。要求干燥温度要达到（　　）℃，大约烘烤（　　）分钟涂膜即可干燥。

A. 60、60　B. 30、30　C. 30、60　D. 60、30

16. 车身贴饰的种类繁多，分布在车身的每个角落，大体可分为车身美观贴饰和（　　）两大类。

A. 车身保护贴饰　B. 个性贴饰　C. 警示文字贴饰　D. 进口贴饰

17. 下列对车身贴饰描述不正确的是（　　）。

A. 在门把手对应的圆弧里，粘贴透明的保护膜，保护涂膜免受手指的划伤

B. 车身保护贴饰使用的保护膜，不能粘贴在内饰的基材表面

C. 车身保护膜可以充分保护车辆的原漆

D. 车身保护膜颜色多种多样，有表面光亮的、也有表面带纹理哑光的，还有无色透明的、带颜色的

18. 汽车车身大包围由前包围、后包围和（　　）组成。

A. 半包围　B. 全包围　C. 侧包围　D. 下包围

19. 在汽车车身后端安装扰流板，目的是通过其（　　）改善车辆高速行驶时的空气动力学性能，从而保证汽车的安全行驶。

A. 外观形状　B. 重量　C. 材质　D. 安装位置

20. 汽车天窗是在汽车顶部设置的窗口，主要有（　　）、节能、除雾和提高汽车档次的作用。

A. 换气　B. 提高车辆安全性　C. 降温　D. 美观

21. 天窗换气利用的是（　　），打开天窗时首先将车内的空气抽出。

A. 正压原理　B. 负压原理　C. 强制换气原理　D. 被动换气原理

22. 按开启形式天窗可分为（　　）、内藏式和敞篷式。

A. 外掀式　B. 内掀式　C. 侧掀式　D. 旋转式

23. 定位开天窗的位置前，要注意原车的车顶结构，开天窗的部位一定要（　　）。

A. 在车顶中心　B. 在车顶前部　C. 在车顶后部　D. 避开车顶上横梁

二、思考题

1. 尘埃黏附到车身上分为哪几个阶段？
2. 车身污染分为哪几类？
3. 简述洗车污水循环回用系统原理。
4. 按面漆的施工工艺分类，汽车车身面漆可分为哪几类？
5. 汽车车身涂膜损伤分为哪几类？简述涂膜中度划痕损伤的修复工艺。
6. 喷枪使用前需要调节的基本参数有哪些？调整标准如何？
7. 描述导流与扰流的原理。
8. 简述车身保护膜的粘贴流程。
9. 汽车天窗的换气原理是什么？
10. 简述汽车天窗的施工流程。

# 项目四

## 汽车内饰的美容与装饰

汽车与人类的关系越来越密切，人类对汽车的依赖也越来越高，汽车俨然成了流动的家。汽车驾驶室是驾驶员工作和休息的场所，随着生活质量的不断提高，人们对汽车驾驶室装饰的品味、所用材质的档次和质量以及对空间尺寸和乘坐舒适性要求也越来越高。驾驶室结构如图 4-1 所示。汽车在设计时对于驾驶室内的部件一般都采用人体工程学的原理，并以人的生理和心理反应来确定汽车内部构件的材料和色彩。

图 4-1　轿车驾驶室

## 任务一　汽车驾驶室的清洁及美容

### 学习目标

1. 掌握汽车驾驶室的污染物种类
2. 掌握汽车驾驶室的杀菌消毒方法
3. 能够正确选择护理用品
4. 能够正确对驾驶室进行检查
5. 能够进行汽车驾驶室的清洁和护理

## 一、任务分析

汽车内饰材料绝大部分采用的是化工制品，平时狭小的车内空间会被这些化工材料挥发的化学成分所充斥。更可怕的是，高温下甲醛、苯等有毒挥发气体的挥发速度将比常温条件下快几十倍。中国装饰协会室内空气监测中心曾对 200 辆汽车进行随机抽检，发现有 90%以上的汽车都存在车内空气甲醛或苯含量超标的问题，大部分车辆甲醛超标都在五六倍以上，其中新车内室的空气质量最差。许多人刚一坐进汽车，就会觉得车内有股怪味，要是车内开着空调、门窗紧闭，时间久了甚至会使人感到头晕、恶心，如图 4-2 所示。

图 4-2　驾驶室污染

## 二、相关知识

（一）汽车驾驶室的污染

车内空气污染问题成为公众瞩目的焦点，驾驶室内的污染主要有以下几种。

① 挥发性的有机溶剂。美国生态研究中心的研究人员测试了 2006 年到 2007 年之间生产的 200 多款车型的非废气有毒程度，测试部位包括每一款车内消费者最容易直接接触的 15 个组件，如转向盘、换挡把手、座椅扶手、中央控制台、仪表盘、地毯、座椅、硬质及软质门饰、配线、车窗密封件等。研究人员发现，有时候在车上闻到的一些“新车气息”大多都是从这些部位散发出来的，这些气味会引发一些急性或慢性的病症。

该报告甚至称，如果每天在车里待上一个半小时，这些有毒的部分就成为潜在的空气污染源。事实上，很多人都有类似的经历，只不过多数人对此选择了“习以为常”而已。

② 可吸入颗粒物。针对车内环境污染，上海市室内环境净化协会也公布了一份研究结果，即八成以上抽检轿车车内可吸入颗粒物超标。这项研究活动历时 2 个月，共检测了 100 辆轿车，结果仅有 17 辆车达到国家标准。其中，污染最严重的车辆，其车内可吸入颗粒物竟超过国家标准 7 倍。

可吸入颗粒物大多来自车外污染源，如烟囱、车辆尾气等，少数来自地毯、长绒毛饰品等。可吸入颗粒物的直径小于 10μm，这些颗粒物会侵害人体的呼吸系统，诱发哮喘、肺病等。

③ 噪声污染。车厢内噪声污染不是特别普遍，甚至很多人都没有注意到。实际上噪声污染在汽车使用时，时有发生，一旦恼人的车厢噪声嗡嗡、隆隆地缠上你，想摆脱它就不那么容易了，因为很多时候我们甚至不知到它来自哪里。一个小零件的松动，或者是角落里的一个小物品，又或者是零部件之间，在车子运动过程中都能产生噪声。再有，如果汽车隔音做得不好，

在车速达到或超过某一时速的时候就会产生噪声。所以汽车噪声污染绝对算得上是个顽疾，只有正确地使用和保养车辆才能尽可能避免汽车噪声的产生。

（二）驾驶室杀菌消毒方法

在这里我们将简单地介绍目前市面上常见的几种汽车内室杀毒方法。这些杀毒方式多种多样，但原理大多还是物理杀毒、化学杀毒、离子杀毒、臭氧杀毒等。从发展趋势看，由于人们对环保越来越重视，汽车车内杀毒方法将更多地注重采用物理和离子杀毒的原理，化学杀毒方式则由于对汽车部件的损害和容易产生新的有害气体而日渐式微。

1. 化学法杀菌消毒

（1）化学试剂法

化学试剂法消毒主要是指用一些消毒剂对汽车进行喷洒和擦拭，通过化学反应的方式达到除去病菌的目的。这种杀毒方法的优点就是杀毒迅速彻底，施工简单易行，缺点也相当明显，同时对汽车内饰件也有一定程度的损害作用。目前市场上常用的消毒液及使用方法如下。

① 过氧乙酸。用 0.5%的过氧乙酸溶液喷洒汽车外表面和内部空间进行消毒，但消毒后要通风半小时以上。由于过氧乙酸具有腐蚀性和漂白性，所以车内的一些物品最好先行取出，消毒后对汽车的金属部件要进行擦拭。

② 84 消毒液。通常这种消毒剂含氯量为 5%，使用时必须加 200 倍的水进行稀释，如果不按比例稀释会有一定腐蚀性。84 消毒液不具挥发性，对肝炎等病毒可通过浸泡起效，但对空中飘浮的飞沫没有什么作用。

③ 来苏水。来苏水溶于水，可杀灭细菌繁殖体和某些亲脂病毒，用 1% ～3%的溶液对车内进行擦拭或喷洒。需要注意的是，若将来苏水与肥皂和洗衣粉一起使用，将减少其杀菌力。

④ 甲醛消除灵。这是一种较新的车内杀毒方法，主要是通过经过特殊处理的红色颗粒来吸附和消除车内的甲醛等有害气体。其优点是使用简单，但缺点在于化学消毒可能会产生的遗留症。

（2）臭氧消毒

这种杀毒方式主要是采用一个能迅速产生大量臭氧的汽车专用消毒机进行消毒。臭氧是一种具有广泛性的、高效的快速杀菌剂，它可以杀灭多种病菌、病毒及微生物，通过氧化反应除去车内的有毒气体。臭氧机制造出来的大量臭氧可以在较短的时间内破坏细菌、病毒和其他微生物的结构，使之失去生存能力。臭氧的杀菌作用起效非常快，当其浓度超过一定数值后，甚至可以瞬间完成消毒杀菌。与化学消毒不同，由于利用臭氧消毒杀菌一般不残存有害物质，不会对汽车造成第二次污染。因为臭氧杀菌消毒后很快就分解成氧气，对人体有益无害，缺点是杀毒成本过高。

（3）离子杀毒

这也是比较常见的一种车内空气清新方法，主要是通过车载氧吧释放离子达到车内空气清新的目的。事实上，离子杀毒不能算严格意义上的空气杀毒方法，而只能是一种空气清新和净化方式。其优点是使用简单，基本不用车主动手；缺点比较明显，即空气净化过程缓慢、杀毒不彻底。

（4）光触媒

光触媒的工作原理是利用二氧化钛这种光的催化剂，在光的作用产生正、负电子，其中正电子与空气中的水分子结合产生具有氧化分解能力的氢氧自由基，而负电子则与空气中的氧结合成活性氧，二者均具有强大的杀毒、杀菌能力，对于汽车车厢内常见的甲醛、氨、苯等有机化合物具有分解作用，同时还可以清除车厢内的浮游细菌。

2. 物理法杀菌消毒

① 高温蒸汽杀毒。用高温蒸汽给汽车消毒，相当于给汽车做“桑拿”，利用蒸汽的高温对车内部进行消毒杀毒。这种方法无毒无害，但实行条件较高。蒸汽消毒的一般过程是：技师在专业的汽车蒸汽消毒机内加入水、清洁剂、芳香剂，接通电源加热至 130℃，利用喷出的高温蒸汽对汽车内饰进行消毒。

这种方法对蒸汽机的品质和技术人员操作水平要求都十分高，所以车主要尽量选择规模大、有口碑的汽车专业保养机构。有的机构在蒸汽消毒的同时还附带红外线、负离子的消毒，不仅能有效地清除车内的烟味、油味、霉味等各种异味，还杜绝了细菌、螨虫的滋长和某些皮革因表面的保护层遭受酸性物质的破坏而出现的褪色、发黄等现象。

但是高温和湿气容易引起电器、仪表及塑料件老化，因此，不建议经常使用。

② 竹炭吸附法。竹炭同活性炭一样具有发达的空隙结构、很大的比表面积和超强的吸附能力。竹炭每克比表面积高达 500～700$m^2$，具有极强的吸附能力，对苯、甲醛、丙酮、氨、一氧化碳、二氧化碳都有吸附和分解作用，属纯天然绿色环保产品。竹炭专用于除臭、杀菌、防霉、吸潮、防虫、防蛀、净化空气等，是纯天然吸味除臭剂。

（三）清洁保养用品和设备

1. 清洗护理用品

由于内饰材料种类不同，使用的清洁保养用品也不同，选择和使用时一定要根据使用说明辨别清楚。现在很多专业的汽车清洗剂生产厂家，都会根据车上零件材质的不同而开发专门的清洗产品。这些清洗保养产品操作简便，清洗效果好，并且安全环保没有污染。

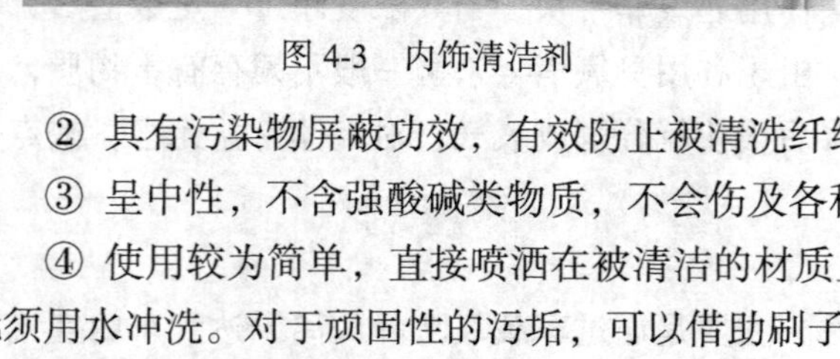


图 4-3　内饰清洁剂

（1）化纤织物内饰清洁剂

这类清洁剂是去除汽车地毯和内饰物品上各种污垢的干洗剂，主要用于汽车丝绒和地毯的干洗，也适用于汽车塑料顶棚、仪表盘、塑料门内饰，以及座椅、行李箱的清洁除污，如图 4-3 所示。合格的内饰品清洗剂应该具有以下品质。

① 有效去除各种轻度污垢和油脂。

② 具有污染物屏蔽功效，有效防止被清洗纤维短期内再度遭受污染。

③ 呈中性，不含强酸碱类物质，不会伤及各种材质，对人体健康无害，对环境友好。

④ 使用较为简单，直接喷洒在被清洁的材质上后稍等片刻，随后用干净软布擦干净即可，无须用水冲洗。对于顽固性的污垢，可以借助刷子洗刷。

⑤ 防止和消除静电的产生。

（2）皮革清洁剂

专门用来清除皮革饰件上的污染物，同时对皮革本身没有损坏。

（3）真皮护理剂

真皮护理剂应该根据真皮毛孔的特性，通过特有的渗透功能，用天然的营养精华对真皮进行清洁、滋润，使之更加柔和、更富弹性，延长使用寿命，如图 4-4 所示。优良的真皮护理剂应具有如下品质。

① 富含名贵天然动植物滋补营养成分，具有卓越的渗透和滋润作用，使皮具保持柔软的质感和自然的皮质色泽，对真皮有着深层、持久的保护作用。

② 其内有效成分可阻挡紫外线辐射，抗静电、防水，且有效防止皮革老化、龟裂和失色。

③ 内含杀菌防霉活性成分、疏水剂，可以阻止真皮受潮、霉变。

不过市场上常见的是普通树脂类光亮剂。使用这种光亮剂仅能在真皮表面形成一层无法持久存在的光亮膜，并不能达到对真皮的深层护理作用。很多皮革护理剂还含有有机溶剂，会引起皮革加速失色、老化。所以选用的时候要仔细分辨产品的优劣。

（4）仪表板护理剂

仪表板护理剂在我国被俗称为仪表板上光蜡，主要的作用是对仪表板进行有效地清洁、美容，阻止紫外线的侵蚀，抗静电，防止板材失色、龟裂和老化，可以用于工程塑料件、木制件、橡胶密封条和皮革制品，如图 4-5 所示。优良的仪表板护理剂应具有如下品质。

图 4-4　真皮护理剂

图 4-5　仪表板保护蜡

① 良好的清洁、美容、抵御紫外线侵蚀、抗静电等功能。

② 不含有机溶剂。保护蜡应采用纯天然制剂，从而避免对人体健康带来威胁，也不会损伤修饰的材质或污染车内环境。

劣质或不合格的仪表盘护理剂含大量的有机溶剂，异味浓重，令人窒息，且久不干燥，容易吸附尘土，对车内环境造成严重污染，对人体健康存在潜在的威胁。

③ 仪表板护理剂有气雾罐包装形式和塑料罐包装形式两种。气雾形式的只要均匀摇晃，直立喷射到被清洗的表面，稍等片刻后，用干净的软布轻轻抛光即可使仪表盘洁净和光亮。罐装形式的应用干净的软布蘸着护理剂轻轻涂饰，稍等片刻后，被涂饰的表面就会光洁如新。

（5）除臭消毒剂

除臭消毒剂用于清除驾驶室内的异味，杀灭有害细菌。使用时可以单独喷洒，也可以加到蒸汽机中使用，如图 4-6 所示。

图 4-6　除臭剂

2. 工具和设备

（1）汽车内饰清洁专用吸尘器

清洁内室吸尘器是必不可少的设备，它可以通过更换不同的吸尘端头将犄角旮旯里的杂物、灰尘清除干净。

同时它还自带加湿功能。

（2）蒸汽机

高温蒸汽清洗机通过将机器里的水加热，产生高温蒸汽，将顽固污渍溶解清除，起到杀菌消毒的效果，如图 4-7 所示。

（3）蒸汽熨斗

蒸汽熨斗是蒸汽机附件，可以用来熨平内饰部件，对应不同的内饰材质有不同的调节档位，使用时要注意加热的温度，不要将内饰件损坏，如图 4-8 所示。

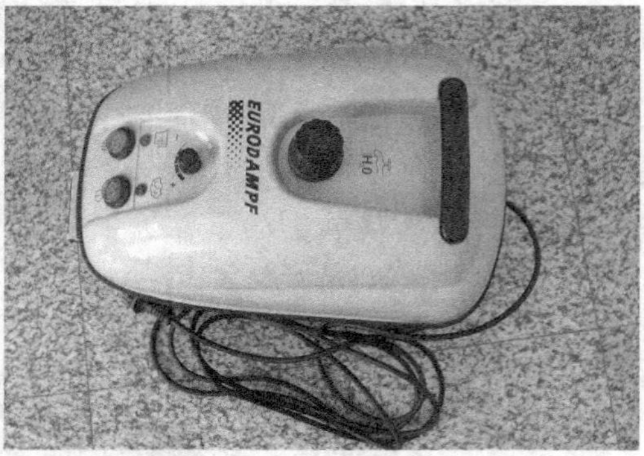

图 4-7　蒸汽机

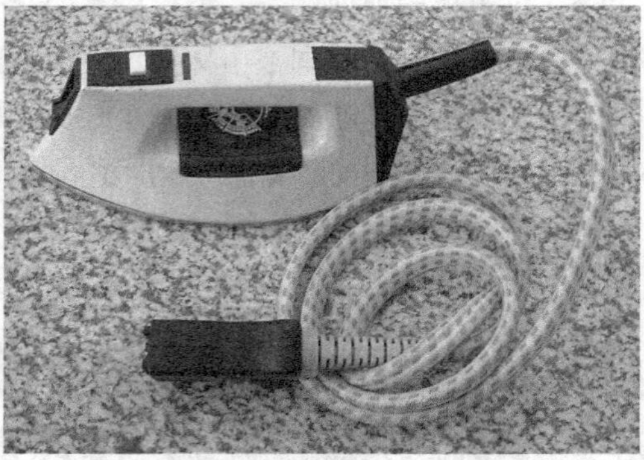
图 4-8　蒸汽熨斗

（4）蒸汽机的使用

① 将除臭剂与水按比例混合后加入蒸汽机中。加完水后一定要将加水口盖拧紧，防止压力升高后蒸汽喷出伤人。

② 调整温度和喷雾压力，打开加热开关加热，设定好喷雾压力，如图 4-9 所示。大约加热 15 分钟左右，就可以使用了。

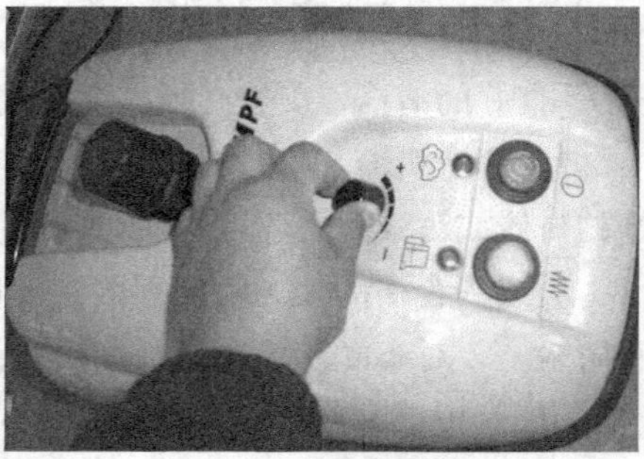
图 4-9　设定压力

③ 使用蒸汽清洗机的时候一定要注意以下几点。

- 可以在加水的时候混合一定量的除臭消毒剂。
- 蒸汽不要喷到电子元件上，否则很容易将其损坏，高温蒸汽不得对着他人。
- 尽量不要用它清洁皮革制品。
- 使用完以后要将蒸汽机里的残余液体排干净，防止腐蚀。

## 三、任务实施

（一）内饰的检查

1. 转向盘的检查与调整

转向盘是驾驶员操控汽车的主要部件。转向盘的结构为钢铁骨架外面包上蒙皮，有的要加装各种材质的装饰条。普通轿车转向盘有三幅式和四幅式两种。

① 检查转向盘外表是否有损坏和脏污、是否松动和晃动、自锁功能功能是否起作用。

② 在前排乘员和安全气囊作用范围之间不得有其他人员、宠物或物件。

③ 转向盘上的缓冲垫和副驾驶员一侧仪表板内安全气囊模块的表面上，既不能贴东西也不能蒙上物品或做其他处理，如放置饮料托架、电话支座等。这两处只允许用干燥的或用水浸湿的抹布清洁。

注意

不要擅自检查、拆卸安全气囊，因为这样可能会对个人造成意外伤害。

④ 调整转向盘的位置。转向盘与胸部之间的距离至少保持在 25cm，如图 4-10 所示。调整转向盘时，一只手将转向盘下部的调整拉手提起，另一只手扶住转向盘将其调整到合适的位置，调整好后松开拉手将位置锁定。如果此距离小于 25cm，安全气囊系统可能无法正确提供保护。

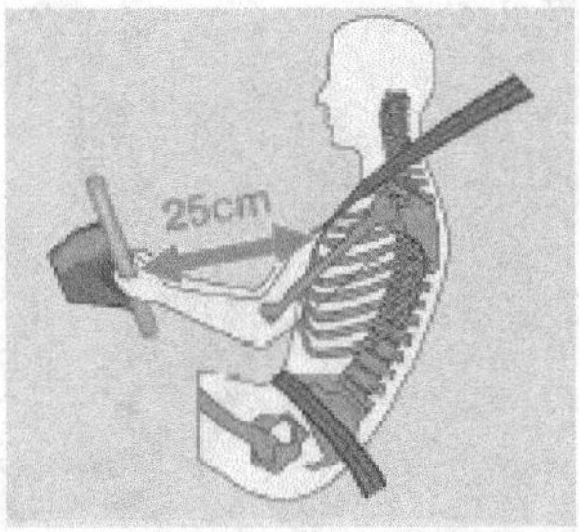

图 4-10　转向盘调节

⑤ 行驶期间应一直用双手从两侧握住转向盘的外缘水平位置处。这样在驾驶员安全气囊触发时可降低受伤的危险。绝不能握在 12 点钟位置或以其他方式握转向盘（例如，握住转向盘中部、单手握转向盘等），否则如果驾驶员安全气囊触发，便可能导致胳臂、手和头部受到伤害。

2. 仪表板检查

① 检查仪表板蒙皮是否有裂纹、破损等损伤，是否有松动和异响等故障。

② 检查组合仪表功能是否良好，能够熟练使用开关和调节按钮。

③仪表板上不要放置杂物，尤其是空调出风口的位置。需要放置必需品时一定要保证安放牢固，并且不影响驾驶员的视线。

3. 踏板的检查

手动挡的汽车有 3 个踏板：离合器踏板、制动器踏板和加速踏板。自动挡的汽车取消了离合器踏板，只有制动踏板和加速踏板。

① 绝不允许物品或脚垫影响某一踏板的操控和移动。确保任何时候都能将加速踏板、制动踏板和离合器踏板无阻碍地踩到底。确保踏板能无阻碍地返回到初始位置。

② 切勿将物品放在驾驶员的脚部空间中，否则物品可能滑到踏板下，从而妨碍操控踏板。在紧急加速或制动时可能无法操纵踏板，有发生事故的危险。驾驶员侧的脚垫只允许使用能牢靠地固定在脚部空间且不妨碍操纵踏板的脚垫。

4. 座椅的检查和调整

① 检查座椅和头枕表面有无撕裂、破损等损伤，安装是否牢固。

② 检查座椅的调节装置。座椅应能够顺畅地进行前后调整和靠背的角度调节。随着技术的发展，有的轿车座椅装配电动调节装置，可实现靠背和坐垫各个方向的调整。

③ 调整座椅的位置。使腿部略微弯曲即可将加速踏板、制动踏板和离合器踏板完全踩到底。确保手可以接触到方向盘的最高点。

④ 调整靠背位置。将靠背移到垂直的位置，使背部完全贴到靠背上。为了降低紧急制动时或发生交通事故时驾驶员受伤的危险，切勿在靠背向后倾斜过大的情况下行车。只有靠背处于垂直状态且驾驶员已正确系好安全带时，才能发挥安全气囊系统和安全带的最佳保护作用。靠

背向后倾斜越大，因安全带使用方式和坐姿不正确而带来的受伤危险也越大。

⑤ 调节好头枕位置。向上调节时，用双手抓住头枕两侧向上提起到合适位置。通过向前拉或向后推调整头枕的倾斜度，最终要调整到使头枕的上沿与头顶成一条线，如图 4-11 所示。

5. 安全带的检查和使用

① 检查安全带时，首先查看出口处是否有纸片等杂物，不得在锋利的边缘上摩擦安全带；然后将安全带轻轻拉出，要顺利没有阻碍，松手后要能被迅速卷起；当突然用力向外拉时能牢牢锁住安全带，如图 4-12 所示。损坏或因事故而拉长的安全带必须更换，更换时要到专业的维修站进行。

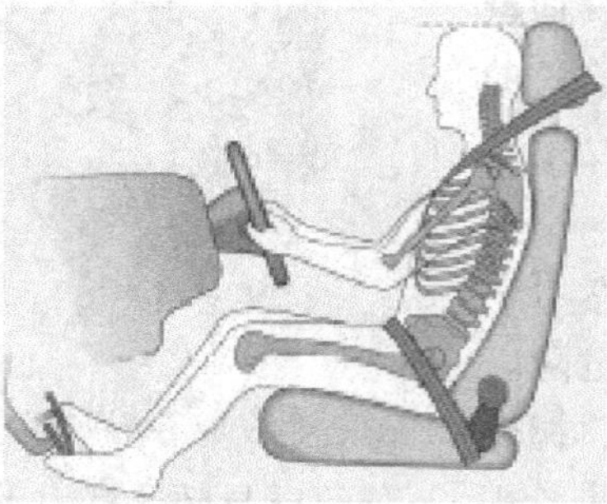

图 4-11 头枕的最佳位置

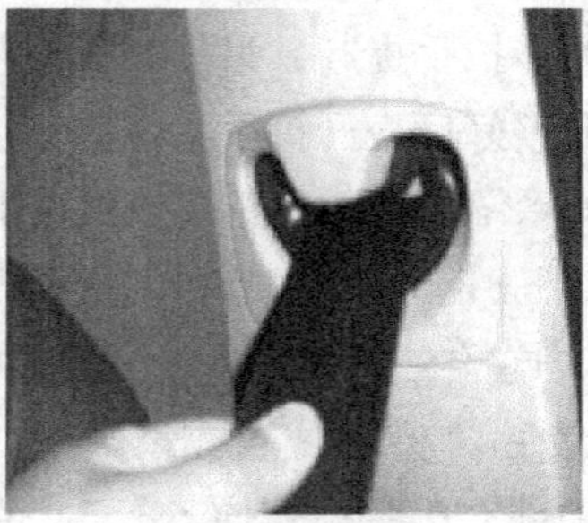

图 4-12 检查安全带

注意

安全带在使用时不能扭转，安全带应保持清洁，否则限位器工作将不正常。

② 三点式安全带使用方法。应注意使安全带贴靠肩膀中部，如图 4-13 所示，不应让安全带勒在颈部。每个三点式安全带都配一个安全带自动回卷装置。在缓慢拉出安全带时，这个自动回卷装置可确保安全带自由移动，但在突然制动时自动回卷装置会将安全带锁死。自动回卷装置在汽车加速、山区行车和转弯时也会把安全带锁死。

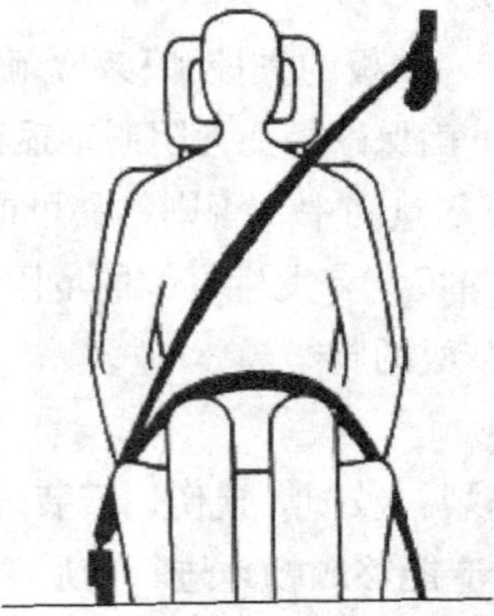

图 4-13 三点式安全带使用

③ 安全带的卡紧和松开。拉住锁舌将安全带缓慢匀速地拉出，使其拦过胸部和髋部；将锁舌插入属于本座椅的锁扣，直至听到啮合的声响，如图 4-14 所示；拉一下安全带，检查安全带是否在锁扣中锁住。

要松开安全带时用手指按下安全带锁上的红色按钮，如图 4-15 所示。锁舌在弹簧力作用下弹出；用手拿着锁舌往回送，这样安全带的自动回卷装置便能够更顺利地把带子卷回。

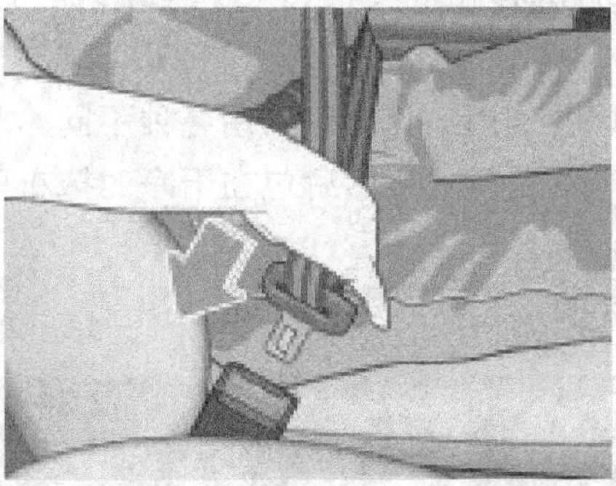

图 4-14　卡紧安全带

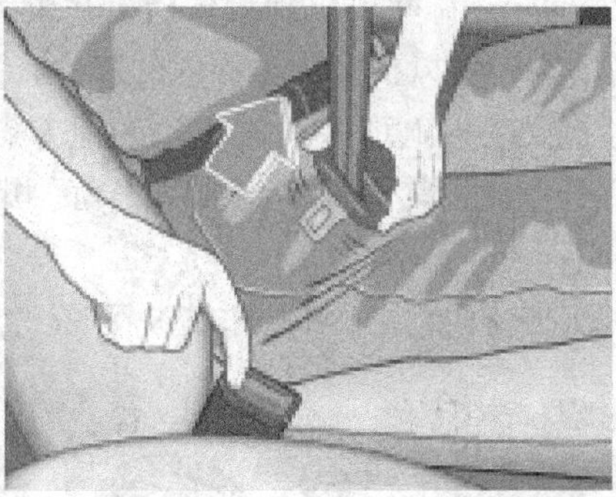

图 4-15　松开安全带

注意　前后排的乘客均应系上安全带；身高小于1.5米的儿童不可以配带常规安全带，要加配专用的儿童座椅；孕妇在使用安全带时更要时时注意，应将安全带的腰带部分的位置尽可能放低，使之横过髋部，以免对下腹部施加压力。

6. 地板和车顶内饰的检查

① 车顶内饰主要为汽车顶衬及里子板等部分。顶衬由各种不同的面料制成，结构也随着车型的不同而各异。现在多为皮革或合成纤维制品。在蒙皮与车体之间附有隔热层，该隔热层不仅有助于调节温度，而且还可降低车内噪声。车顶间隙处的隔热材料填充得越多、越厚，开车时听到的噪声也就越小。在车顶上还会有顶灯、门控灯开关，以及遮阳板、天窗等，都要一一检查。

有时车主会把后加装的 DVD 显示屏放在遮阳板上，要保证使用起来比较方便还不占用空间；检查遮阳板上的梳妆镜、照明等设施，对于有天窗的顶棚，天窗衬板必须能够灵活拉动，并且密封性良好。

② 检查地板下面是否有潮湿现象，如图 4-16 所示。确保脚垫在行驶期间牢靠地固定并且不妨碍操控踏板。只允许使用能保证踏板区域通畅无阻且防滑的脚垫。如果不能通畅无阻地操控踏板，可能危及交通安全，导致受重伤。确保脚垫总是牢靠地固定着，在已安装的脚垫上再放置或安装其他的脚垫或地毯时，一定要保证固定牢靠，不能缩小踏板空间区域、妨碍踏板的操控。

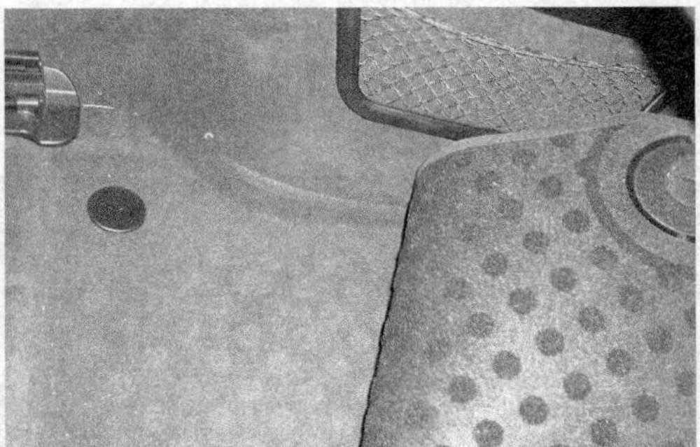

图 4-16　检查地板

7. 车门内饰板检查

车门内饰板是经常被磨损的地方，容易损坏。并且在它的上面还有很多控制按钮，比如玻璃升降、倒视镜调节、门锁拉手等。检查要仔细，为清洗做好准备。

（二）内饰的清洁及护理

1. 清除灰尘和杂物

① 将车内的脚垫等无关的杂物取出，倒掉烟灰缸内的烟灰和烟蒂，如图 4-17 所示。尽量

清除车内的垃圾。车门保持开启状态。

② 打开空调吹风机到最大挡，并拨弄空调出风口风向调节钮。清除空调系统内部的灰尘，同时借助空调吹风机清除车厢内的灰尘。

对于仪表板上那些沟沟坎坎的地方需用自己设计的专用工具。可以用各种不同厚度的木片或尺子片，把其头部修理成斜三角、矩形或尖形等不同样式，然后包在干净的抹布里面进行清扫。

③ 取出脚垫，并将脚垫清洗干净，如图4-18所示。

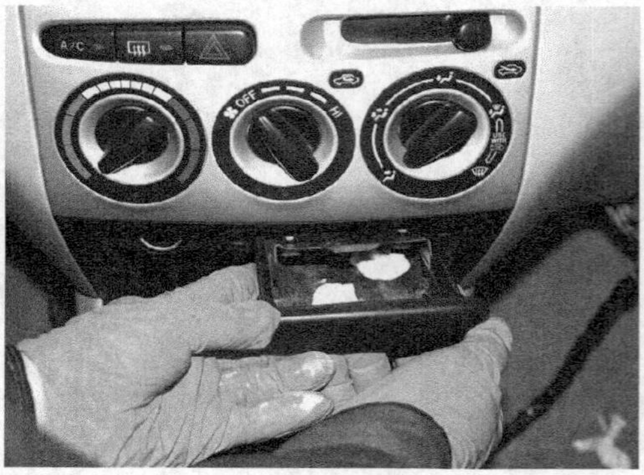


图4-17　清理烟灰缸

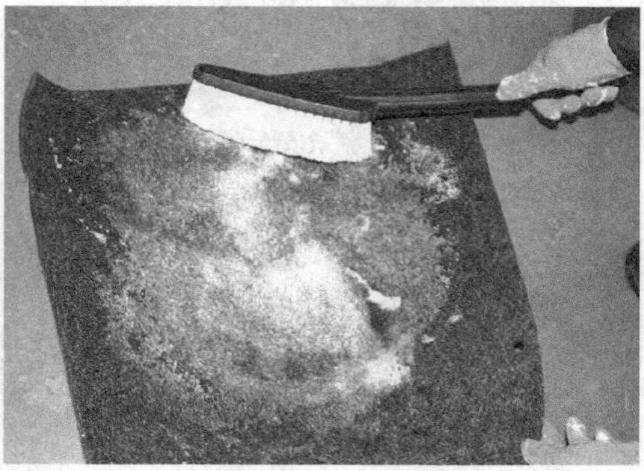

图4-18　清洁脚垫

④ 用吸尘器清除座椅下部等边角处的灰尘和杂物，座椅要配合着前后调节，靠背放平，尽量将夹缝清洁干净，如图4-19所示。

2. 清除顽固污渍

在车门上方的顶棚处和手扶部位，由于人员上下车的刮蹭，污渍最多、最难清洗。

① 用蒸汽辅助清洗一下，还能将顶棚内的有害细菌消灭。

② 边清洗边擦拭，逐步将污渍清除，如图4-20所示。

注意　在清洗安全带时，要使用车内清洁剂或温水清洗并自然干燥，不能使用人工加热如烘烤等方式，这样会影响安全带的安全性能和使用寿命。

图4-19　用吸尘器清洁灰尘和杂物

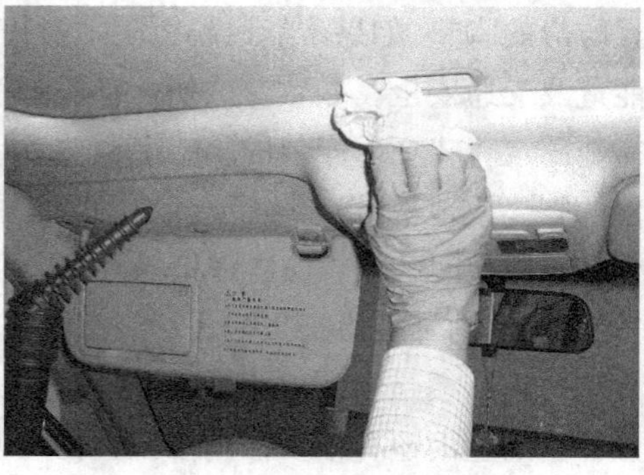

图4-20　清洗顶棚

3. 整理定型

对于不平整的部位可以用蒸汽熨斗熨一熨，很快会平整如新。使用蒸汽熨斗时要根据内饰的材料选好相应挡位，以免造成不必要的损坏，如图4-21所示。

4. 车厢消毒

对座椅底部、顶棚等部位喷高温蒸汽杀菌消毒，最好不要关闭车门，蒸汽量也要把握好，达到目的即可。

对于真皮座椅等贵重材料部位，清洗时要加倍小心，不要让水在这些表面停留时间过长而渗入内部，影响它们的使用性能和质量。

5. 保养护理

① 取保养剂喷涂于柔软毛巾或无纺布上，均匀涂于需要保养的内饰件表面，如图 4-22 所示。

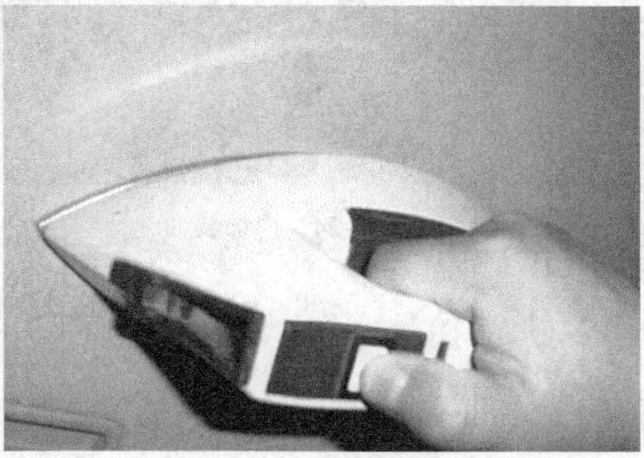

图 4-21 熨平褶皱

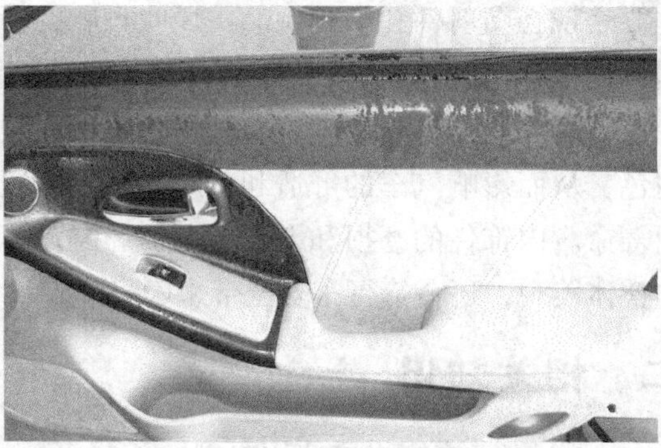

图 4-22 喷涂保养剂

② 用另一条柔软毛巾（或无纺布）擦干。或者直接将保养剂均匀地喷涂于内饰件表面，再用柔软的毛巾擦匀、擦干。需要保养的部位都要擦拭到，保养后的部件光亮如新，如图 4-23 所示。

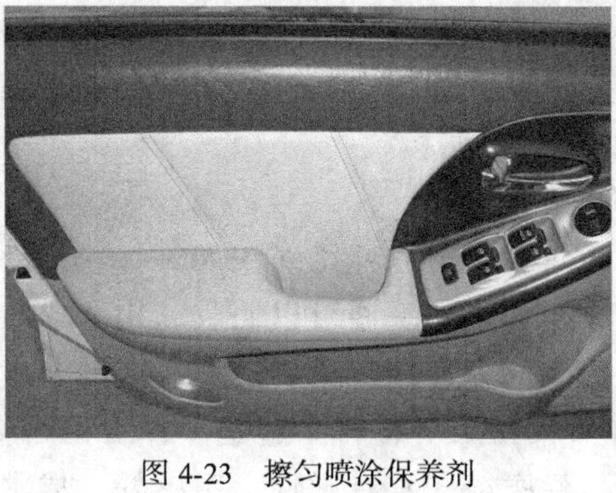

图 4-23 擦匀喷涂保养剂

# 任务二 汽车内饰的装饰

## 学习目标

1. 了解汽车内饰材料的使用要求和发展方向
2. 掌握汽车内饰材料的种类和辨别方法
3. 能够进行汽车内饰装饰操作
4. 能够进行真皮损伤修复操作
5. 能够进行内饰改色操作

## 一、任务分析

汽车内饰装饰内容五花八门，涉及内饰的各个方面，经过内饰装饰会改变汽车的风格，提升车辆的档次，如图 4-24 所示。

图 4-24　内饰装饰

同时，化纤、皮革、塑料及橡胶制品等汽车内部饰件，在使用过程中会受到各种不同程度的损伤。主要表现在塑料件和橡胶制品在风吹日晒的情况下因氧化龟裂而失去光泽；皮革件易出现老化、磨损、褪色；纤维制品易受到尘埃、脏物污染并出现氧化褪色，从而影响汽车的舒适和美观，乃至缩短其使用寿命。内饰件的磨损和老化，不但影响汽车内室的整体美观，还会给行车安全带来隐患。

## 二、相关知识

（一）汽车内饰材质使用要求

1. 轿车内饰件材料的选用原则

材料在选用时，除了要求具有良好的装饰性能外，还应重点考虑材料的其他一些性能。例如要求所选材料应有足够的抗撕裂强度、耐磨性能良好；另外还需有一定的透气性和吸湿性；要有较强的抗腐蚀性和阻燃性，色泽耐久并易于清洁；在使用过程中还应具有防止积带电荷的特性，以防止静电的产生等。此外，随着人们健康意识的日益加强，选用材料的环保性也已成为衡量汽车内部构件质量的一项重要指标。

2. 内饰材质的发展方向

以前轿车内饰件多用金属、木材和纤维纺织品等材料，外观和质感都不甚理想，而且随着环境保护意识日趋浓厚，寻找一些可以回收利用、材质安全性能高、加工方便的材料来代替传统的材料，已经成为各国汽车制造业研究与开发的内容。目前，许多轿车的内饰件已经逐步使用 PP（聚丙烯）材料。这是一种工程热塑材料，它集结了韧性好、强度大、隔热好、质地轻、耐腐蚀、富有弹性、手感好、成本低等一系列优点，更重要的是，PP 材料是一种可以循环回收再用的塑料，对环境保护大有裨益，因此受到人们的欢迎。

为了使轿车车厢更加舒适和美观，车厢内的装饰材料有越来越高级的倾向。例如，座垫面料，中高级轿车大都采用手感柔和、色调高雅的皮革、呢绒、丝绸等天然材料做座垫面料。此外，也有采用其手感与天然材料相似的细合成纤维丝无纺布。普通轿车多数采用化纤纺织品。一些高级轿车车厢的装饰板还用贵重的胡桃木、花梨木等材料做成，嵌在仪表板总成和车门内板上，将车厢内部点缀得别有一番情调。

（二）汽车内饰材质的种类

1. 皮革材料

目前，市场上流行的皮革制品有真皮和人造皮革两大类，而合成革和人造革是由纺织布底基或无纺布作底基，分别用聚氨酯涂覆并采用特殊发泡处理制成的，有的表面手感酷似真皮，但透气性、耐磨性、耐寒性都不如真皮。

（1）皮料的特性与分类

按皮革的层次分，有头层皮和二层皮，其中头层革又分为粒面皮革、修面皮革、压花皮革、特殊效应皮革。最外层的为头层皮，质量最好，次之为二层皮，其强度、弹性和透气性都不如头层皮。汽车座套必须选用头层皮。现在市面上出售的一种复合皮是在二层皮的表面附上一层胶膜，表面精致，看上去很像头层皮。

① 粒面皮革。在诸多的皮革品种中，全粒面革居榜首，它是由伤残较少的上等原料皮加工而成，革面上保留完好的天然状态，涂层薄，能展现出动物皮自然的花纹美。它不仅耐磨，而且具有良好的透气性。全粒面皮革分为软面革、皱纹革、正面革等。全粒面皮革的特性为完整保留粒面，毛孔清晰、细小、紧密、排列不规律，表面丰满细致，富有弹性。半粒面皮革在制作过程中经设备加工、修磨成只有一半的粒面，故称半粒面皮革。半粒面皮革保持了天然皮革的部分风格，毛孔平坦呈椭圆形，排列不规则，手感坚硬，一般选用等级较差的原料皮。但是其表面无伤残和疤痕且利用率较高，其制成品不易变形，所以属中档皮革。

② 修面皮革。这种皮革是利用磨革机将皮料表面轻磨后进行涂饰，再压上相应的花纹而制成的。修面皮革实际上是对带有伤残或粗糙的天然革面进行了“整容”。此种革几乎失掉了原有的表面状态。修面牛皮又称“光面牛皮”，市场也称雾面、亮面牛皮，特性为表面平坦、光滑、无毛孔及皮纹，修面皮革在制作中表层粒面做了轻微磨面修饰，然后在皮革上面喷涂一层有色树脂，掩盖皮革表面纹路，再喷涂水性光透树脂，所以是一种高档皮革。特别是亮面牛皮，其光亮耀眼、高贵华丽的风格，是制作时装皮具的流行皮革。

③ 压花皮革。用带有图案的花板在皮革表面进行加温压制，以制出各种图案，形成一种风格独特的皮革。

④ 特殊效应皮革。其制作工艺要求同修面皮革，只是在有色树脂涂层里面加带珍珠、金属铝或金属铜元素进行综合喷涂，之后再滚一层水性透明树脂，其成品具有各种光泽，鲜艳夺目，雍容华贵。

（2）真假皮革制品的辨别方法

由于汽车专用皮革，需经抗紫外线、耐热、耐光、耐磨等处理，成本较高，所以一些不法厂商会以其他价格低廉的皮革充数。下面介绍几种专业的鉴别皮革真假、优劣的方法。

① 商标法。正规厂商生产的皮革均有清楚的来源，登载了生产地、皮革厂标、皮革测试表、皮革使用授权书等基本资料，并且背面均会标示制造日期、皮厂名称、面积等。

② 观看法。天然的革面有自己特殊的天然花纹，革面光泽自然，以刀片横切皮革，可见皮革由外表层至内里层颜色均一致（外表黑，内里深灰，则属正常现象），纤维清晰可见且细密。而仿革制品的切口无天然革纤维感，或可见底部的纤维及树脂，或从切口处看出底布与树脂胶合两层次。天然革的反面有明显的纤维束，呈毛绒状且均匀；而仿革制品里外面光泽都很好，也很平滑，有的人造革里面能见到明显的底布。

③ 嗅觉法。良好的皮革在处理后应该不会有刺鼻味道，而劣质皮革会有严重的溶剂味及涂料味。

④ 耐热法。取小块的皮材，用香烟头触烫 2～3s，良好的皮革耐热性能好，不会马上收缩变形。

⑤ 擦拭法。用去渍液擦拭皮革表层，注意有无褪色现象。此方法可避免买到改色皮革制品。

⑥ 拉伸法。用两只手拿起皮子的对角，然后稍用力向两边拉。好的皮革拉起来变形不大，牢靠度较好、富有弹性。若延展性较大，则说明是人造革。当拉开后，若皮面出现缝痕或露出浅白底色，则说明皮子的弹性及染色工艺不过关，质量较差。另外，质量好的头层皮摸起来手感好，柔软、舒适、光滑而且富有弹性。用手按、捏革面无死皱或死褶，也无裂痕。

（3）皮革材料在使用过程中出现的问题

① 松面。将皮革制品向内弯曲 90°，粒面上如出现较大的皱褶且展平后不易消失时，即为业内人士所称的皮革制品管皱，管皱是最严重的松面现象。

② 裂浆、掉浆、露底。一手将革面按住，一手拉开基面，用小刀或钥匙柄从里向外顶革面，并来回划动，若粒面上出现裂纹，即为裂浆；而仅呈现底色称为露底；涂层从革面上脱落则称为掉浆。造成裂浆、露底、掉浆的主要原因是：涂层的延伸性与皮革的延伸性不一致、涂层材料使用不当、涂面配方不合理或涂层过厚等。

③ 掉色。掉色是指涂层经干擦或湿擦后产生掉色现象。产生的主要原因有：涂饰剂中含有的颜料过多或颜料颗粒较粗、涂饰剂中有酸性粒子元、染料量过大。涂层耐干擦而不耐湿擦的主要原因是涂层防水性能不佳。

④ 油霜、盐霜。在革面上形成的粉状油脂渗出物叫做油霜。尤其在天气较冷的情况下，更容易形成油霜，且擦去后不久仍将出现。这是由于原料皮本身含有的高熔点硬脂酸等脂类物质而没有除净，或加脂剂中含有较多的该种物质。在皮革的干燥或放置过程中有时会在粒面上出现一层灰色霜状物，叫做盐霜，这是由于皮革在中和后未经充分水洗，皮革中还含有大量的可溶性盐渗出所致。鉴别油霜与盐霜的方法是：取一架热熨斗熨烫一下，油霜可被皮革吸收而盐霜则不能。

⑤ 革面发黏。用手触摸革面时有黏手的感觉，或将革面相对叠在一起，在分开时发出黏结声，则可认为是涂层发黏。出现这种情况主要是由于软性树脂用量过大造成的，涂层发黏的皮革较易吸附灰尘。

⑥ 僵硬无弹性。皮革变硬的原因，一是由于使用时间太长，皮革内油脂渗出太多或皮革自然老化；二是水浸或洗涤不当，晾干后变硬；三是上光打蜡或上浆上色选用的材料不当或涂层太厚；四是粒面吸收性太强或粒面磨损、以前翻新时吸收浆料太多。

此外，皮革在使用过程中还会造成脏污、损伤等，尤其当皮革粒面层磨伤后，各种污物就会渗入到皮革之内，难以除去。而划伤、撕伤、崩裂等损伤，都是皮革面使用过程中常见的缺陷。

2. 橡塑材料

橡塑是橡胶和塑料的统称，它们最本质的区别在于塑料发生的是塑性变形，而橡胶是弹性变形。换句话说，塑料变形后不容易恢复原状态，而橡胶相对来说就容易得多。塑料的弹性是很小的，通常小于 100%，而橡胶可以达到 1000%甚至更多。塑料在成型上绝大多数成型过程完毕产品制作过程也就完毕，而橡胶成型过程完毕后还需要进行硫化过程。

（1）橡胶

① 橡胶的种类。橡胶可分为天然橡胶及合成橡胶两大类。天然橡胶来自热带和亚热带的橡胶树。在橡胶树干上切开一个口，收集所流出的胶浆，然后经过去杂质、凝固、烟熏、干燥等加工程序，而形成的生胶料。合成橡胶由石化工业产生的副产品，依不同需求，合成不同物性的生胶料。但因合成方式的差异，同类胶料可分出数种不同的生胶，又经由配方的设定，任何类型胶料，均可变化成千百种符合制品需求的生胶料。

② 橡胶的老化现象。橡胶成品在使用过程中，随时间的推移而出现龟裂或硬化、橡胶物性退化等现象，称之为老化现象。引起老化的原因，有外部因素和内部因素。外部因素有氧气、氧化物、臭氧、热、光、放射线、机械性疲劳、加工过程的缺失等。内部因素有橡胶的种类、成型方式、键结程度、配合药物的种类、加工过程中的因素等。

（2）塑料

塑料是具有塑性行为的材料。所谓塑性是指受外力作用时，发生形变，外力取消后，仍能保持受力时的状态。塑料的弹性模量介于橡胶和纤维之间，受力后能发生一定形变。软塑料接近橡胶，硬塑料接近纤维。

① 塑料的种类。根据塑料的不同理化特性，可以把塑料分为热固性塑料和热塑料性塑料两种类型，前者无法重新塑造使用，后者可重复生产。由体型高分子制成的是热固性塑料：属于体型结构高聚物，由于没有独立的大分子存在，故没有弹性和可塑性，不能溶解和熔融，只能溶胀，硬度和脆性较大。由线型高分子制成的是热塑性塑料：属于线型结构（包括支链结构）高聚物，由于有独立的分子存在，故有弹性、可塑性，在溶剂中能溶解，加热能熔融，具有硬度和脆性较小的特点。

② 塑料的特性。大多数塑料质轻，化学性稳定，不会锈蚀，耐冲击性好，具有较好的透明性和耐磨耗性；绝缘性好，导热性低，一般成型性、着色性好，加工成本低；大部分塑料耐热性差，热膨胀率大，易燃烧，尺寸稳定性差，容易变形；多数塑料耐低温性差，低温下变脆，容易老化，某些塑料易溶于溶剂。

（3）橡塑材料在汽车上的使用

汽车内饰件大量使用橡塑材料，采用 PP 材料制造仪表板总成外壳已成主流。在欧洲，每年生产仪表板要耗用 12 万吨热塑性材料，其中 PP 材料就占了 5 万吨，接近一半。据专家预测，这一比例还会继续扩大。目前欧洲已开发出一种气味小、不易老化、低密度以及有更好的环境适应性的 PP 材料，并将其应用在轿车中。

化工生产企业开发出的聚酰胺工程塑料是一种新型材料，具有高刚性、优异的耐热和抗老化性能，适用于制作结构复杂、薄壁的零部件。该材料目前已经用于车身、结构件和发动机罩下面的零部件。工程塑料可以使汽车的重量降低 10%左右，能节省燃油消耗 5%，同时降低二氧化碳的排放。以塑代钢，降低车身重量，实现节能环保，塑料在汽车工业的发展中起到的作用越来越大。

3. 纤维材料

纤维材料有天然纤维材料和化学纤维两种。

（1）天然纤维材料

天然纤维材料是指由棉、麻、毛为原料加工制成的成品材料，其特性是安全环保、舒适性高，但是容易脏污，保养护理比较麻烦。

（2）化学纤维材料

化学纤维材料是用天然的或人工合成的高分子物质为原料，经过化学或物理方法加工而制得的制品的统称。根据所用高分子化合物来源不同，化学纤维材料可分为人造纤维和合成纤维。在汽车内饰中纤维材料也大量使用，比如顶棚、地板、座椅等都是使用纤维材料较多的地方。

① 人造纤维。人造纤维的生产受了蚕吐丝的启发。人造纤维是指用纤维素和蛋白质等天然高分子化合物为原料，经化学加工制成高分子浓溶液，再经纺丝和后处理而制得的纺织纤维。

其特点是手感柔软、光泽好，黏胶纤维像棉纤维一样柔软、像丝纤维一样光滑；吸湿性、透气性良好，黏胶纤维的基本化学成分与棉纤维相同，因此，它的一些性能和棉纤维接近，不同的是它的吸湿性与透气性比棉纤维好，可以说它是所有化学纤维中吸湿性与透气性最好的一种；染色性能好，由于黏胶纤维吸湿性较强，所以粘胶纤维比棉纤维更容易上色，色彩纯正、艳丽，色谱也最齐全。

② 合成纤维。合成纤维是由合成的高分子化合物制成的，合成纤维种类繁多，常用的合成纤维有涤纶、锦纶、腈纶、氯纶、维纶、氨纶等。合成纤维具有保温性强、电绝缘性较高、阻燃性好、弹性强、耐磨性较好、不易变形、耐热性好、化学稳定性好、耐腐蚀等特点。

4. 合金材料

在汽车装饰部件上使用的合金，绝大多数都是镀到基材上去的，主要是为了增加抗磨性、美观性，并满足车主不同口味等要求。

下面介绍几种汽车上常用的合金材料。

① 铝合金。由于铝合金质量轻、强度高，是现代轿车的车身使用材料的发展方向。如奔驰、宝马等高档轿车车身上就采用了大量的铝合金材料。

② 钛合金。钛外观似钢，纯钛机械性能强，可塑性好，易于加工。钛是容易钝化的金属，且在含氧环境中，其钝化膜在受到破坏后还能自行愈合，因此，钛对空气、水和若干腐蚀介质都是稳定的。钛的另一个重要特性是密度小。其强度是不锈钢的 3.5 倍，铝合金的 1.3 倍，是目前所有工业金属材料中最高的。

由于上述优异性能，钛享有“未来的金属”的美称。汽车上的钛合金内饰手感舒适，时尚动感，耐磨性好。钛合金主要用在变速杆手柄、转向盘、车门内衬板和仪表等处，如图 4-25 所示。

5. 木质和仿木质材料

木质或者仿木质材料也是轿车内饰的主要材料之一，通常镶嵌在仪表板、中控板（副仪表板）、变速杆头、门扶手、转向盘等地方。桃木或仿桃木材料具有美观、高雅、豪华等特点，其独有的花纹图案可获得特殊的装饰效果。因此，一些高中档轿车用胡桃木作内饰材料，配上真皮面料座椅、丝绒内饰面料等，相辅相成，尽显一种优雅与华贵的气氛。中低档轿车在车内配置仿桃木材料后，也可提高档次。

桃木内饰板确切的称呼是核桃木内饰，当然也有选择用樱桃木、胡桃木、花梨木、鸟眼枫木和橡木作内饰的，如图 4-26 所示。核桃内饰板原材料来自美国加州或泰国。在挑选时要求基

图 4-25 精美的钛合金内饰

图 4-26 华丽的桃木内饰

本没有结点，纹理拼接效果接近。加工内饰板时要接近根部切片，还要在不计其数的核桃木原料切片中选出纹理接近的材料进行衔接，其中工作量之大、难度之高可想而知。例如一套劳斯莱斯或宾利的内饰板要经过 17 天才能完成，成本极为昂贵。桃木内饰板要用砂纸打 2 遍，用传统封蜡抛光打磨 6 遍，总共 8 遍才算大功告成。

在汽车内饰中，木制品可能仅占一辆轿车各种材料的百分之一，但带来的收益会远远超过这个比例。因此，以前只有像劳斯莱斯这样的名车才采用的木质内饰，早已经被移植到其他车辆上，并且蔓延开来，还出现了仿木质材料。仿木质材料早在 20 世纪 70 年代已经出现，这是一种塑料制品，由 ABS、PVC（聚氯乙稀）、PC（聚苯乙稀）等材料制造。现代的贴膜技术可令仿制品做得惟妙惟肖、以假乱真，纹路、光泽与真的木质材料极为相似。甚至行家也只能靠油漆辨别真伪，因为只有木质品才需要多层油漆来防潮和防紫外线照射。另外，成批生产的塑料仿木质内饰的纹路图案可能是件件都一样，而天然的木质内饰的纹路图案却是独一无二的。现在有一些塑料制品需要喷涂专用清漆等涂层材料以抗老化，缩小了仿木质内饰件与木质内饰件的质量差距。还有一种制造方法，就是在塑料基体上粘贴上一层极薄的木质镶饰，使其看上去与木质装饰件完全一样，并自称为桃木装饰件。

（三）内饰装饰原则

在布置车内饰品的时候，应遵循以下 4 个原则。

1. 安全性原则

安全性永远都是第一位的。车内饰品绝不能有碍行车安全，如车内顶部吊物不宜过长、过大、过重，后风窗玻璃上的饰物不要影响倒车视线等，如图 4-27 所示。

图 4-27　过长的饰物

2. 实用性原则

在选择一些能充分体现个性的、精巧美观的饰品时，尽可能地根据车内空间的大小，选用实用的饰物，而且一定要保证品质，不然宁可不装，如茶杯架、香水瓶、储物盒等。

3. 舒适性原则

饰品应干净、卫生，摆放有序，给人一种轻松、舒适的感觉。车内饰品的色彩和质感要符合车主的审美情趣，香水要清新，不宜太浓等。

4. 协调性原则

饰品的颜色必须和汽车的颜色相协调，不可盲目追求高品位、高价位的东西，以免弄巧成拙。

## 三、任务实施

（一）内饰的装饰

1. 座椅的装饰

（1）座椅套装饰

安装座椅套装饰不用对座椅进行任何改动，直接加装在座椅的外面就可以，就像座椅的外衣一样。加装座椅套主要是为了改变座椅的风格，保护座椅，提高舒适性，如图 4-28 所示。

图 4-28 布艺座椅套

（2）坐垫装饰

汽车坐垫方便实用，夏天可以解暑降温，冬季可以防寒保暖，只需要简单的粘扣或挂钩就可以安装和拆卸，使用起来十分方便。好的汽车坐垫具有良好的透气能力，有利于消汗降温、透气保暖、干燥防潮，有一定的保健按摩功能，改善乘车人身体局部新陈代谢，促进血液循环，消除紧张疲劳，还会减少静电的产生。

汽车坐垫按使用季节的不同分为冬季坐垫、夏季坐垫和通用坐垫，按制造材料的不同可以分为毛坐垫（羊毛居多）、天然织物坐垫、混纺坐垫、竹制坐垫、石制坐垫等。

① 夏季坐垫。夏季坐垫大都采用凉爽透气的材料制成，比如棉毛混纺坐垫、亚麻坐垫、草编坐垫、蚕丝坐垫、冰丝坐垫、竹制坐垫、石制坐垫等，如图 4-29 所示。

② 冬季坐垫。冬季坐垫一般采用保暖性好的材料制成，比如各种皮毛就是良好的冬季坐垫材料。毛皮独有的奢华与尊贵，绝非其他人工材料所能比拟，还可以有效防止内室静电的产生。用皮毛制成的装饰品，高贵典雅、品味独特，但是皮毛材料容易脏污，清洗困难，使用时要注意保养，如图 4-30 所示。

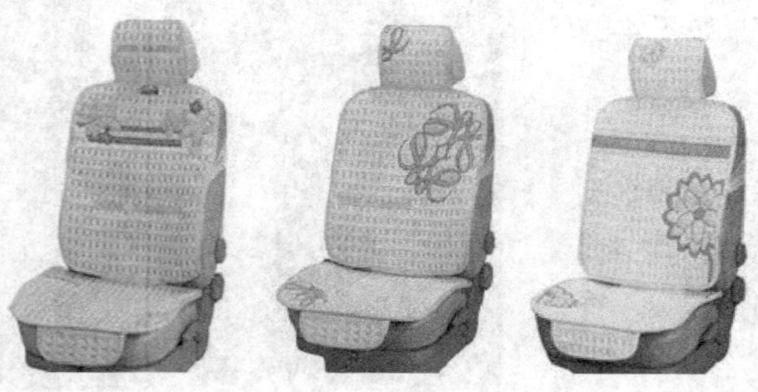

图 4-29 夏季坐垫

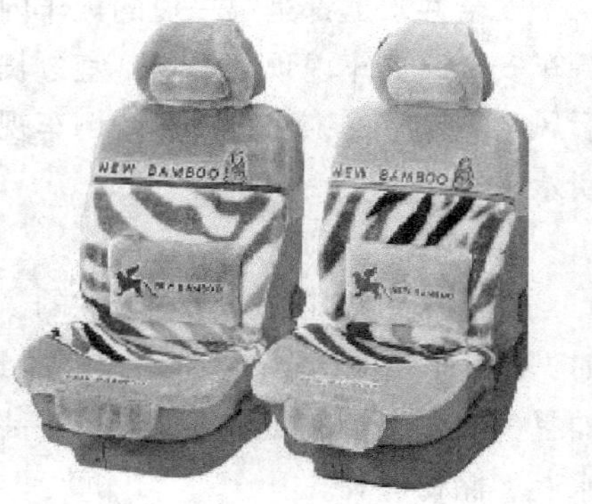


图 4-30 冬季坐垫

2. 转向盘装饰

（1）转向盘套装饰

汽车转向盘套类型繁多，主要作用为保暖和保护转向盘过度磨损，如图 4-31 所示。

（2）转向盘亮片装饰

① 按转向盘外观选择合适的装饰亮片。

② 清理安装处表面。将安装处表面清理干净，去除油污等，清理完成后确保安装处干燥。

③ 试安装。将装饰亮片安装到位，查看各处是否贴合并做适当调整，用裁纸刀轻轻刮去多余处。

④ 涂胶。将专用胶水均匀涂于粘接表面（亮片粘接表面和转向盘安装处表面都需要涂上胶水），在通风处放置 15min。

⑤ 安装固定。15min 后，胶水表面基本干燥（未干燥可以适当延长时间），将亮片安装到

位，并做固定。固定后 1h 可达到最大强度。

安装完成后可明显改变转向盘的风格，如图 4-32 所示。

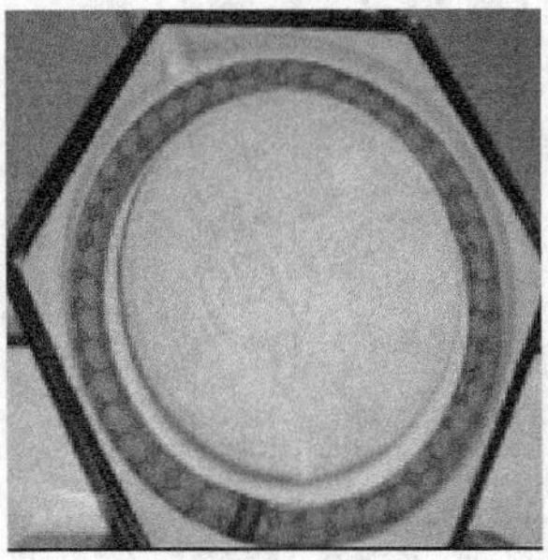

图 4-31　转向盘套

图 4-32　转向盘亮片装饰

注意　安装固定之前必须保证胶水基本干燥，否则影响安装效果，切勿将胶水涂到油漆表面；转向盘和亮片上胶水要涂匀，尽量涂薄一点。

3. 脚垫装饰

（1）透明汽车脚垫

透明汽车脚垫是一种典型的实用型汽车用品，它能有效地起到防水、防尘的作用，非常适合雨雪天气多的地区使用，如图 4-33 所示。一款好的透明脚垫应该有下列优点。

① 轻便。透明汽车脚垫通常都有薄和厚之分，薄而耐磨的比较好。厚的汽车脚垫相对来说是比较耐磨，但是高强度的耐磨性在实际使用中意义不大，而且厚的汽车脚垫大都比较重，使用不方便。

② 异味少。车厢是一个相对密封的环境，加上某些空气质量较差的城市开窗更难受，但是如果车窗紧闭，汽车脚垫又异味很大，那么车内的空气污染就更严重了。

③ 盆状造型。透明汽车脚垫的一大优点就是能有效地防水，但有些脚垫造型是比较平直的，这种造型的汽车脚垫防水性相对就要差些。平直的造型会容易导致水在汽车行驶过程中流到汽车脚垫的边缘，沿着边缘渗进脚垫的下方。而且，汽车的地板大多不是平直的，是呈“凹”字状的，那么平直造型的汽车脚垫放上去就不能很好地紧贴汽车的地板，这样的话，防水和防尘的效果就要大打折扣了。盆状的汽车脚垫能很好地解决以上两个问题，它不仅能很好地防止水在汽车行驶过程中到处乱窜，而且能很好地贴着汽车地板，起到良好的防水和防尘的作用。

（2）保暖脚垫

保暖脚垫是冬季时车内的必备用品之一。汽车地板是与地面接触最近的部件，冬季的冷空气会把低温直接传导到地板上来，加装优质的保暖脚垫，可以使脚部免受冰冻之苦。因为绝大多数的保暖脚垫都是毛料的，所以使用的时候要格外注意，因为清洁起来会比较麻烦，如图 4-34 所示。

（二）真皮内饰损伤的修复

1. 工具和材料

① 皮革修复剂。这是一种独特的白色膏状混合物，通过用 300℃左右的热风加热可快速固化。固化物透明、韧性好、强度高，对真皮、人造革、乙烯材料的黏附性好。

② 纹理压片。将皮革表面压出与其他部位相似的纹理。

图 4-33　透明脚垫

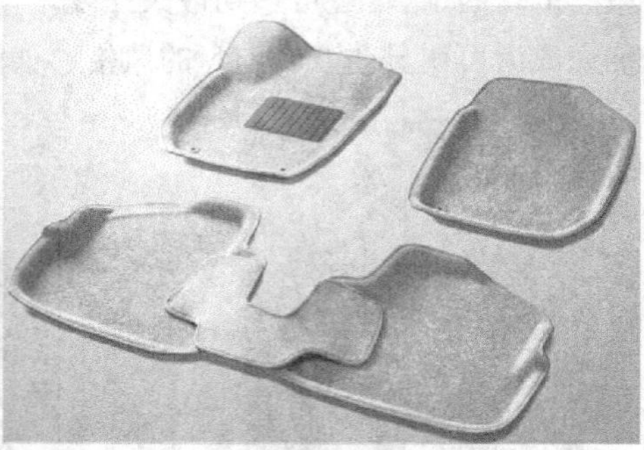

图 4-34　保暖脚垫

③ 内饰改色涂料。将其喷涂内饰表面，使皮革还原到最新状态。内饰改色涂料是一类超级柔性的水基涂料，安全环保，可用于真皮、人造革、塑料、乙烯材料以及绒布、地毯等材料，有很好的黏附力，持久耐用。其颜色大多与汽车原厂内饰配套，也可以根据配方调配出自己选择的任意颜色。

2. 修复步骤

① 将破损部位的毛边修剪整齐，做出斜坡状的茬口。

② 使用专用的清洁剂彻底清洗表面，并晾干。

③ 用塑料、皮革预处理剂清洗化学污物。

④ 用 400～600 号水磨砂纸打磨破损处的边缘，再次用皮革处理剂清洗，晾干。

⑤ 填充一薄层皮革修复剂，用热风枪加热到 300℃左右，至修复剂由白色变为透明为止。逐层填补，直到将破损部位填平。

⑥ 用内纹理片压制出与皮革相似的纹理。

⑦ 用上色涂料上色即可。

修复后的效果，如图 4-35 所示。

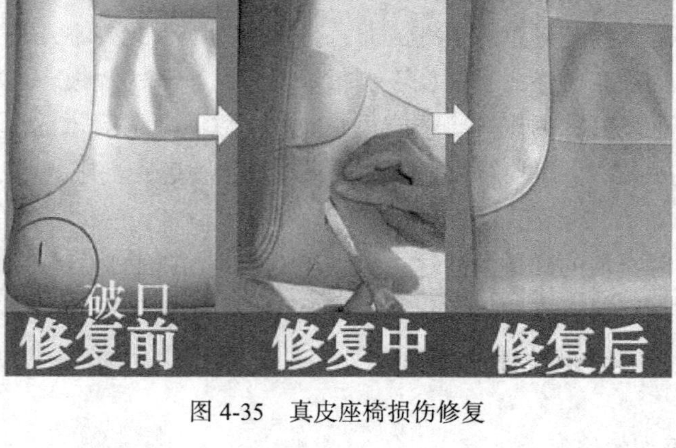


图 4-35　真皮座椅损伤修复

（三）内饰改色

转向盘、车门内饰板等处被磨损而掉色是避免不了的，香水等化学用品滴漏到仪表盘等部位也有可能对其造成腐蚀掉色。内饰掉色会显得车子很旧，暗淡无光。解决这些问题的办法就要用到内饰的翻新和改色工艺。

1. 拆卸零件

将需要翻新改色的内饰件拆卸下来，如车门内饰板、仪表板、A 柱内饰板、B 柱内饰板、C 柱内饰板、换挡杆下装饰板、转向盘下装饰板、扶手箱等，如图 4-36 所示。注意不要损坏板件上的卡子等安装部位。

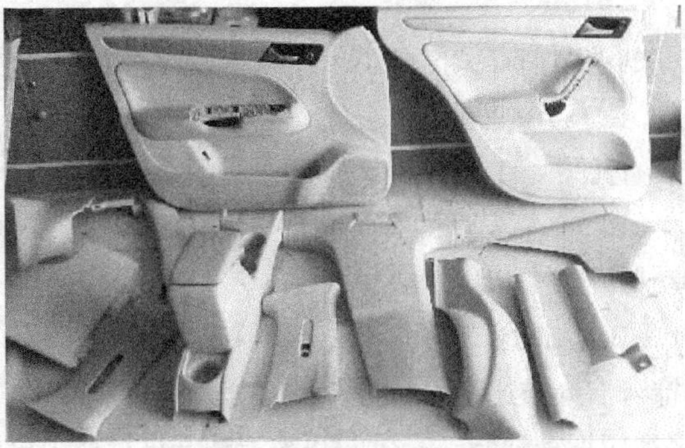

图 4-36　拆卸需要改色的内饰件

2. 重新上色

① 将拆卸下来的内饰板件进行清洁，并进行打磨处理。

② 按要求喷涂改色涂料，并进行干燥，如图 4-37 所示。

图 4-37　喷涂改色

3. 安装复原

将改色后的内饰板件重新安装，如图 4-38 所示。

图 4-38　安装复原

# 习　题

一、选择题

1. 具有腐蚀性和漂白性的杀菌消毒试剂是（　　）。

A. 84消毒液　　B. 过氧乙酸　　C. 来苏水　　D. 甲醛消除灵

2. 驾驶室内污染的主要有（　　）。

A. 噪声污染　　B. 有挥发性的有机溶剂　　C. 可吸入颗粒物　　D. 甲醛污染

3. 自动挡的汽车与手动挡的汽车相比，缺少（　　）踏板。

A. 离合器　　B. 制动器　　C. 加速　　D. 制动和加速

4. 下列对化纤织物内饰清洁剂描述错误的是（　　）。

A. 有效去除各种轻度污垢和油脂，有效防止被清洗纤维短期内再度遭受污染

B. 使用较为简单，直接喷洒在被清洁的材质上，稍等片刻后用干净软布擦干净即可

C. 呈酸性，不会伤及各种材质，对人体健康和环境无害

D. 防止和消除静电的产生

5. 下列对蒸汽清洗机使用描述错误的是（　　）。

A. 可以在加水的时候混合一定量的除臭消毒剂

B. 蒸汽不要喷到电子元件上，否则很容易将其损坏

C. 能够完美地清洁所有汽车内饰件

D. 使用完以后要将蒸汽机里的残余液体排干净，防止腐蚀

6. 在选用内饰材料时，除了要求具有良好的装饰性能和使用性能外，（　　）也已成为衡量汽车内部构件质量的一项重要指标。

A. 透气性　　B. 环保性　　C. 吸湿性　　D. 抗腐蚀性

7. 皮革按层次分类可以分为头层皮革和（　　）。

A. 粒面皮革　　B. 修面皮革　　C. 压花皮革　　D. 二层皮革

8. 在布置车内饰品的时候，应首要遵循（　　）原则。

A. 安全性　　B. 实用性　　C. 舒适性　　D. 协调性

9. 一款好的透明脚垫应该有轻便、异味少、（　　）等优点。

A. 盆状造型　　B. 防水　　C. 保暖　　D. 防震

10. 白色膏的皮革修复剂，要通过用（　　）快速固化。

A. 300℃左右的热风加热　　B. 紫外线照射

C. 红外线照射　　D. 阳光照射

二、思考题

1. 用高温蒸汽给汽车内饰消毒有何优缺点？

2. 如何正确使用高温蒸汽机？注意事项有哪些？

3. 汽车内饰材质有哪几类？

4. 如何正确鉴别真皮？

5. 简述真皮内饰损伤修复流程。

# 项目五

# 汽车玻璃的美容与装饰

汽车玻璃犹如一辆汽车的窗口，同时在汽车的整体安全上也扮演了一个重要角色。随着汽车玻璃技术的不断发展，汽车玻璃的科技含量越来越高，功能也在不断完善。

在汽车上与其他大的养护项目相比，汽车玻璃的保养的确是一个小细节，车主往往对“眼前”的风窗玻璃视而不见或重视不够。然而，汽车玻璃的确是关系到行车安全的重要因素之一。

## 任务一　汽车玻璃的清洁及保养

### 学习目标

1. 掌握汽车玻璃的使用标准
2. 了解汽车玻璃的种类
3. 熟悉汽车玻璃的清洁装置
4. 能够进行汽车玻璃的清洁和保养操作
5. 能够进行汽车玻璃清洁装置的维护操作

### 一、任务分析

明亮、坚固的车窗能够给车主带来安全的行车保障、一片清晰的视野、一个舒畅的驾车心情。冬天汽车风窗玻璃上很容易结冰霜，夏天汽车风窗玻璃上经常会有很多虫胶，春夏秋冬无数的灰尘也会给驾驶员造成很多的麻烦，所以，汽车玻璃的正确和及时保养就是必不可少的，如图 5-1 所示。

图 5-1　汽车前风窗玻璃

## 二、相关知识

（一）汽车玻璃的使用标准

1. 玻璃的种类

（1）平板玻璃

平板玻璃是指未经其他加工的平板状玻璃制品，也称白片玻璃或净片玻璃。平板玻璃按生产方法不同，可分为普通平板玻璃和浮法玻璃；按其用途可分为窗玻璃和装饰玻璃。平板玻璃根据其外观质量进行分等定级，普通平板玻璃分为优等品、一等品和二等品 3 个等级。玻璃的弯曲度不得超过 0.3%。

平板玻璃的用途有两个方面：3～5mm 的平板玻璃一般直接用于门窗的采光，8～12mm 的平板玻璃可用于隔断。平板玻璃另外的一个重要用途是作为钢化、夹层、镀膜、中空等玻璃的原片。

（2）安全玻璃

安全玻璃是指与普通玻璃相比，具有力学强度高、抗冲击能力强的玻璃。其主要品种有钢化玻璃、夹层玻璃、钛化玻璃和夹丝玻璃。

① 钢化玻璃。钢化玻璃又称强化玻璃，是用物理的或化学的方法，在玻璃表面上形成一个压应力层，使玻璃本身具有较高的抗压强度，不易造成破坏。当玻璃受到外力作用时，这个压力层可将部分拉应力抵消，避免玻璃的碎裂，从而达到提高玻璃强度的目的。钢化玻璃的弹性比普通玻璃大得多，一块 1200mm×350mm×6mm 的钢化玻璃，受力后可发生达 100mm 的弯曲挠度，当外力撤除后，仍能恢复原状。而普通玻璃的弯曲变形只能有几毫米。钢化玻璃热稳定性好，在受急冷急热时不易发生炸裂，最大安全工作温度为 288℃，能承受 204℃的温差变化。使用时应注意的是，钢化玻璃不能切割、磨削，边角不能碰击、挤压，需按现成的尺寸规格选用或提出具体设计图纸进加工定制。

② 夹层玻璃。夹层玻璃是在两片或多片玻璃原片之间，用 PVB（聚乙烯醇丁醛）树脂胶片，经过加热、加压粘合而成的平面或曲面的复合玻璃制品。夹层玻璃的层数有 2、3、5、7 层，最多可达 9 层。PVB 膜片具有较大的韧性，在承受撞击时会拱起，从而吸收一部分撞击能量，具有一定缓冲作用。由于胶片的粘合作用，一旦玻璃破碎，内外两层玻璃的碎片仍能粘接在 PVB 膜片上，碎片也不会飞扬伤人。

汽车后风窗玻璃常用的电热玻璃、天线夹层玻璃等都是夹层玻璃。遮阳夹层玻璃，是在前风窗玻璃上方加上一层彩色膜片，由深而浅，在某种程度上起遮阳作用。

③ 钛化玻璃。钛化玻璃也称永不碎铁甲箔膜玻璃，是将钛金箔膜紧贴在任意一种玻璃基材之上，使之结合成一体的新型玻璃。钛化玻璃具有高抗碎、高防热及防紫外线等功能。不同的基材玻璃与不同的钛金箔膜可组合成不同色泽、不同性能、不同规格的钛化玻璃。钛化玻璃常见的颜色有无色透明、茶色、茶色反光、铜色反光等。

④ 夹丝玻璃。夹丝玻璃也称防碎玻璃或钢丝玻璃。在玻璃熔融状态下将经预热处理的钢丝或钢丝网压入玻璃中间，经退火、切割而成。夹丝玻璃的特点是安全性和防火性好。夹丝玻璃多用于建筑上，汽车上很少用到。

（3）环保玻璃

环保玻璃是指能够间接节能的玻璃，包括吸热玻璃和热反射玻璃。许多轿车的风窗玻璃通过镀膜、采用反射涂层工艺或改善玻璃的成分，只让太阳可见光进入车厢内，挡住紫外线和红外线，在很大程度上减轻了乘车人受到的炎热之苦。这种称为“绿色玻璃”的现代轿车玻璃已经广泛使用。

① 吸热玻璃。吸热玻璃是能吸收大量红外线和一定量紫外线辐射能，并保持较高可见光透过率，还可起到反眩作用的平板玻璃。如 6mm 厚的透明玻璃，在太阳光照下总透过热为 84%，而同样条件下吸热玻璃的总透过热量为 60%。吸热玻璃已广泛用作汽车、轮船挡风玻璃等，起到隔热、防眩、采光及装饰等作用。

② 热反射玻璃。热反射玻璃是有较高热反射能力而又保持良好透光性的平板玻璃。热反射玻璃的热反射率高，如 6mm 厚玻璃的总反射热仅 16%，同样条件下，吸热玻璃的总反射热为 40%，而热反射玻璃则可高达 61%，因而常用它制成中空玻璃或夹层玻璃，以增加绝热性能。

2. 汽车玻璃使用标准

加工完毕的成品汽车玻璃，从外观上看应没有明显的气泡和划痕。为了保证汽车玻璃质量，行业将汽车玻璃按照加工工艺分成夹层玻璃、区域钢化玻璃、钢化玻璃、中空安全玻璃和塑玻复合材料五类，其中夹层玻璃安全性能最高。

（1）前后风窗玻璃的使用标准

① 国家标准规定，夹层玻璃和塑玻复合材料适用于所有机动车；区域钢化玻璃适用于不以载人为目的的载货汽车，不适用于以载人为目的的轿车及客车等；钢化玻璃适用于设计时速低于 40km/h 的机动车。

② 前风窗玻璃透光率不得低于 70%。

③ 轿车的曲面风窗玻璃要做到弯曲拐角处的平整度要高，不能出现光学上的畸变，从驾驶座的任何角度观看外面的物体均不变形、不眩目。

现代轿车前后风窗玻璃一般都做成整体一幅式的大曲面型，上下左右都有一定的弧度。这种曲面玻璃不论从加工过程还是从装嵌配合来看，都是一种技术要求十分高的产品，因为它涉及车型、强度、隔热、装配等诸多问题。轿车风窗玻璃采用曲面玻璃，首先从空气动力学的角度考虑，因为现代轿车的正常时速大都超过 100 千米，迎面气流流过曲面玻璃能减少涡流和紊流，从而减小空气阻力。加上窗框边缘与车身表面平滑过渡，玻璃与车身浑然成一体，从视觉上既感到整体的协调和美观，又可以降低整车的风阻系数。另外，曲面玻璃具有较高的强度，可以采用较薄的玻璃，对轿车轻量化有一定的意义。

（2）其他位置玻璃的使用标准

夹层玻璃、区域钢化玻璃、钢化玻璃、中空安全玻璃和塑玻复合材料玻璃，可以应用在机动车的除前风窗玻璃以外的其他位置。

（二）汽车玻璃的种类

1. 按安装方式分类

按玻璃的安装方式不同，汽车玻璃可以分为固定式玻璃和移动式玻璃。

① 固定式玻璃分为橡胶密封条固定和粘接剂固定两种，轿车的前后风窗玻璃为典型的固定式车窗玻璃。对于粘接式固定的玻璃，其外围边缘表面会用专用涂料（用氧化物着色剂如氧化铬、氧化钴和氧化镍使涂料呈黑色）涂装形成不透明框，即所谓“黑边框”。“黑边框”能保证玻璃的粘接强度，增加玻璃整体美观性，还能避免粘接剂在阳光下曝晒可能引起的老化。

② 移动式车窗玻璃有上下移动式、前后平推式、旋转式等多种类型。这种形式的玻璃在汽车上多为侧窗玻璃，可起到便于通风换气的作用。

2. 按玻璃的类型分类

随着汽车玻璃技术的发展，满足不同功能的新型汽车玻璃相继出现，下面介绍几种汽车上使用的特殊类型玻璃。

① 中空玻璃。中空玻璃是由两片或多片浮法玻璃组合而成的，玻璃片之间夹有充填了干燥剂的铝合金隔框，用丁基胶粘接密封后，再用聚硫胶或结构胶密封。高档豪华大客车的前风窗玻璃多为中空玻璃。

② 包边玻璃。包边玻璃是汽车安全玻璃的总成化产品。玻璃包边设计不仅满足了汽车厂家对审美的需求，同时也使玻璃与车体更紧密地结合在一起，具有提高汽车生产线装配效率、缩短装配周期和增强玻璃强度、提高密封性、降低噪声等优点。上海大众帕萨特 B5 风窗玻璃就采用了包边技术。

③ 防弹玻璃。防弹玻璃是由三层以上的玻璃与 PVB 胶片组合所生产的夹层玻璃，可以成功地抵御子弹的穿透及子弹击碎的玻璃碎片的伤害。玻璃的防弹性能很大程度上取决于它的总厚度和子弹能量。

④ 憎水玻璃。憎水玻璃技术可以被应用在汽车风窗玻璃中。使用憎水汽车玻璃，在下雨时，雨水会迅速从上方滑出风窗玻璃的范围，可以增加驾驶者的视野，减少发生事故的可能性。憎水特性在普通的驾驶条件下可以持续 6 个月以上。这个技术不是用来取代刮水器的，而是和刮水器共同配合来达到最优驾驶视野的。

⑤ 天线玻璃。天线玻璃在玻璃夹层中夹有很细的铜丝，用以代替拉杆天线。与普通鞭式天线相比，由于玻璃天线的天线隐藏在玻璃中，可以避免天线杆拉进拉出的麻烦，又不致发生腐蚀，因此也叫隐藏式天线。

⑥ 隔音玻璃。汽车在行驶过程中，乘车人在车内会听到来自很多方面的噪声，如发动机噪声、车轮与地面摩擦产生的噪声、汽车本身振动产生的噪声以及风噪等。普通的汽车玻璃能阻隔一部分噪声，但是无法满足现代乘车人对噪声舒适性的要求。隔音玻璃能达到这种降低噪声的要求。

⑦ 隔热玻璃。汽车玻璃面积越来越大，因此透过汽车玻璃传递到车内的热量也相应增加。有一种反红外线辐射银膜玻璃，在多片夹层玻璃中加入镀银薄膜，只让阳光中的可见光进入车厢内，挡住紫外线和红外线。其红外线反射率为 48%。当阳光通过这种看似普通的玻璃时，光和热会减少 23%。这种玻璃起到隔热节能作用，可相对减少空调能量损失。所以隔热玻璃又被称为“绿色玻璃”。

⑧ 加热玻璃。在北方寒冷地区的汽车风窗玻璃容易雾化结冰，可加温的汽车玻璃可解决这一问题。这种夹层玻璃是在两层玻璃与 PVB 薄膜结合时，中间夹入极细的钨丝，通过电阻器与电路连接，通电后钨丝发热，可将玻璃表面的水分蒸发，起到防霜、防雾化、防结冰的作用。车窗加热丝具有一定的加热范围，热功率可达到 $3\sim5W/cm^2$。加热玻璃有两种不同的加热方式：夹丝加热和印刷材料加热。

（三）汽车玻璃的清洁装置

风窗玻璃的清洁装置主要由喷水装置和刮水装置组成，还包括仪表板上对着玻璃的吹风口，以及后窗玻璃的加热除霜装置。有些两厢车型还有后风窗的喷水和刮水装置。

1. 前风窗玻璃的清洁装置

（1）喷水装置

喷水装置由玻璃清洗液储液壶、水泵、喷水嘴、输水管和控制开关组成。

① 其中储液壶一般是 1.5～2L 的塑料罐。

② 水泵是一种微型电动离心泵，通过它将储水箱的玻璃清洗液输向喷水嘴。

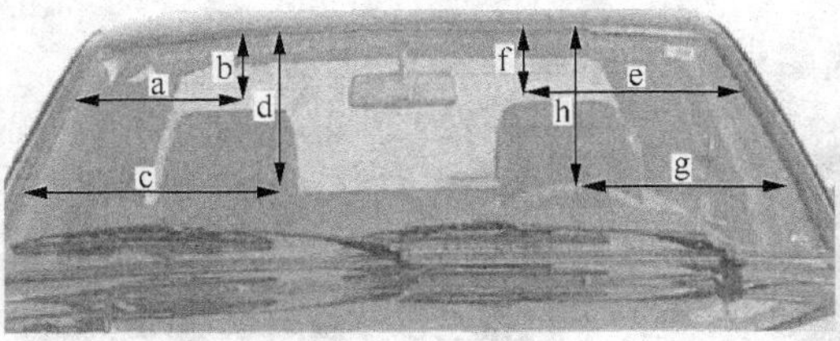


a—335mm b—230mm c—420mm d—420mm
e—330mm f—210mm g—350mm h—490mm

图 5-2 玻璃喷水器喷水位置

③ 喷水嘴的挤压作用将清洗液分成细小的射流喷向风窗玻璃，配合雨刮器起到清洁风窗玻璃的作用。有 4 个喷水嘴的喷水器喷水时，喷到前风窗玻璃的位置如图 5-2 所示。

（2）刮水装置

刮水装置由电动机（减速器、连杆机构与电动机制成一体）、刮水器和控制开关组成。

① 电动机是整个刮水装置的核心，质量要求是相当高的。它采用直流永磁电动机，一般与蜗轮蜗杆机械部分做成一体。蜗轮蜗杆机构的作用是减速增扭，其输出轴带动连杆机构，通过连杆机构把连续的旋转运动转变为左右摆动的运动。

② 刮水器的刮片胶条是直接清除玻璃上雨水和污垢的工具。刮片胶条通过弹簧条压向玻璃表面，它的唇口必须与玻璃角度配合一致，方能达到所要求的性能。

③ 刮水器开关多数在方向盘下部，按提示操作可以控制喷水器和刮水器工作。刮水器普遍可分为快挡、慢挡和间歇控制挡。其中间歇控制挡一般是利用电机的回位开关触点与电阻电容的充放电功能使雨刮器按照一定周期刮扫，即每动作一次停止 2～12s 时间，对司机的干扰更少。有些车辆的刮水装置还装有电子调速器，该调速器附带感应功能，能根据雨量的大小自动调节刮水器摆臂的摆动速度，雨大刮水臂转得快，雨小刮水臂转得慢，雨停刮水臂也停。通常，驾驶员关闭刮水器时，无法将其停在适当的位置，从而阻碍驾驶员的视线。为解决这一问题，刮水器设有一个回位开关。该开关控制刮水器电机，当刮水臂停在风窗玻璃下的适当位置时，电机才会停止运转。

（3）仪表板上对着玻璃的空调出风口也是给风窗玻璃除霜、除雾的。在夏季的雨天或汽车内外温差较大，尤其是北方地区到了秋季以后，汽车玻璃的内表面很容易产生雾气，妨碍驾驶员视线，严重影响行车安全。在驾驶室内温度高的情况下，可以用冷风除雾；在驾驶室内温度低的情况下，可以打开暖风，雾气和霜就会消失了。

2. 后风窗玻璃的清洁装置

① 加热除霜。后风窗加热除霜装置由加热线和控制开关组成。加热线是镍铬合金材料制成的除雾线，当打开加热开关时（见图 5-3），玻璃会慢慢加热，使水珠蒸发，不影响后视视线。

② 许多两厢轿车还装置了后窗玻璃雨刮器和喷水器，如图 5-4 所示，以保证驾驶人雨天能看清车后的景象。

图 5-3 后风窗加热开关

3. 前照灯清洁装置

在一些高级轿车上，在前照灯处还有一套大灯清洗装置，用以清除前照灯玻璃上的尘埃等污物，保证前照灯明亮。前照灯洗涤用的清洗液由风窗玻璃储液罐提供，其喷水嘴的位置要设置合理才能使车辆在任何速度下都能使洗涤液喷到灯面上。一般的前照灯喷水嘴都是隐藏在保险杠蒙皮内的，只有在需要时才伸出，如图 5-5 所示。

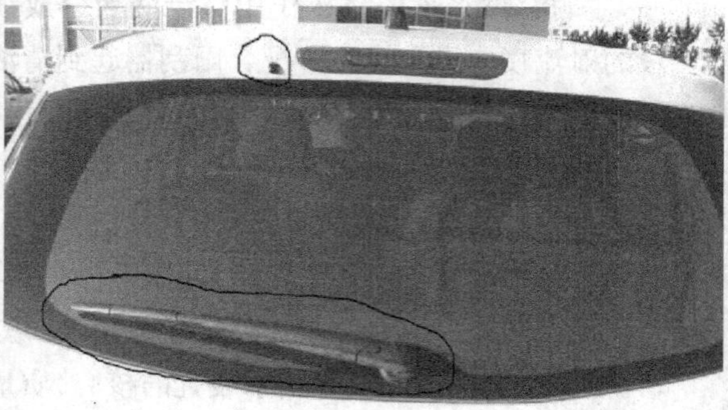

图 5-4 后风窗的喷水器和刮水器

图 5-5 前大灯清洗装置

据欧美一些国家的法规规定，当前照灯脏污到照明度降到 20%时，前照灯清洗装置应当在 8s 内洗涤干净污垢，使照明度恢复到 80%。

## 三、任务实施

（一）玻璃的清洁及保养

1. 玻璃清洁保养剂

玻璃清洁保养剂可以使用在玻璃表面以及镀铬件的表面，迅速清洁其上的污渍。如果身边没有专用的玻璃清洗剂，也可以自己动手配制。只须将清水与家用洗洁精或婴儿沐浴露按 100∶1 的比例混合，即可制作完成。自制的玻璃清洗液不但能清洁玻璃，还能起到一定的防雾效果；缺点是保养功能持续时间较短，一般几天就需要再清洗一次。要想达到良好的清洁效果，还是要使用专业的玻璃清洗剂。

2. 玻璃清洁保养

（1）车门玻璃的清洁保养

① 将车窗玻璃清洗干净，并刮去水分，将玻璃擦干，如图 5-6 所示。玻璃内部也要清洁干净。

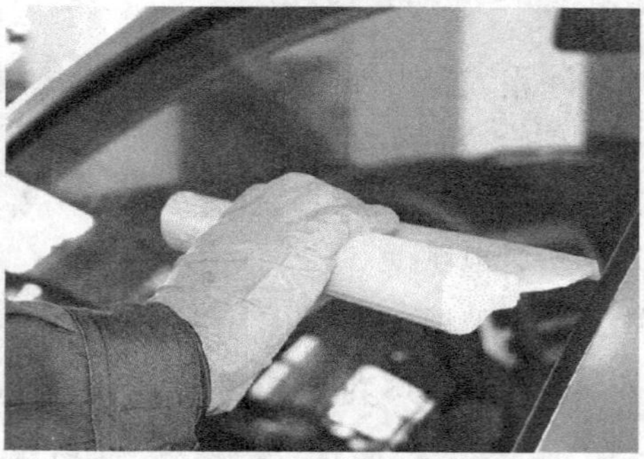

图 5-6 清洁车窗玻璃外部

② 在车窗玻璃内部均匀地喷涂玻璃保养剂，并用毛巾擦拭均匀，使玻璃清澈透明，如图 5-7 所示。

（2）风窗玻璃的清洁保养

① 将前风窗玻璃刮水器升起，彻底清洁玻璃，如图 5-8 所示。

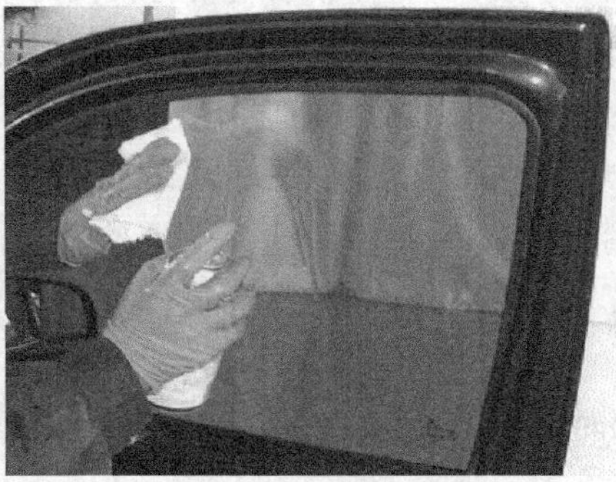

图 5-7 保养车窗玻璃

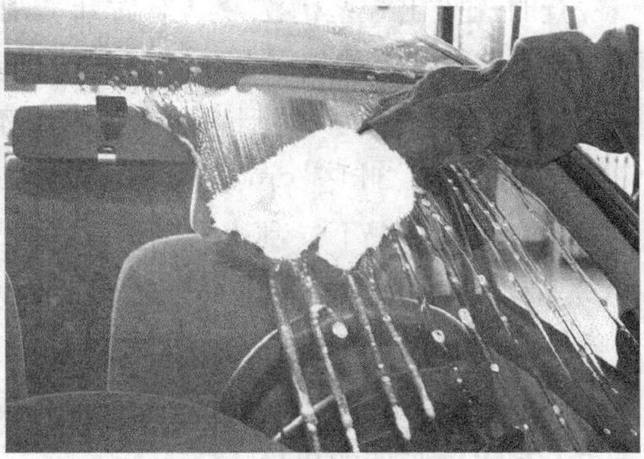

图 5-8 清洁风窗玻璃

② 如果还有不能清洗掉的顽固污渍，可以使用火山泥或者专用的清洗剂进行清理，如图 5-9 所示。但是一定不要使用尖利的工具或材料，以免造成玻璃划痕。

③ 风窗玻璃清洁并擦干后，在玻璃内部喷涂保养防雾剂并擦干，对风窗玻璃进行保养，如图 5-10 所示。

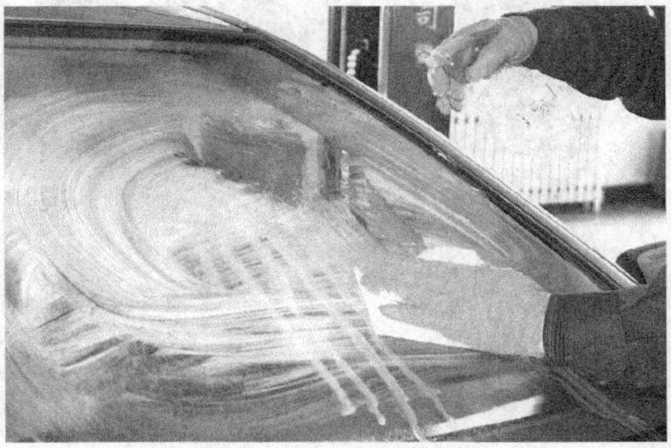

图 5-9 清除顽固污渍

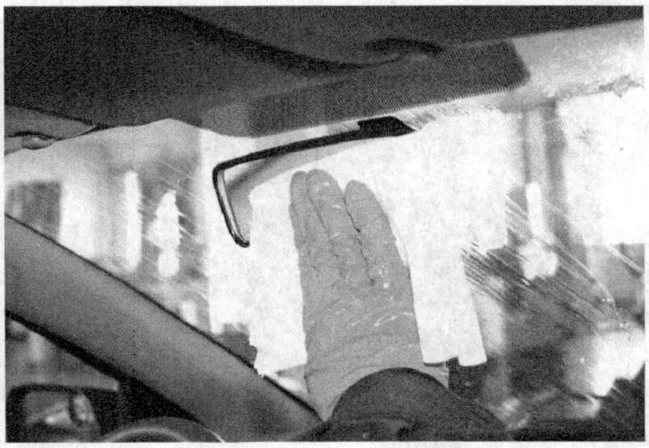

图 5-10 保养风窗玻璃内部

（二）汽车玻璃清洁装置的维护

1. 喷水器检查

① 喷水位置检查。检查喷水位置是否符合要求，如果喷水位置有偏差，则在刮水的时候会有影响。喷嘴可以用针头调整其喷水位置，调整针的直径不得大于 1mm，否则容易损坏喷嘴。

② 喷水形状检查。每个喷水器有两个喷水嘴，能喷出两道水流。水流要直线喷出且均匀，稍呈雾状，如图 5-11 所示。喷

图 5-11 检查喷水形状

水效果不好，有时是因为喷嘴被灰尘堵塞造成。冬天喷嘴内可能会结冰而无法进行调整，必须先使喷嘴中的冰融化而后再进行调整。

2. 刮水器维护

（1）刮水器检查

检查时先喷出一些清洗液，然后开动刮水器，留意它的动作是否流畅、是否有较大的“刮刮”声，如有的话，就表示刮水器过分压向玻璃，必须做出适当的调校。刮水器常见问题如下。

① 刮水状态不好。如刮水后产生带状条痕、雾状条痕、细水现象等。

② 异响。有“咔嗒”声或刺耳的噪声，这通常是由于胶条磨损老化、臂杆及支架损坏所导致。在无润滑的情况下，刮水器刮扫干净玻璃时也会有摩擦声。

③ 刮水器扬升现象。这种现象尤其容易出现在长尺寸的刮水器。当汽车高速行驶时，因刮水器受风力而上扬，导致部分玻璃未被刮扫到。

④ 刮水器胶条老化或损坏。发现此种问题以后要及时更换，否则会对玻璃造成损坏。

（2）刮水器胶条的更换

损坏的刮水器胶条要及时更换，更换的步骤如下。

① 将刮水器升起，并将刮水器头部翻转，使刮水胶条向上。

② 然后向下压刮水器胶条支架，支架就会与操纵臂前端的挂钩分离，如图 5-12 所示。

③ 取下旧的胶条，并更换新的刮水胶条，如图 5-13 所示。然后将更换了新胶条的支架安装到操纵臂上，并检查刮水器的工作情况，如果需要可做适当调整。

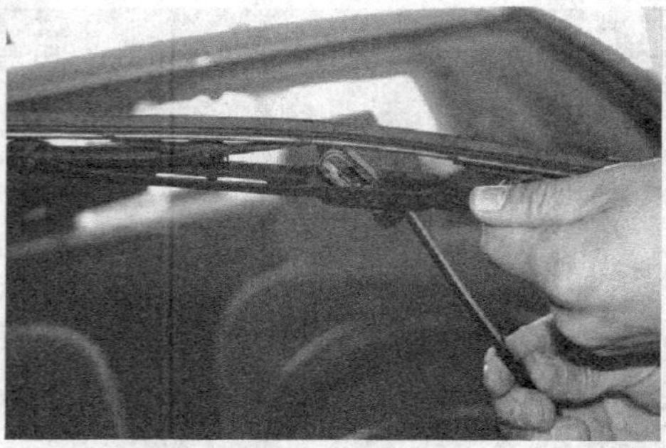

图 5-12　拆卸刮水器胶条支架

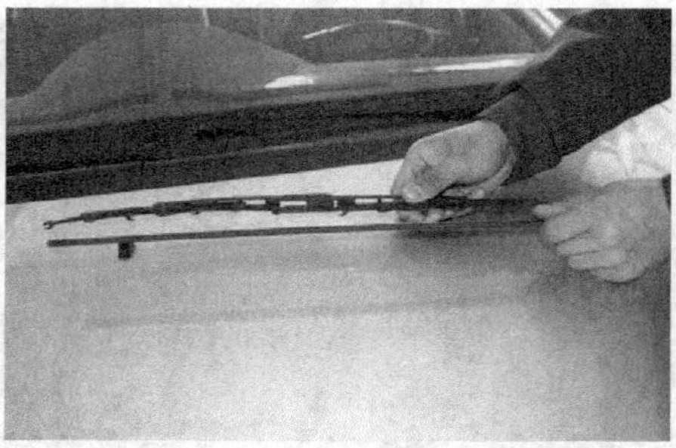

图 5-13　更换刮水胶条

# 任务二　汽车玻璃的损伤修复

## 学习目标

1. 掌握汽车玻璃损伤的类型
2. 掌握汽车玻璃损伤修复工艺
3. 能够进行玻璃划痕损伤修复操作
4. 能够进行玻璃裂纹损伤修复操作

## 一、任务分析

在高速行车时，很多人都有过挡风玻璃被石子或其他硬物弹裂的经历。遇到这种情况，如果为了一个小裂痕就换掉整块玻璃，实在是不值得。如果置之不理，风压又会让裂缝越扩越大，不仅影响美观，而且会对安全造成威胁。这时，做汽车玻璃修补是较理想的解决办法，它针对玻璃裂缝或小伤口进行处理，操作时间短，不会影响日常用车。

## 二、相关知识

1. 汽车玻璃损伤的种类

玻璃的特性是硬度高、透明度高。但是玻璃材质也非常脆，“宁碎不弯”，当受到外力撞击时容易受损伤，受损后维修难度大。玻璃损伤的类型有划痕损伤和裂纹损伤两大类。

（1）划痕损伤

汽车玻璃的划痕损伤是由于受到硬物摩擦而在表面产生的很浅的印痕。前风窗玻璃上最容易出现划痕损伤，形成原因大多是由于刮水器造成的，比如在未喷玻璃清洗液的情况下刮水器刮脏污的风窗玻璃就很容易产生划痕。玻璃划痕不但影响美观，更主要的是会影响驾驶员的视线，给行车安全带来隐患。

（2）裂纹损伤

汽车玻璃的裂纹损伤是由于玻璃受到外力作用，从外表到内部产生分裂，严重的会从外表面到内表面完全裂开。并且，裂纹会随着继续受力而逐渐扩大，甚至造成整块玻璃完全断开。玻璃裂纹损伤也会严重影响美观，并且给行车安全带来更多的隐患。

一般汽车玻璃的裂缝会出现三种形状，分别是线形裂纹、圆形裂纹和星形裂纹。更多的时候是多种损伤同时出现的复合形式，维修难度加大，维修后的效果也不会让人满意。

① 线形裂纹损伤多见于粘接安装的汽车前挡风玻璃。在使用中，受到剧烈振动后局部受力不均、玻璃表面温度变化过大、重新安装的玻璃位置不佳等，这些原因都会产生线形裂纹。线形裂纹出现后，若不及时处理会不断变大，最后造成整块玻璃报废，如图 5-14 所示。

② 圆形裂纹损伤是由于玻璃表面受到外物撞击，造成表面缺损，形成边缘比较规则的圆形凹陷，如图 5-15 所示。

图 5-14　线形裂纹

图 5-15　圆形裂纹

③ 星形裂纹损伤是玻璃受到外物撞击后，形成以撞击点为中心向四周发散的裂纹，如图 5-16 所示。

图 5-16　星形裂纹

2. 汽车玻璃损伤修复

（1）划痕损伤的修复

玻璃划痕损伤的修复方法与车身涂膜划痕抛光美容方法相似，但是需要使用玻璃划痕修复专用研磨剂和抛光剂进行抛光和修复。

（2）裂纹损伤的修复

玻璃裂纹损伤的修复主要是在裂缝中填补玻璃修补剂，消除缝隙。填补缝隙所用的材料是一种透明度很高的液态胶质，这种胶质通过紫外线加热可迅速凝固，强度可达到原玻璃的 90%以上，并且保证玻璃的透光性良好。

通常一个圆形裂纹，在修补完成以后只会剩下一个小小的圆形痕迹，如图 5-17 所示；星形裂纹修补完会留下蛛丝状的裂纹；线形裂纹只会留下一条隐隐约约的线，而且只有在某个反光的角度，才看得到修补的痕迹，平时看到的仍然是一块“天衣无缝”的好玻璃。

不是任何破损都可以做玻璃修补的，一旦玻璃已经断裂分离，或是破成碎片，都是不可修复的，如图 5-18 所示。而且若是裂痕太大，修补费用也许会与换新玻璃不相上下，何况修补还会留下疤痕。因此，汽车玻璃的修补，只有在破损不大的情况下采用，方可省时省钱。

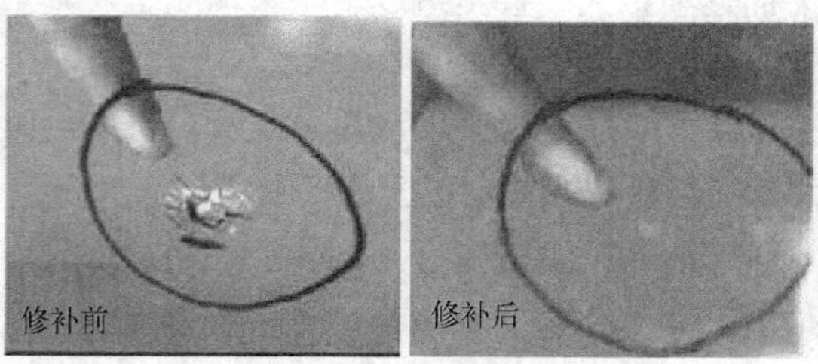


图 5-17　玻璃圆形裂纹修补后

图 5-18　破损严重的汽车玻璃

## 三、任务实施

汽车玻璃裂纹的修复

1. 准备

① 将玻璃表面清洁干净，尤其是有裂纹的部位。清洁干净以后，玻璃表面要保持干燥。

② 保护好仪表板等内饰，防止在施工时玻璃修补剂滴落到内饰表面而造成损伤。

③ 准备好玻璃裂纹修补用的材料和设备，如粘接剂、紫外线灯等。

2. 施工流程

① 将玻璃裂纹修补支架固定在需要修补的裂纹处，调整好位置和合适高度，确保安装牢固，如图 5-19 所示。

② 在支架上安装加液器，保证加液器的加液口与裂纹对正。

③ 用真空注射器将玻璃伤口内的空气抽掉。

④ 在加液口填以玻璃修补剂（液态胶质）。经过反复几次抽压后，修补的空间至少会有 90%

盛满了填补液。此后裂纹逐渐变小，直至消失，如图 5-20 所示。

图 5-19　安装支架

图 5-20　填补裂纹

⑤ 用紫外线灯上下左右各照射 2min，让修补剂凝固，如图 5-21 所示。

图 5-21　紫外线灯烘烤

注意

紫外线对人体有伤害，在使用时要注意做好防护，切记不可直接照射人体。

⑥ 修补剂凝固后，伤口的中心点还会有一个小缺口，这时再滴入浓度较高的修补剂，盖上玻璃片，同样用紫外线灯照射烘干。

⑦ 用刀片将表面多余的玻璃修补液刮除，涂上玻璃专用抛光剂，用布磨光即可，如图 5-22 所示。

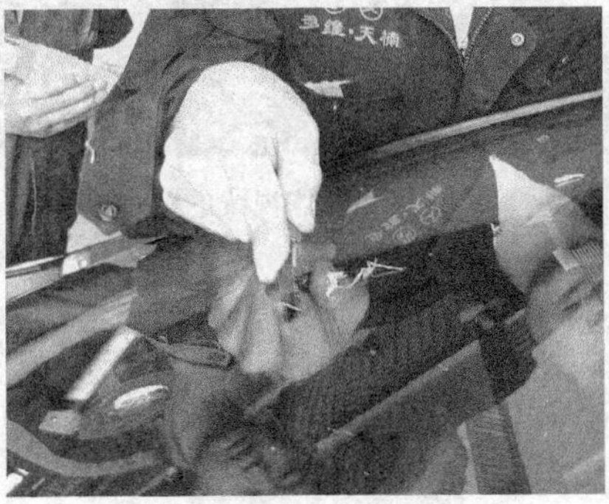

图 5-22　刮平

注意

用刀片刮平时，使用的刮刀刃口要光滑，不能将玻璃表面划伤。

# 任务三　汽车玻璃的贴膜工艺

### 学习目标

1. 掌握汽车玻璃膜的种类和特性
2. 掌握汽车玻璃膜正品的鉴别方法
3. 掌握汽车玻璃膜下料工艺
4. 掌握汽车玻璃膜裁膜工艺
5. 掌握汽车玻璃膜热成型和排水工艺

## 一、任务分析

汽车玻璃洁净明亮，透光性好，能保证驾驶员有良好的视野，保证行车安全，但是太阳光中的有害射线也会照射进来。红外线热能高，会提高驾驶室的温度，增加空调的使用频率。紫外线具有破坏性，皮肤长期受紫外线侵害，会加速老化，严重的可引发皮肤癌和眼部疾病。同时，紫外线还可能灼伤汽车内饰，使一些皮件老化。很多车辆采用窗帘来挡光和保护隐私，但是严重影响视线，如图 5-23 所示。给汽车玻璃粘贴上汽车玻璃膜所有的问题就能迎刃而解了。

图 5-23　影响视线的窗帘

## 二、相关知识

（一）太阳光

1. 太阳光谱

汽车内温度的升高和内饰受到紫外线的损失都是由太阳光引起的，太阳光中不单只有对我们有用的可见光，还有我们看不到的紫外线和红外线。太阳光是复色光，复色光经过色散系统分光后按波长的大小依次排列的图案就是太阳光谱，如图 5-24 所示。

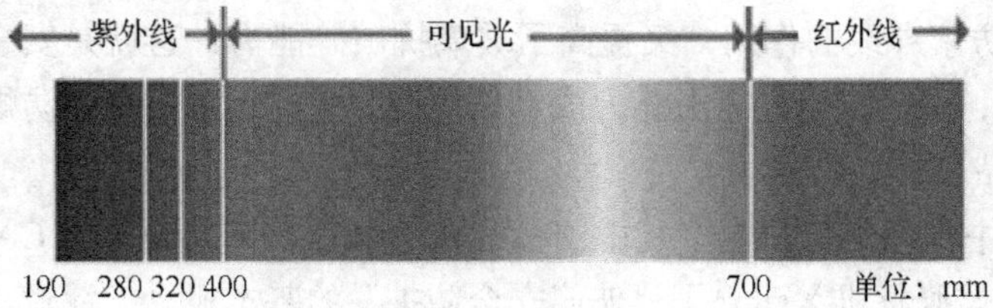


图 5-24　太阳光谱中的紫外线、可见光、红外线

① 可见光（VL），波长大约在 400～700nm。可见光是我们所需要的，并且可见光带有的热能很少，也不像紫外线那样有伤害性。

② 红外线（IR），波长大于 700nm。红外线能辐射大量的热能，升高温度是它的拿手好戏。

③ 紫外线（UV），波长小于 400nm。紫外线是有危害的射线，按照波长范围的不同将其分为 3 种。

• UV-A，波长为 320～400nm，能够到达地面，照射时间过长会导致真皮细胞变质，激活黑色素细胞，使皮肤老化，出现“老年斑”等色斑现象。

• UV-B，波长为 280～320nm，部分能够到达地面，损害人类皮肤细胞中的 DNA，是皮肤癌发病的主要原因之一。

• UV-C，波长为 190～280nm，基本不能到达地面，危害性最大，严重的可以导致生物死亡。

2. 相关专业术语

① 可见光透过率。该参数表示透过玻璃的可见光通量与太阳光入射可见光通量之比。

这项性能指标对汽车前挡膜至关重要，因为它直接影响驾驶员的视野清晰度。国家公安部已明确规定风窗玻璃透光率不得低于 70%。

② 太阳能阻隔率。该参数表示玻璃阻隔的太阳能通量与入射的太阳能通量之比。

它是衡量膜隔热性能的一个重要参数，要注意它和红外线阻隔率的区别。红外线阻隔率是贴膜玻璃阻隔的红外线通量与入射的红外线通量之比。在整个太阳光谱中，红外线的能量只占 53%。由于入射的红外线通量小于入射的太阳能通量，所以对于同一种产品，红外线阻隔率要高于太阳能阻隔率，也就是说高的红外线阻隔率并不一定意味着高的隔热性。

③ 可见光反射率。该参数表示玻璃反射的可见光通量与太阳光的入射可见光通量之比。

④ 紫外线阻隔率。该参数表示玻璃阻隔的紫外线通量与太阳光的入射紫外线通量之比。

（二）汽车玻璃膜

1. 汽车玻璃膜的种类

（1）控光膜

在汽车装饰美容中心我们经常能看到太阳膜、防光膜、隔热膜等，其实这些都是对控光膜的不同的表述。控光膜有如下特性。

① 厚度为 20～50μm，能起到控制光线通过玻璃的作用。

② 合格的控光膜可以挡住 90%以上的紫外线和红外线。

③ 具有单向透视功能，还能控制扰人的强光，减少眩光，使人的眼睛更舒适。

（2）安全膜

20 世纪 90 年代中期出现了把控光膜和一层抗冲击的薄膜结合到一起的新产品，这种膜既有控光膜的隔热、防紫外线的作用，又提高了玻璃抗破碎能力，这就是安全膜。安全膜的厚度如果在150μm以上，能把玻璃抗冲击能力成百倍提高。我们经常听到的防爆膜实际上说的是安全膜里最高端的产品。

2007年年末，中国标准化协会在《中国标准化》杂志上正式公布了CAS140—2007玻璃安全膜标准。《玻璃安全膜标准》建立了“玻璃安全防护”的基本概念，针对实际生活中玻璃最常发生危害的3种情形，将玻璃安全防护分为3个等级，不同等级的安全膜分别对应一种危害情形。3个级别和对应实际情形分别介绍如下。

① A级安全膜，防意外事故级。抗冲击指标50J。检测指标为1.0kg实心钢球，5m自由落体，不得贯穿3mm钢化玻璃；或者260g实心钢球，5m自由落体，80%的概率下不得砸裂3.0～4.0mm钢化玻璃。

在老式建筑物最常见的3mm普通玻璃上安装A级安全膜后，能够达到防范意外事故的功效，包括人奔跑时撞到大面积玻璃上不会因玻璃破碎而划伤，车辆在碰撞、刮擦甚至倾覆时，玻璃安全膜强力支撑车窗玻璃，保持车窗刚度，减缓因车窗变形挤伤乘车人的概率。该级别的安全膜能使3mm厚度普通玻璃达到和超过12mm夹层玻璃的安全指标。

② B级安全膜，防盗级。抗冲击指标200～300J。检测指标为2.3kg实心钢球，12m自由落体，不得贯穿5mm普通玻璃；或者260g实心钢球12m自由落体60%概率下不得砸裂玻璃。

在新住宅、商业建筑物和部分车辆中最常见的5mm厚度普通玻璃上安装B级安全膜后，能够达到防盗玻璃的功效，在多次强力砸击下保持玻璃完整和刚性。这个标准参照了国际上的防盗标准，它的依据是一个健壮的人双手拿着一个重器反复砸玻璃5次，看玻璃能否被砸坏。玻璃贴膜后要求砖石、金属器械抛掷物不能贯穿玻璃，保证室内人员在遭受非法骚扰和攻击时安然无恙。该级别的安全膜能使5mm厚度普通玻璃达到和超过18mm夹层玻璃的安全指标。

③ C级安全膜，防弹级。抗冲击指标500J，能有效抵御64手枪，3m距离对6mm厚度普通玻璃的射击。

在越野车和特殊建筑物较常见的6mm厚度普通玻璃上安装C级安全膜后，能够达到防64手枪近距离（3～10m）射击的防护效果。该级别的安全膜能使6mm厚度普通玻璃达到22mm厚度防弹玻璃的安全指标。

2. 汽车玻璃膜的制造工艺

汽车膜是通过溅射技术在基材上实现多层不同的金属沉积于同一层面上，层层叠加，能形成均匀的颜色和光线的高水平选择性透过特性。

玻璃膜的基础是聚酯薄膜，它是以纤维级的聚酯切片为主要原料，采用先进的配方，经过干燥、熔融、挤出、铸片和拉伸，然后利用深层染色技术，将染料注入聚酯薄膜基片中而成的高档薄膜。还可以利用真空镀铝、磁控溅射技术生产出全金属化膜。聚酯薄膜被染成各种颜色，可以减少眩目强光和阻止褪色；透明或染色的聚酯薄膜被注入紫外线吸收剂，增加膜阻隔紫外线的特性；防划伤涂层和保护膜也加入膜的结构中；最后经过裁割、分卷、包装制成成品玻璃膜。玻璃膜制造流程，如图5-25所示。

3. 汽车玻璃膜的结构

（1）低成本玻璃膜的结构

对于低成本染色膜和低成本金属膜等质量较差的玻璃膜来说，膜和安装胶里基本没有紫外线吸收剂等用以防护紫外线的技术，并且褪色很快，抗刮伤性能也不好。低成本玻璃膜的结构如图 5-26 所示。

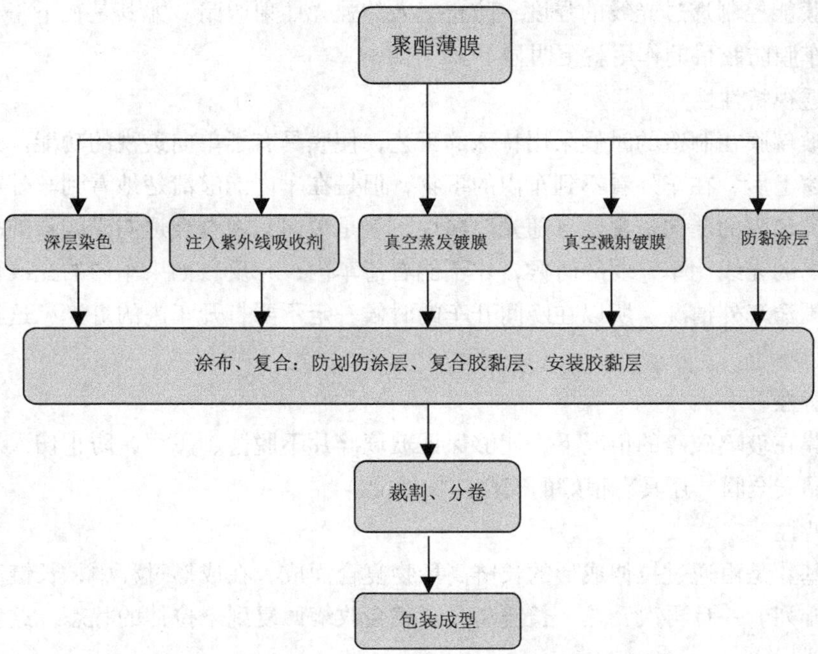


图 5-25　玻璃膜制造流程图

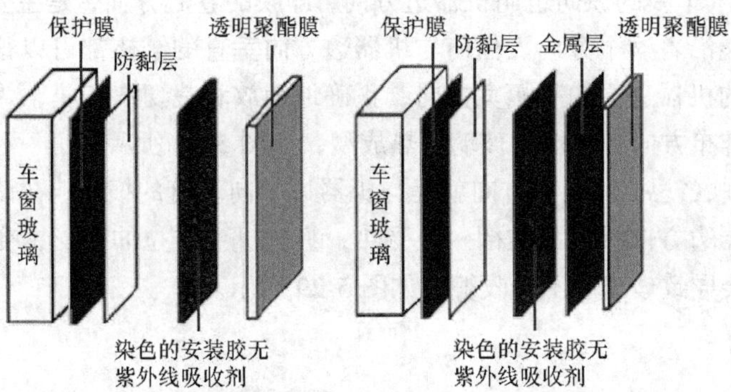


图 5-26　低成本染色膜和低成本金属膜结构

（2）高质量玻璃膜的结构

对于高质量的玻璃膜来说，在膜上和安装胶中都采用了紫外线吸收防护技术，严格控制紫外线的通过率，并且防刮伤性能良好，经久耐用，正常使用可以保证 5～8 年不会出现质量问题。高质量玻璃膜的基本结构，如图 5-27 所示。

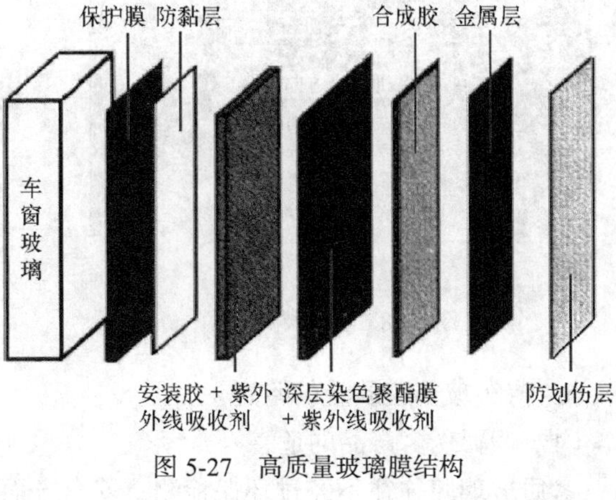


图 5-27　高质量玻璃膜结构

4．汽车玻璃膜的特性

（1）阻隔特性

热传导有 3 种形式：辐射、传导、对流。汽车玻璃膜主要是利用辐射和对流的形式来隔热，防的主要是太阳的辐射热，还能够阻隔紫外线以防止内饰老化损伤。

（2）防眩目特性

汽车玻璃膜能控制透过光线的强度，防止扰人的强光照射眼睛。尤其是在下午正对太阳行驶的时候，汽车膜防眩目的作用就更明显了。

（3）单项透视特性性

有些汽车玻璃膜在制造的时候采用特殊的工艺，使膜具有了单向透视的功能。这种汽车玻璃膜粘贴到车窗上后，在车外看不到车内的事物，但是在车内能够清楚地看到车外的景物。需要注意的是，玻璃膜的单向透视性有随光改向性，就是单向透视总会透向光线强的一面。也就是说，只有车内的光线比车外弱的时候，才不能看清车内；相反，如果车内的光线比车外强，则在车内会看不清车外情况。所以在晚间开车的时候一定不要打开车内的灯光，这样会对行车安全造成严重影响。

（4）安全特性

汽车玻璃膜在玻璃破碎的情况下，能够保证玻璃碎片不脱落、飞溅，防止伤人。同时，玻璃膜的高端产品安全膜，还具有很好的安全防护性能。

（5）收缩特性

汽车膜的基片是由通过拉伸成形的长链高聚物复合而成，在成形过程中，长链高分子会沿拉伸方向定向排列。一旦再次受热，长链高分子就会收缩回复到未拉伸的状态，这就是汽车膜加热成形的原理。

① 收缩方向。汽车膜的纵向也叫机器边方向，即膜的卷起方向，是主要的拉伸方向。一般来说，膜的收缩只能沿着这个方向。任何与机器边方向垂直的皱褶都可以很好地收缩。因此，一定要区分汽车膜的机器边方向和幅宽方向，正确地铺放和裁切汽车膜，为进一步的加热成形做好准备。正确地排布方向，才能使玻璃膜热成型，如图5-28所示。

② 幅宽方向。顾名思义，幅宽方向就是与机器边方向垂直的横向，在该方向上玻璃膜基本不能拉伸。而沿机器边方向排列的皱褶一旦受热，只会进一步拉伸变形，变得更难对付。错误的玻璃膜排布方向会导致玻璃膜不会收缩，如图5-29所示。

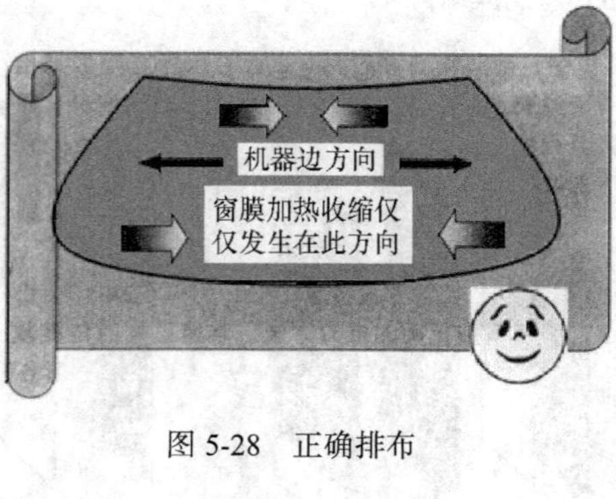


图5-28　正确排布

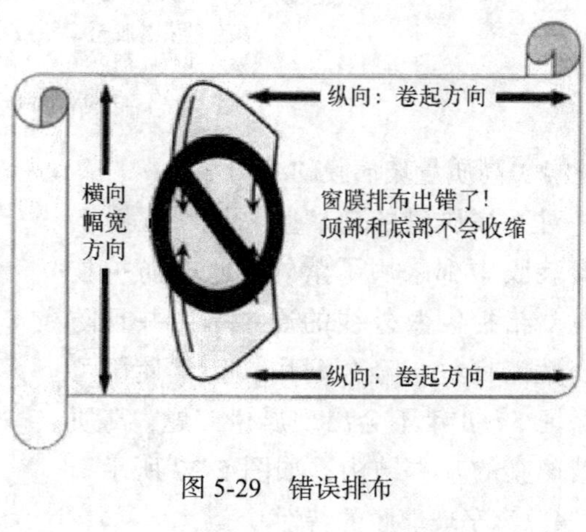


图5-29　错误排布

5. 汽车玻璃膜质量的鉴别

（1）假冒伪劣产品的危害

劣质玻璃膜往往不经过环保检测，安全方面缺乏保障。在玻璃膜产品的生产过程中，要用到甲醛和苯等基本溶剂。正牌产品，虽然制造过程中使用了这些溶剂，但是收尾的时候，会把它们重新提取出来。但是假冒伪劣产品没有这个生产工艺，成品膜上会有大量溶剂残留。将这种玻璃膜贴到汽车玻璃上会直接对人体造成伤害。

阳光中真正有危害性的光线是紫外线，而不是红外线。红外线热能高，紫外线就不同了，它是对人体有危害的射线，照射的时间长了，被照射的部位会感觉到疼痛，甚至脱皮和生斑。劣质玻璃膜产品往往只是把红外线挡住，而不阻隔紫外线。这种玻璃膜贴到玻璃上以后，隔热效果很好，但是时间一长，手上、胳膊、脸上的皮肤仍然会变黑，甚至会感觉到疼痛，以致脱皮。这些都是劣质玻璃膜没有紫外线阻隔功能造成的。

再有，劣质的玻璃膜根本不具备安全性，贴上它以后甚至会增加玻璃破碎时的伤害。

（2）正品的鉴别方法

① 观察法。膜和其他产品一样，正品往往很细腻、光滑、质地均匀，手触摸质感很强。假货、劣品则黯淡、粗糙、没有光泽。正品透光率极高，甚至可以达到95%。

② 灯光检查法。检查时将膜粘贴到玻璃上，用高瓦数的浴霸灯来照射以检验不同档次太阳膜的透光性、隔热性和单向透视性。玻璃膜隔热性的好坏一目了然，如图5-30所示。

图5-30 不同汽车膜的隔热性对比

③ 检查安装胶层。检查安装胶层可以通过检查其黏性、味道、是否掉色等来判断玻璃膜质量的优劣。

- 检查安装胶的黏性。取一块5寸相片大小的样品，把衬膜撕开，用手指黏上去以后甩不下来，说明膜的黏胶性能好。
- 判别安装胶的味道。撕开保护膜，高质量的玻璃膜安装胶没有刺鼻的异味，而劣质的玻璃膜，撕开保护膜以后会有刺鼻的味道。
- 检查是否掉色。太阳膜通常是采用本体渗染和溅射金属着色的方法令膜有颜色，本体渗染使膜有颜色的称为自然色膜，溅射金属使膜具有金属色的称为金属膜，采用这两种方法着色的膜是不易褪色的，尤其是金属膜。但市场上很多低档劣质膜，大多采用黏胶着色的方法来着色，即在黏胶中加入颜料，然后涂在无色透明膜上使膜有颜色，这种膜称为染色膜。这种膜靠颜色的深浅来隔热，隔热效果差，不耐晒很易褪色，褪色后便无隔热功能。区分这些不同着色方法的膜，只须在膜的安装胶上喷些化油器清洗剂就可令其褪色。

6. 汽车前风窗玻璃膜的特殊要求

① 我国2004年10月1日起实行的《机动车运行安全技术条件》规定：汽车前风窗玻璃的

可见光透射率不允许小于70%。所以汽车玻璃前风窗要贴膜，必须贴透光率达到90%以上的膜，以保证总透光率超过70%，达到安全的标准。

② 所有车窗玻璃不允许张贴镜面反光遮阳膜。无论是为了满足隔热防紫外线等控光要求，还是要防范意外事故、抵御非法侵犯，要采取措施就必须保证前风窗玻璃具有足够的透光性。所贴膜应以视线清晰、不增加风窗玻璃的反光和不影响驾车安全为首要前提。

汽车前风窗玻璃膜在达到国家规定透光性的前提下，还要保证良好的控光性和安全性，所以前风窗玻璃膜绝对不能用其他膜代替。

## 三、任务实施

（一）玻璃膜的下料工艺

1. 下料要点

① 测量玻璃尺寸时一定要在玻璃外表面测量。若要利用模板进行下料，也一定要在玻璃外侧制作模板。

② 在玻璃膜上测量尺寸，或者利用模板裁切玻璃膜时，一定要在有保护膜的一面测量。

2. 玻璃膜裁切工艺

① 裁切玻璃使用的刀具硬度要适中，刀尖部位要光滑无毛刺，保证能整齐裁切玻璃膜而不能划伤玻璃。

② 裁膜时，刀具的工作部位集中在刀尖，一般连续裁切距离在 3～4m。超出这个距离就要掐断旧的刀尖部位。

③ 裁膜时，刀具要尽可能放平，用力要适中，沿着裁切方向向后拉，而不是向前顶着推，如图5-31所示。采用这样裁切手法，能保证裁膜边缘整齐，并且不容易损伤玻璃。

④ 裁膜的起点一般选择在直线与圆弧交接的部位，中间尽可能不要停顿，最好一刀成型，尤其是圆弧部位，更不能断断续续地裁切，否则很容易形成锯齿状边缘，如图5-32所示。

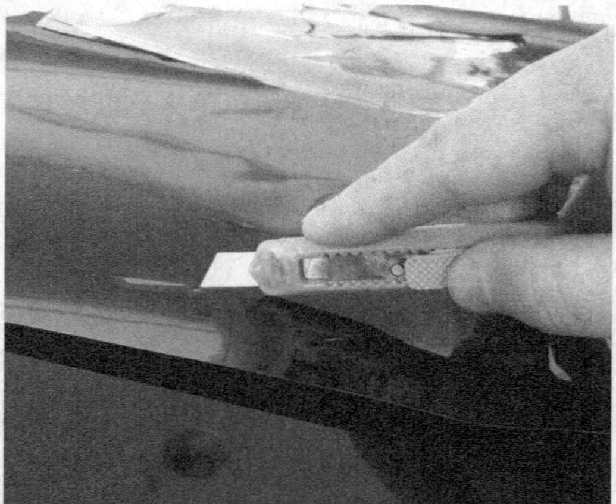

图5-31 裁膜刀的角度

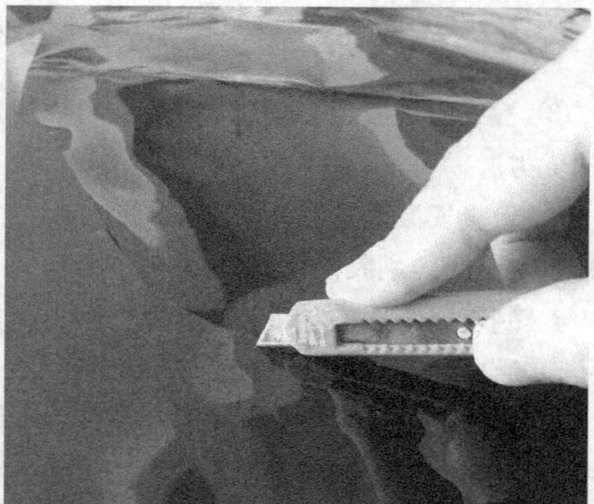

图5-32 圆弧部位的裁切

⑤ 对侧窗玻璃或以橡胶条固定的风窗玻璃裁膜时，一般以玻璃外表面与橡胶密封条的边缘为边界进行裁切，如图5-33所示。

⑥ 粘接式的风窗玻璃外缘一圈有黑色釉点，这时最好以釉点的内缘为边界进行裁切，如

图 5-34 所示。无论为哪种玻璃裁膜，为了获得最佳外观效果，在裁膜时可以采用一个人在车内用荧光灯向外照射的方法，来保证裁膜的准确性。

图 5-33　侧窗玻璃裁膜

图 5-34　有釉点玻璃的裁膜

⑦ 学生在进行裁膜练习时，可以先用报纸代替玻璃膜练习，先在报纸上利用模板画出图形，再按要求裁切，反复练习即可逐步掌握裁膜的基本要领。

（二）玻璃膜的热成型与排水工艺

1. 玻璃膜热成型工艺

（1）热风枪的使用

① 热风枪上有加热开关，并分加热挡位，用来调节加热速度快慢。

② 有些热风枪上还有一个温度调节旋钮，可以设定和调节烘烤温度的高低，如图 5-35 所示。在烤膜时，一般把温度调节到 200℃左右即可，出风口处的即时温度可通过显示屏显示，便于操作者及时调整，如图 5-36 所示。

图 5-35　调节温度旋钮

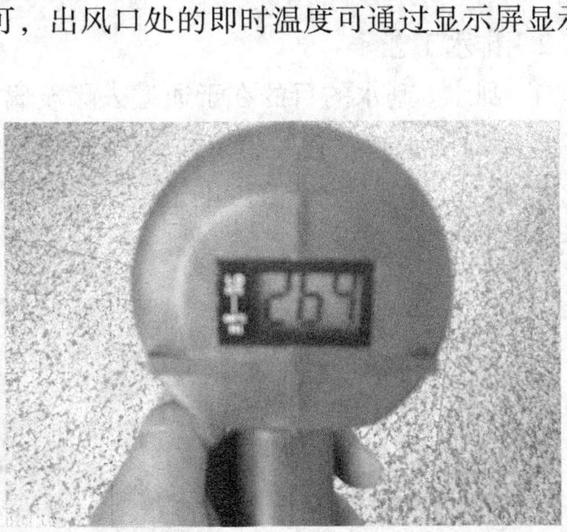

图 5-36　温度显示

③ 在使用热风枪加热时，注意出风口不要与被加热表面垂直，防止热风回流而造成热风枪损坏。在烤膜时，热风枪一般都保持 45° 角左右，并且要不断移动，当膜有收缩现象时马上将热风枪移开。

④ 热风枪出风口与被加热表面不要距离太近，以免损坏设备和玻璃膜，甚至造成汽车玻璃

的损坏。

（2）烤膜工艺

① 需要热定型的膜在裁切时一定要竖裁（也就是说玻璃的横向与膜的卷曲方向一致）。

② 定型时将玻璃膜的保护膜朝外，铺于曲面玻璃的外侧，在玻璃膜和玻璃之间洒上安装液，用刮板将形成的褶皱调整成竖向的。

注意

裁膜方向与褶皱调整方向要正确，否则窗膜不会收缩。

③ 采用温度可调的热风枪对玻璃膜进行加热，一边加热一边用塑料刮刀挤压玻璃上的气泡和水，使玻璃膜收缩变形，直至与玻璃的曲面完全吻合。加热要均匀，不要过分集中，否则可能会因为温度太高造成玻璃开裂，如图 5-37 所示。

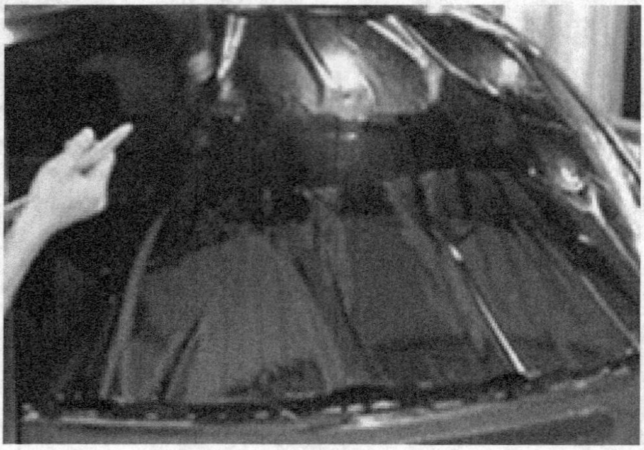

图 5-37　湿烤热成型

2. 排水工艺

① 刮水。刮水的目的在于通过去除玻璃表面的污水，达到清洁玻璃的作用。刮水工具为带有软胶条的刮水板，它的胶条柔软、平整、光滑，可以贴合玻璃表面，以便方便地清洁黑色釉点区域、去雾线及其他表面的凹凸区域，并且即使有杂质颗粒，也不会划伤玻璃表面，如图 5-38 所示。

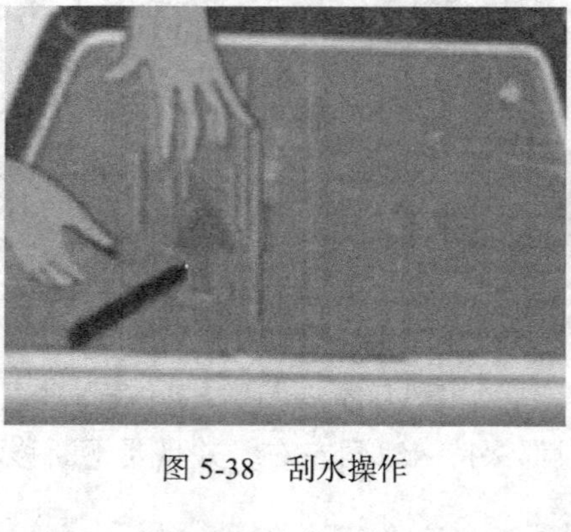

图 5-38　刮水操作

② 挤水。挤水的目的在于通过去除窗膜下面的液体达到缩短干燥周期，提高黏接强度的效

果。挤水工具应使用坚韧、锋利、有弹性的挤水铲，它能最大限度地挤去安装液，提高工作效率，如图 5-39 所示。

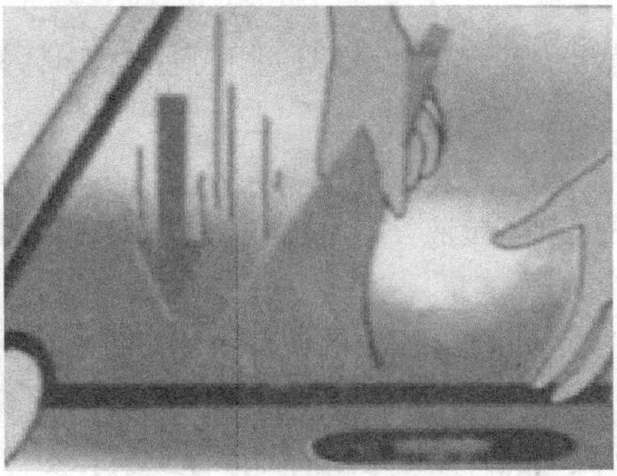

图 5-39　挤水操作

挤水过程中要注意对用力方向的把握。刮水板的用力方式为“拖”，挤水板的用力方式为“推”，刮水和挤水次序和路径要重叠有序地进行。

# 任务四　汽车玻璃贴膜的施工

## 学习目标

1. 掌握汽车玻璃贴膜工具的使用方法
2. 能够进行汽车侧窗玻璃贴膜操作
3. 能够进行汽车风窗玻璃贴膜操作
4. 能够分析贴膜缺陷及其产生的原因

## 一、任务分析

汽车玻璃形状不规则，尤其是前后风窗玻璃都有较大的弧度，同时汽车玻璃的安装方式有可移动的，也有固定式的，这样就给玻璃膜粘贴施工带来很大的难度。技术人员应在掌握玻璃膜基本施工工艺的基础上，才能进行汽车玻璃膜的粘贴操作。

## 二、相关知识

1. 贴膜工具

贴膜施工时要用到很多工具，其中大部分是贴膜专用工具。在品牌膜的施工店里都会有各种各样的工具包，有的做成围裙式，有的用一个精致的手提箱装着。贴膜工具多达 30 多件，能解决贴膜施工时遇到的各种问题。这些专用工具都是专门针对膜和玻璃的防损与保护而专门设计的。按这些工具的用途不同可分为保护工具、清洗工具、裁膜工具、热成型工具和排水工具。

（1）保护工具

① 保护膜。防止内饰部件和车身被清洗液和安装液淋湿，或液体残留而产生难以去除的污渍。

② 毛巾。用来保护仪表台、座椅等内饰。还可用于垫放工具，防止工具划伤并吸收流淌下来的清洗液和安装液。

（2）清洗工具

① 水壶。盛放玻璃清洗液和安装液，使用时能产生一定的压力，将液体喷出，还可以调节喷雾形状。

② 铲刀。清除玻璃上的顽固污渍和残留的粘贴物，如图 5-40 所示。

（3）裁膜工具

① 裁切剪刀。用来裁剪玻璃膜，修饰形状，分离保护膜。玻璃膜的裁切是在车窗玻璃上直接进行的。为了精确地裁出玻璃膜，同时又不划伤玻璃，必须掌握正确的持刀方法。

② 测量尺。用来测量车窗和膜的尺寸，便于粗裁。裁膜时取直。

③ 裁膜工作台。用来摆放玻璃膜和玻璃膜粗裁时的操作台，要求平滑还不能过硬。

（4）热成型工具

① 热风枪。用于加热玻璃膜，使其收缩变形，达到与玻璃一致的形状。还可以将玻璃上有用的粘贴物加热，以便取下，如图 5-41 所示。

图 5-40 铲刀

图 5-41 热风枪

② 大号塑料刮板。用于刮平玻璃膜、在玻璃膜加热收缩后辅助成型、辅助玻璃膜排水、清洁玻璃，如图 5-42 所示。

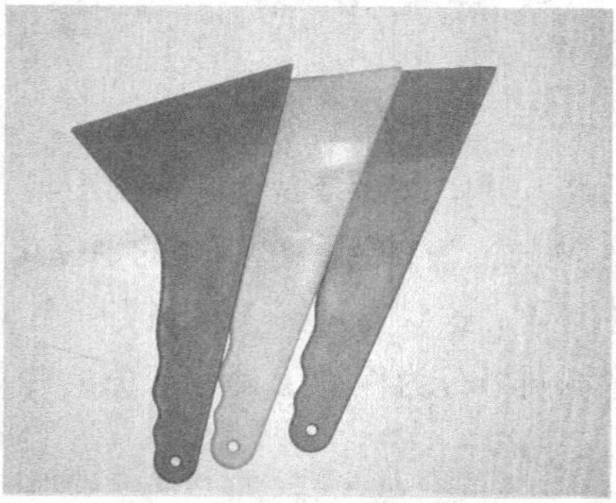

图 5-42 大号刮水板

（5）排水工具

① 橡胶刮水铲。用于刮平玻璃膜，可以在成型时使用，也可以在贴膜时排水使用，如图 5-43 所示。

② 橡胶刮板。用来排水，可彻底排水，如图 5-44 所示。

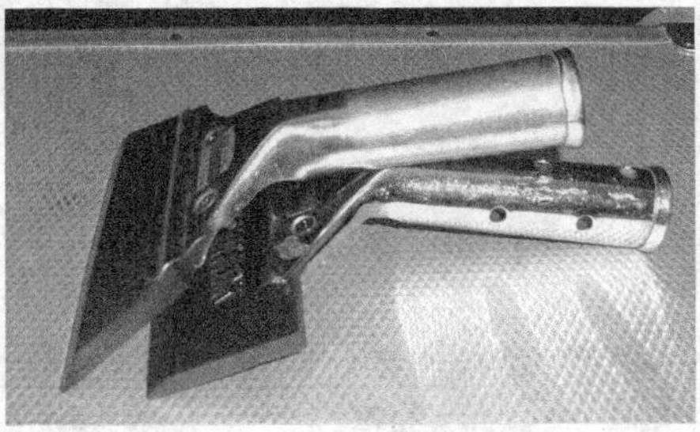

图 5-43 橡胶刮水铲

图 5-44 橡胶刮板

③ 小号塑料刮板。贴膜时辅助玻璃膜插入密封条内，以便彻底排水，如图 5-45 所示。

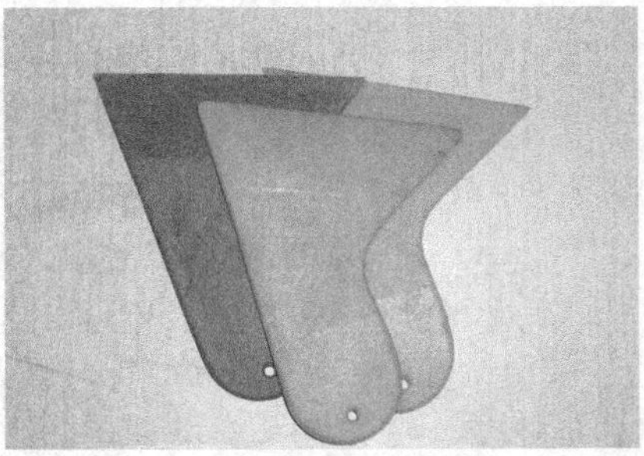

图 5-45 小号塑料刮板

2. 清洗液和安装液

清洗液和安装液用于玻璃的清洗和安装，专用的清洗液和安装液能保证玻璃膜的安装质量。

（1）清洗液

现在市场上有很多贴膜中心使用其他的清洗用品替代玻璃膜清洗液，施工质量无法保证。图 5-46 所示为几种不同的清洗用品对玻璃膜粘结强度的影响。由图可知，在选择产品时要慎重，否则对膜的安装将产生极大的影响。

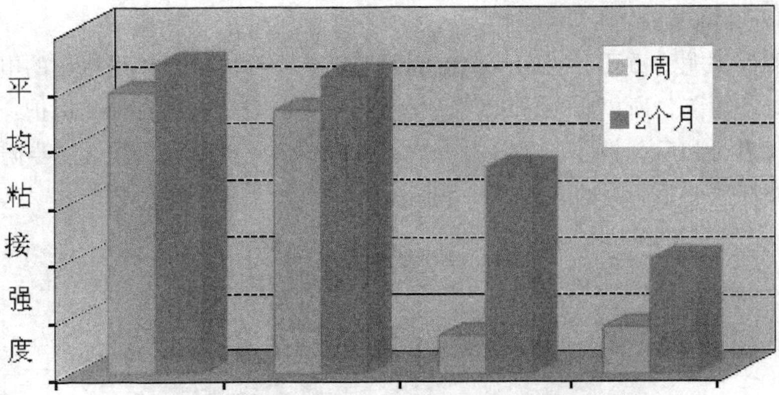


图 5-46 不同的清洗用品对玻璃膜粘结强度的影响

清洗液对于分解和去除玻璃表面及微孔中的油渍、污渍具有独特功效，能够去除玻璃上的油迹、蜡或其他比较难清洗的污渍，达到最佳清洁程度。清洁的玻璃表面能够极大地增强安装液的润滑效果。清洗液要按使用说明中规定的比例稀释后使用。

（2）安装液

安装液有助于玻璃膜的滑动定位，其成分类似于婴儿香波，但是不含甘油、香精、色素及其他多余添加剂，因而不会影响安装胶的化学组成及车膜中金属层的长期稳定性，使玻璃膜与玻璃达到最大粘接强度。安装液要按使用说明中规定的比例稀释后使用。

注意 旧清洗液和安装液的沉淀物和小颗粒会造成玻璃膜和玻璃之间的斑纹和畸变点，因此应每天清洗容器瓶并更换溶液。

## 三、任务实施

（一）汽车侧窗玻璃的贴膜

从玻璃膜的选择、到玻璃膜的粘贴、再到交车，构成了玻璃膜施工的整个工艺流程。具体的施工工艺会根据不同的玻璃膜产品而有所不同，但基本的工艺流程相似，如图5-47所示。

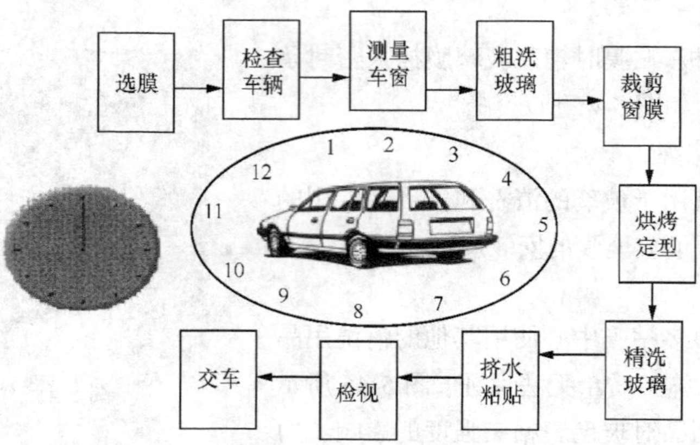


图5-47 贴膜流程

1. 内饰和外部的保护

汽车内饰的保护尤为重要，否则清洗玻璃的溶剂会弄污内饰或渗进汽车的电控系统而导致开关失灵甚至局部短路，所以必须仔细做好车辆的外露电控开关和音箱的保护。方法为用较厚的浴巾遮盖在仪表台和后盖板上，车门内饰板、座椅、转向盘等也要做好适当防护，如图5-48所示。车身的外部也需要适当的防护，以免刮伤漆面。

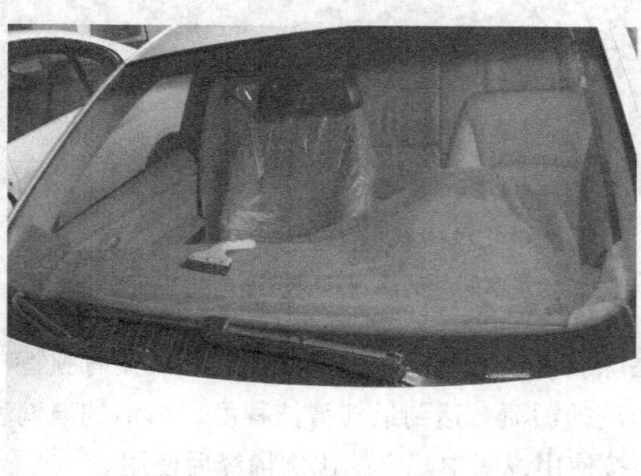

图5-48 仪表板保护

2. 粗裁膜

（1）测量车窗尺寸

侧门窗顶部裁膜尺寸要大于原车窗玻璃边缘尺寸 5cm，左右两边要大于原车玻璃边缘尺寸 1cm，底部在上膜时预留 1～2cm 的余量，如图 5-49 所示。有时为了工作方便也可以利用车窗形状的模板进行粗裁膜。

（2）下料

下料时一定要注意两点。

① 确定侧门窗玻璃要定型烤膜时，裁膜一定要选择竖裁，即玻璃宽度的尺寸与膜的卷起方向一致。

② 在膜上施工时，一定要在有保护膜的一面进行，否则裁下来的玻璃膜形状会与玻璃形状相反。

3. 清洁

（1）清洁玻璃密封条

窗门玻璃密封条有两种类型：胶边和毛边。

① 胶边的两种清洁方法：用吹气风枪吹出藏于密封槽内的沙粒、杂物；或者向密封槽内喷洒适量的清水，用直柄塑料刮板直接清理内槽。注意，刮板使用时要包覆一层擦蜡纸，擦拭时要按一个方向进行，不要来回擦拭，以免沙粒和污垢黏附于擦蜡纸后又被带回槽内，每刮一次都要变换擦蜡纸的清洁面。

② 毛边的两种清洁方法：用 2cm 宽的美纹纸贴住密封槽边上的内毡毛；或者将喷壶嘴调至最小出水量喷洒少量清水在毡毛上，使毡毛稍微湿润，粘住毛体。

（2）玻璃外侧的清洁

在外侧玻璃上喷洒清洗液，用手涂抹一遍，因为人手的敏感度最强，能感触到稍大的尘粒，遇到黏附较牢的污垢时可用钢片刮刀清除，其他部位用擦蜡纸清理，如图 5-50 所示。

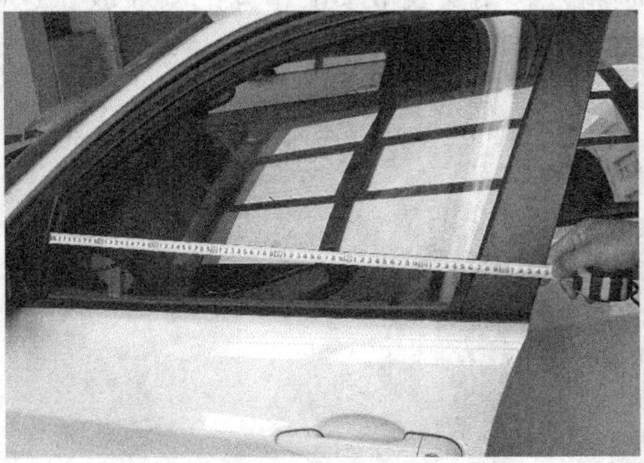

图 5-49 测量车窗尺寸

图 5-50 清洁玻璃外侧

4. 定型和修边

除个别车款，侧窗太阳膜基本不需要加热预定型，可直接覆在玻璃外侧上压刮定型。

将汽车膜平铺于玻璃外表面，保护膜朝外，注意玻璃膜边缘要平行于外部底边压条，并确保有足够余量（3～6 mm）低于车内压条。换上崭新的刀片，在汽车膜两条边的夹角处将刀片的头部刺入，刀片顶端靠住现成边框，利用窗框或胶条作引导进行切割。下部裁切完成后，将膜滑动到适合的位置，使用硬片挤水工具，在汽车膜上挤刮几下固定住整个膜，小心地将膜从底部揭起，然后降下车窗玻璃，露出车窗玻璃顶部，利用玻璃的边缘进行顶边裁切。玻璃膜完全修整完成后转移到裁膜案板上，进行最后的修边，如图 5-51 所示。

5. 清洁玻璃内侧

玻璃的内侧面为真正的贴膜面，清洁一定要彻底，应按下列要求反复清洁。

① 先对车厢内部空间喷洒细微的水雾，使空气中的尘埃沉聚下来，减少座椅和地板扬尘。

② 在玻璃上喷洒清洗液，然后用手涂抹，检查和剔除稍大的尘粒，对于黏附较牢的污垢和撕下的贴物残胶可用钢片刮刀去除，用硬质的直柄塑料刮板自上而下，由中间向两边清除玻璃上的灰尘，每刮扫一次必须用干净的擦蜡纸去除刮板上的污物。整幅玻璃每刮扫一遍，要用清洗液喷洒一次，最后，用刮板刮除积水，确认玻璃已十分光滑干净，“一尘不染”时，才可转入贴膜，如图 5-52 所示。

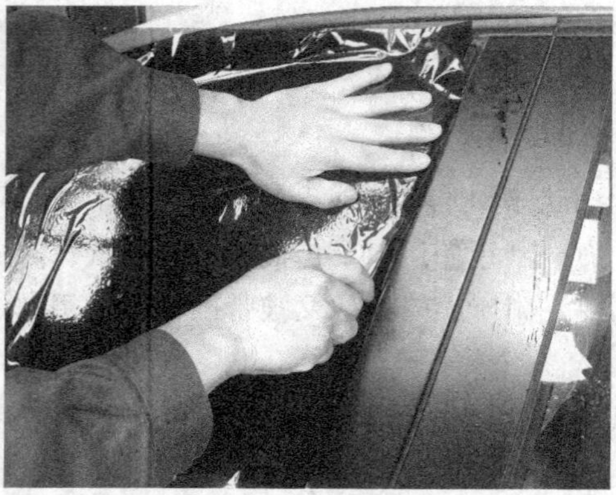

图 5-51　修边

图 5-52　清洁玻璃内侧

6. 剥离保护膜

在玻璃内表面清洗完成后，将玻璃膜的保护膜撕开，用安装液喷洒暴露的安装胶。这样，安装胶会临时失去黏性，允许玻璃膜在干净的玻璃内表面平稳地滑动。喷完安装液以后，再将保护膜贴到玻璃膜上，防止沾染灰尘和杂物，如图 5-53 所示。

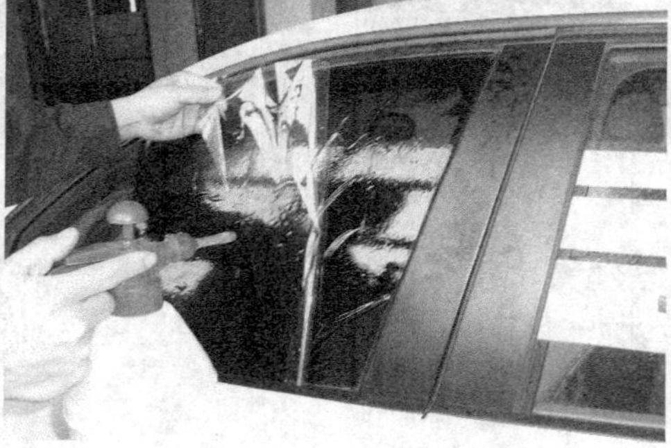

图 5-53　剥离保护膜

7. 玻璃膜的铺贴

侧门窗玻璃的性能有两种：防水玻璃（奔驰、宝马等使用）和不防水玻璃（多数普通车款使用）。上膜时，由于防水玻璃在喷水后水珠不会附着，水分流失快，故宜采用由下向上的贴法

（优点是下端积聚水分较多，利于膜的移动）。不防水玻璃由于喷水后水珠附着，水分流失少，故通常采用由上向下的贴法（优点是能有效避免沙粒粘到膜上）。

一般上膜多数采用由上至下的贴法。首先在玻璃内表面喷洒安装液，撕掉保护膜，将膜整个揭起，尽量准确地安放在玻璃内侧并滑动到理想的位置，如图 5-54 所示。

8. 排水

在每片玻璃膜安定于它的最终位置后，应立即在玻璃膜表面再次喷洒安装液，润滑需挤水的表面，同时，把保护膜粘贴到玻璃膜的背面。专用的挤水工具可排除所有“气泡”和尽可能多的安装液，如图 5-55 所示。几天后残留的水分慢慢地透过玻璃膜而被排除。玻璃膜干燥的时间取决于气候、湿度、玻璃膜的结构和挤水后残留水分的多少。

图 5-54　铺贴玻璃膜

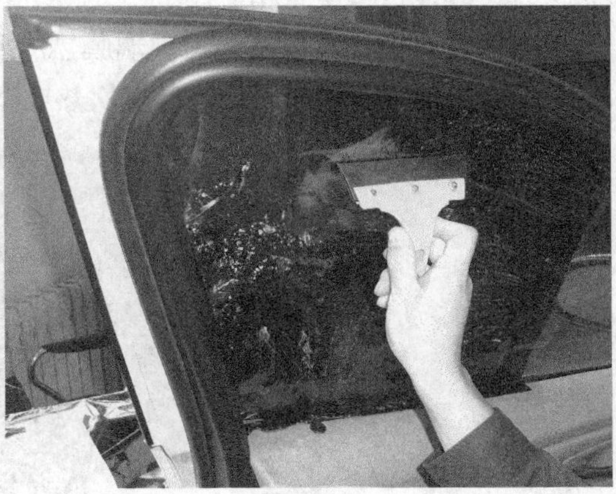

图 5-55　排水

9. 清洁和检查

当安装工作完成后，将所有窗玻璃仔细地擦洗一遍，去除条纹水迹和污迹，使整个汽车光洁一新，如图 5-56 所示。需要查看和解决的问题包括有无气泡或微小的地毯纤维、使用专用硬质挤水片沿某一边缘排除贴膜问题。

图 5-56　修饰

10. 移交

把汽车擦净后驶到室外，完成最后的视觉检查。在日光下检查没有任何缺陷后，准备提交汽车给客户，并向客户解释质量保证程序以及基本的保养和维护说明。

贴膜完毕1～3天内不要摇下车窗，不要清洗内侧车窗，以保证达到令人满意的施工效果。

（二）汽车前后风窗玻璃的贴膜

1. 前后风窗玻璃的贴膜

前后风窗玻璃的贴膜基本流程与侧窗一样，只是由于几乎所有前后风窗玻璃都有不同程度的球形弯曲，妨碍玻璃膜在玻璃上铺平，使玻璃膜产生褶皱。早期，市场上用多片贴膜拼接来贴弯弧玻璃的玻璃膜，但接缝处会很难看。后改进为在电热丝处裁开，切口比前者隐蔽，但是操作时很容易把电热丝切断，使车子失去除霜、去雪的功能。

目前市场上流行的热整型方法，可以保证整张粘贴前后风窗的玻璃膜。采用这种方法贴膜时的技术难点就是热成型，也就是需要将平面的玻璃膜通过加热定型的方法加工得与玻璃球面形状一致，才能进行整张粘贴。

对球面明显的汽车前后风窗玻璃膜热成型时，不仅要保证膜的质量要好，贴膜技师的技术水平也要有保障。有时还需要进行多次热成型，才能使膜与玻璃形状一致，如图5-57所示。

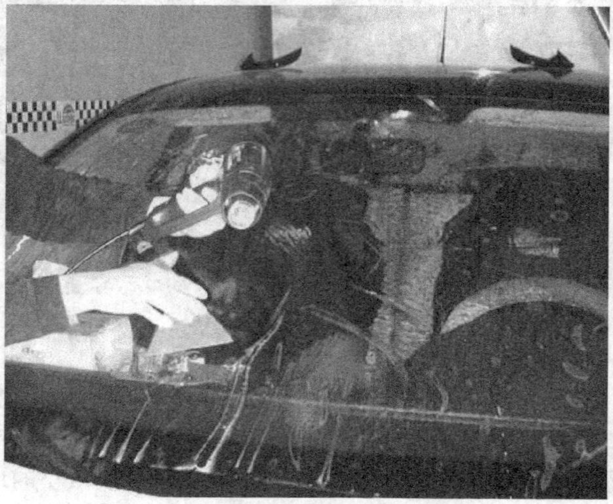

图5-57 弧面很大的玻璃膜需二次成型

2. 黑色釉点区域的处理

风窗玻璃内侧的黑色陶瓷釉点区域增加了施工难度。在安装过程中，随着安装液的蒸发，会在黑色釉点区域出现白边的现象，这是由于胶脱离了膜层而造成的。为了避免这种现象，可以先让膜干燥约一个小时，再用尼龙包裹硬挤水板，最后再包上一层纸巾，均匀有力地挤压贴膜的黑色釉点区域。也可以用刀片刮平，使用刀片时要十分小心，防止刮坏其他部位。

（三）处理贴膜缺陷

1. 气笋

气笋是指窗膜排水后仍然存在像竹笋尖端一样的气泡，不与玻璃贴合，如图5-58所示。

（1）形成原因

① 排水不彻底。

② 窗膜成型不好，成型时没有跟车窗形状一致就急于粘贴。

（2）解决方法

① 进行排水处理。

② 轻微加热，并用刮板压实。

③ 在边缘部位进行固定，防止气笋重新出现。

2. 褶皱

褶皱是指玻璃膜打褶，内部粘接在一起，无论如何刮平都无法消除，如图 5-59 所示。

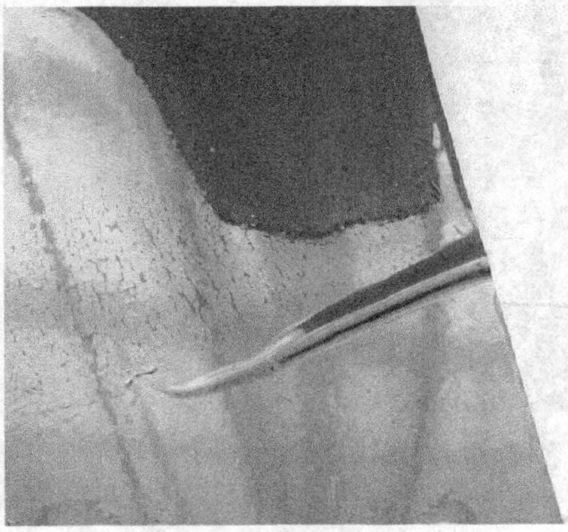

图 5-58　玻璃膜气笋缺陷

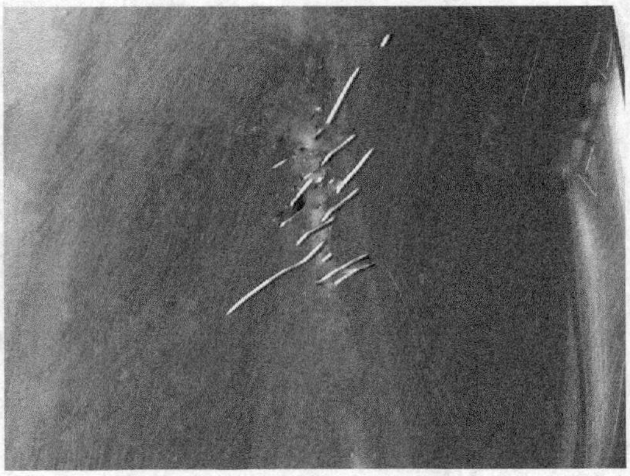

图 5-59　玻璃膜褶皱缺陷

（1）形成原因

① 热成型过度，玻璃膜被烤焦。

② 排水手法不正确，使玻璃膜打褶。

③ 剥离保护膜或铺贴玻璃膜时不小心，造成玻璃膜打褶。

（2）解决方法

换新膜，重新粘贴。

3. 边缘不齐

玻璃膜边缘与玻璃边缘距离不等，成锯齿状或波浪状，如图 5-60 所示。

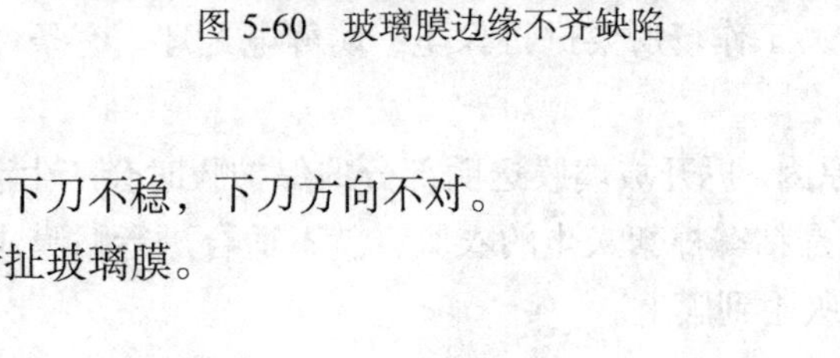

图 5-60　玻璃膜边缘不齐缺陷

（1）形成原因

① 裁膜时不细心，下刀不稳，下刀方向不对。

② 裁膜刀过钝，撕扯玻璃膜。

（2）解决方法

① 进行精细修整。

② 修整后如果效果依然不好，或者边缘过大，则换新膜，重新粘贴。

③ 边缘留下 1～2 mm 的微间隙，只有这样才能既美观又防止卷边。

4. 划破玻璃膜

玻璃膜在排水时被划出孔洞，如图 5-61 所示。

图 5-61 玻璃膜划破缺陷

（1）形成原因

① 排水工具没有磨光、磨平，有尖锐突出部位。

② 玻璃没有清洗干净，有沙粒等杂物。

③ 排水时不细心，工具刮坏玻璃膜。

（2）解决方法

① 换新膜，重新粘贴。

② 排水工具要精心处理，刃口部位不能尖锐突出。

③ 排水时要顺着玻璃的弧度施工。

5. 夹入杂物

夹入杂物是指玻璃膜与玻璃之间有异物夹入，这种缺陷是贴膜时最普遍的。造成这种缺陷的原因多种多样，在整个贴膜过程中，任何一个环节没有注意都可能造成杂物加入。下面将常见的形成原因和解决方法归纳如下。

① 工作环境的原因。许多贴膜场所没有密闭室，有些人在路边、大小汽车呼啸而过激起许多灰尘、有时风速较大时也有灰尘，因此，若在没有密闭室的条件下贴膜时必须关闭所有车门后才能张贴。

玻璃洗好之后或拆开保护膜时不可让车外人员开关车门，有时用力关门会造成空气快速流动而带入大量灰尘或沙粒。

贴膜时要在室内进行，工作场所要进行除尘、防静电处理。有条件的最好建造专用的贴膜间，保证工作环境清洁。

② 施工人员自身的原因。拆开玻璃膜透明部分的保护膜时会产生静电，如果贴膜时贴膜人员所穿的衣服是毛料，或是粘有棉絮灰尘的衣服，就不适合进行贴膜作业，因为，衣服上的棉絮或毛料等杂质会被静电吸附到膜上。

注意

贴膜时，坚决不准戴线手套施工。

③ 使用的清洗用品。70%以上的施工人员直接使用未经过滤或沉淀的自来水贴膜，这样做是不正确的。因为自来水管里有许多杂质或沙粒会影响水质，有时更换水管管路时也会影响水质，因此，贴膜时所用的水一定要经过过滤或沉淀，保证清洗液洁净。

6. 贴膜后车窗看上去雾蒙蒙的

这是膜在干燥过程中的一个正常现象，是由于安装液没有挥发完全造成的，对于磁控溅射膜以及安全防爆膜，这种现象更为突出。一般来说，这种现象会随着时间慢慢减弱，最后完全消失。当然这一时间也要取决于膜的种类、环境的温度以及湿度，温暖干燥的气候以及太阳的直射都会加速膜的干燥过程。对于贴膜施工人员而言，要注意使用正确的挤水方法，尽可能地挤掉安装液，缩短干燥时间。

7. 贴膜几天后，汽车玻璃出现破裂现象

这是由多种原因造成的，总结起来主要有以下几点。

首先，玻璃的自爆是难以避免的。有的人认为这是由于玻璃中的硫化镍造成的，还有人认为玻璃在钢化过程中会产生微裂纹，当温度下降，玻璃内的热应力就会使微裂纹发展成为裂纹，最终破裂。

另外，极有可能是由于未使用专用不锈钢刀裁膜造成的。有人认为之所以使用不锈钢刀片，是因为它不会生锈，其实这并不是主要原因。一般的碳钢刀片会划伤玻璃，当温度下降，划伤的部位就会进一步引发玻璃的自爆，因此，贴膜施工人员应该使用专用不锈钢刀片，并掌握正确的用刀方法。

最后，热风枪的不当使用也会造成玻璃的破裂。从热风枪中产生出来的空气最高温度可以达到 650℃，几乎等于玻璃钢化时的热处理温度。因此，当玻璃在该温度下过度加热，然后缓慢冷却，受热部位就会回复到未钢化前的状态，从而削弱了玻璃强度。当温度变化引起热应力，最终就会造成玻璃的破裂。

总之，汽车钢化玻璃的自爆是由多种原因造成的。对于贴膜安装人员而言，一方面要使用专用不锈钢刀片，并掌握正确的方法，另一方面，当使用热风枪时，应注意加热温度的控制，加热过的玻璃以不烫手为宜，干烤不失为一种安全且理想的加热方式。

## 习 题

一、选择题

1. 国家标准规定，机动车前风窗玻璃透光率不得低于（ ）。

A. 60%　　B. 70%　　C. 80%　　D. 90%

2. 在夏季的雨天行车，由于车内外温差较大，汽车玻璃内表面很容易产生雾气，严重影响行车安全，这时可以采用（ ）方式除雾。

A. 毛巾擦拭　　B. 暖风　　C. 冷风　　D. 刮水

3. 据欧美国家相关法规规定，当前照灯脏污使照明度降到（ ）时，前照灯清洗装置应当在 8s 内洗涤干净污垢，使照明度恢复到（ ）。

A. 10%，80%　　B. 20%，90%　　C. 10%，90%　　D. 20%，80%

4. 对于粘接式风窗玻璃“黑边框”的作用，描述正确的是（　　）。

A. 增加玻璃整体美观

B. 保护粘接剂避免在阳光下曝晒可能引起的老化

C. 对玻璃的粘接强度没有什么作用

D. 防止和消除静电的产生

5. 对于玻璃裂纹损伤的修复，描述错误的是（　　）。

A. 所有的玻璃裂纹损伤都可以通过粘接的方式修复

B. 通常一个圆形裂纹，在修补完成以后只会剩下一个小小的圆形痕迹

C. 星形裂纹修补完会留下蛛丝状的裂纹

D. 线形裂纹只会留下一条隐隐约约的线

6. 太阳光中能给人体和汽车内饰造成伤害的是（　　）。

A. 可见光　　B. 紫外线　　C. 红外线　　D. 其他射线

7. 对于玻璃膜来说，（　　）是衡量膜隔热性能的一个重要参数。

A. 太阳能阻隔率　　B. 红外线阻隔率　　C. 紫外线阻隔率　　D. 可见光通过率

8. 下列对控光膜描述错误的是（　　）。

A. 厚度一般都是20～50μm，能起到控制光线通过玻璃的作用

B. 合格的控光膜可以挡住90%以上的紫外线和红外线

C. 具有单向透视功能，还能控制扰人的强光，减少眩光，使人的眼睛更舒适

D. 能防止冲击，有安全防护功能

9. 汽车玻璃膜的基片是由通过拉伸成形的长链高聚物复合而成，一旦再次受热，长链高分子就会收缩回复到未拉伸的状态，所以汽车玻璃膜不会在（　　）有较大的收缩性。

A. 膜的幅宽方向　　B. 膜的卷起方向

C. 膜的幅宽和卷起方向　　D. 膜的各个方向

10. 下列对汽车前风窗玻璃膜的使用标准描述错误的是（　　）。

A. 不允许张贴镜面反光遮阳膜

B. 必须保证前风窗玻璃具有足够的透光性，必须贴透光率达到90%以上的膜

C. 良好的控光性和安全性，所以前风窗玻璃膜绝对不能用其他膜代替

D. 为了提高驾驶室内的隐私性，前风窗玻璃可以贴深色的膜

二、思考题

1. 汽车玻璃的使用标准是什么？

2. 玻璃裂纹损伤分为哪几类？修复后的效果如何？

3. 简述正确鉴别汽车玻璃膜质量优劣的方法。

4. 汽车玻璃的特性有哪些？

5. 若所要贴膜需要热成型，如何正确下料？

6. 简述汽车侧窗玻璃贴膜流程。

# 项目六

# 汽车精品装饰

大批量从生产线下来的“千篇一律”的汽车产品，很难满足车主们追求与众不同的心理。加装各种汽车精品，就成了首选。汽车精品是汽车美容的点睛之处，也是一种汽车生活文化的体现，它致力于把汽车营造成一个流动的生活空间。汽车精品带给人们的是一种贴身的关怀，一种与众不同的心理享受。汽车精品装饰的内容十分丰富，涉及汽车装饰和美容的所有项目，分布在汽车的每一个角落。

## 任务一　汽车防盗报警装饰

### 学习目标

1. 了解汽车防盗装置的种类
2. 掌握电子防盗器的功能
3. 掌握电子防盗器的安装工艺
4. 能够进行电子防盗器的安装和检修

### 一、任务分析

近年来，我国的机动车辆被盗案件呈逐年上升趋势，为防止车辆被盗，许多汽车制造厂在车辆出厂前就为车辆装备了防盗装置，但是多数没有报警功能。对于一些出厂时没有安装防盗装置的汽车，车主会想尽办法防止车辆被盗，如图 6-1 所示。

图 6-1　车辆防盗

汽车防盗报警器就是安装在汽车内部的防盗装置，与汽车相关电路连接，可以锁止起动机供油或点火系统的电路，是起到阻吓、防盗作用的装置。防盗器的功能主要有：遥控开关汽车中控锁，增加车辆在起动之后踩制动下锁，关钥匙之后开锁，开车门闪灯，阻吓，紧急呼救寻车，中控锁自动化，必要时还可以防止被抢。

## 二、相关知识

（一）汽车防盗装置的分类

目前市场上的汽车防盗装置可分为机械式、电子式和网络式几大类。随着电子和网络技术的不断发展，新型的汽车防盗装置会被陆续开发出来。

1. 机械式防盗装置

机械式防盗装置是采用金属材料制作的各种防盗锁具，包括转向柱锁、转向盘锁、踏板锁（离合器踏板锁、制动踏板锁）、变速杆锁、车轮锁等。使用时，通过这些防盗锁具锁住汽车的操纵部件，使窃贼无法将汽车开走。该类防盗装置的特点是简便易行、价格便宜，缺点是不能报警。

① 转向柱锁。现在的轿车一般在出厂时都配置了转向柱锁。转向柱锁主要由锁杆、凸轮轴、锁止器挡块、开锁杠杆和开锁按钮等组成。当驾驶员从钥匙筒拔出钥匙后，转向柱便被锁住，使汽车无法驾驶。

② 转向盘锁。转向盘锁有两种结构，一种是直杆结构，由锁杆、锁栓和锁头组成，两个锁栓分别固定在转向盘的径向两相对端，锁杆的另一头插在车内任意地方加以固定，这样就可防止窃贼转动转向盘，如图 6-2 所示；另一种转向盘锁结构形似拐杖，所以也称拐杖锁，该锁两端的手柄长度可进行调整，一端挂在转向盘上，另一端挂在离合器踏板上，装有自动变速器的汽车则挂在制动踏板上，一旦锁定，转向盘就不能转动，挡位也挂不上。

③ 踏板锁。制动器踏板锁主要有制动踏板锁和离合器踏板锁两种。这种防盗锁锁在制动踏板或离合器踏板杆上，以使汽车无法挂挡或处于制动状态，这样，窃贼就无法将汽车开走。

④ 变速杆锁。变速杆是汽车的主要操控部件，如果不能拨动变速杆，盗贼也就无法盗走汽车，所以很多车辆采用锁定变速杆的方法来防盗，如图 6-3 所示。

图 6-2　机械式转向盘锁

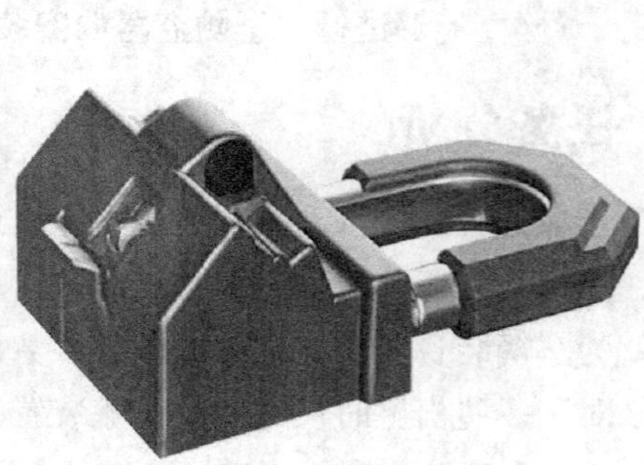

图 6-3　变速杆锁

⑤ 车轮锁及车轮防盗螺栓。车轮锁的防盗原理是将锁具锁在车轮上，从而使车轮无法转动以达到防盗目的。车轮防盗螺栓的结构是在螺栓顶端有一个可以横向移动的防尘盖，内部是一个锁芯，更换车轮时要打开锁芯，螺栓才能转动。或者将车轮螺栓制成内花牙，安装好以后外部与轮毂表面平齐，只有用专用的适配接头才能将车轮卸下，如图 6-4 所示。以此来达到防止汽车轮胎被盗的目的。

2. 电子式防盗装置

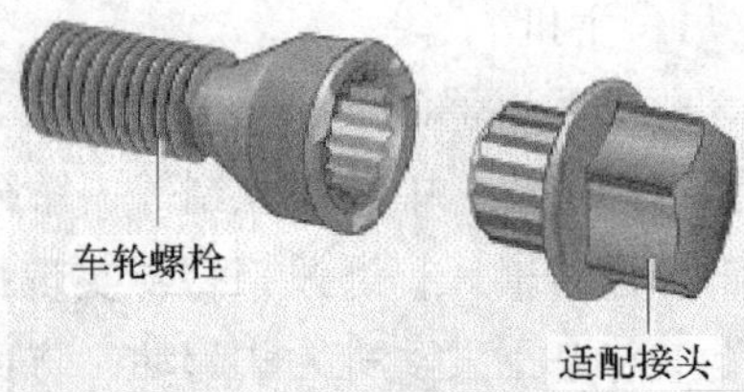

图 6-4 车轮防盗螺栓

电子式防盗装置也称微电脑防盗装置，主要有插片式、按键式和遥控式等几种。该类防盗装置通过电子设备来控制汽车的起动、点火等电路，当整个系统开启之后，如果有人非法移动汽车，开启车门、油箱门、发动机罩、行李箱盖，或接点火线路时，防盗装置会立刻发出警报，顿时灯光闪烁，警笛大作，同时切断起动电路、点火电路、喷油电路、供油电路，甚至自动变速器电路，使汽车处于完全瘫痪状态。

该类防盗装置安装隐蔽，功能齐全，可实现无线遥控，操作简便，是中、高档轿车上广泛使用的防盗装置。

3. 网络防盗

网络防盗是指通过网络来实现汽车的开关门、起动、截停汽车、汽车的定位以及车辆根据车主的要求提供远程车况报告等功能。网络式汽车防盗系统主要有两种：一种是全球卫星定位、通过 GSM 进行无线传输的 GPS 防盗系统，俗称“天网”；另一种是以地面信标定位、通过有线和无线传输对汽车进行定位跟踪和防盗防劫的 CAS 防盗系统，俗称“地网”。网络防盗主要是突破了距离的限制。

GPS 系统的全称为“全球卫星定位系统”，属网络式防盗器，主要靠锁定点火或起动达到防盗的目的。GPS 应用于汽车反劫防盗服务得益于卫星监控中心对车辆的 24 小时不间断、高精度的监控服务。该系统由安装在指挥中心的中央控制系统、安装在车辆上的移动 GPS 终端以及 GSM 通信网络组成，接受全球定位卫星发出的定位信息，计算出移动目标的经度、纬度、速度、方向，并利用 GSM 网络的短信息平台作为通信媒介来实现定位信息的传输，具有传统的 GPS 通信方案所无法比拟的优势。其缺点是价格昂贵，每月要交纳一定费用的服务费。

（二）汽车电子防盗系统

一般汽车电子防盗器都会有主机、遥控器、振动传感器、LED 警示灯、报警喇叭、天线、熄火控制器和线束等，如图 6-5 所示。电子防盗系统的工作电压为 12V ± 3V，工作频率在 400～450Hz。

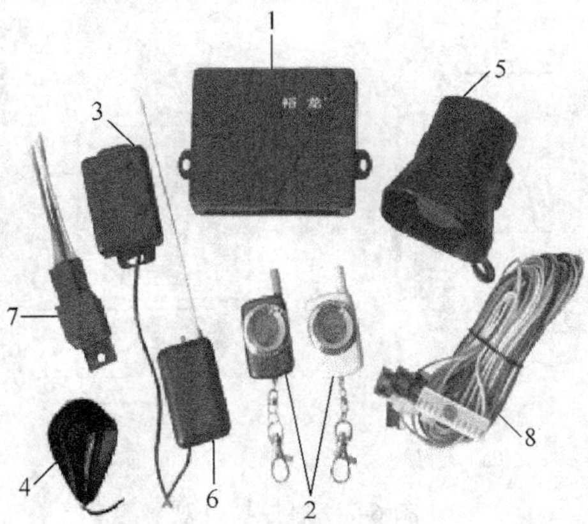

图 6-5 汽车电子防盗系统的组成

1—主机；2—遥控器；3—振动传感器；4—LED 警示灯；5—报警喇叭；6—天线；7—熄火控制器；8—线束

1. 主机

电子防盗器的主机是整个防盗系统的控制计算机，通过天线接收遥控器控制信号，实现警戒设定与解除、中控锁控制等一系列遥控功能。同时，主机还能接收振动传感器、边门、尾门、脚刹等信号输入，通过报警器实现报警、中控锁自动化等功能，并通过熄火控制器，实现在车辆警戒状态下发动机无法起动，防止被盗。

某品牌汽车电子防盗器主机接线图，如图 6-6 所示。

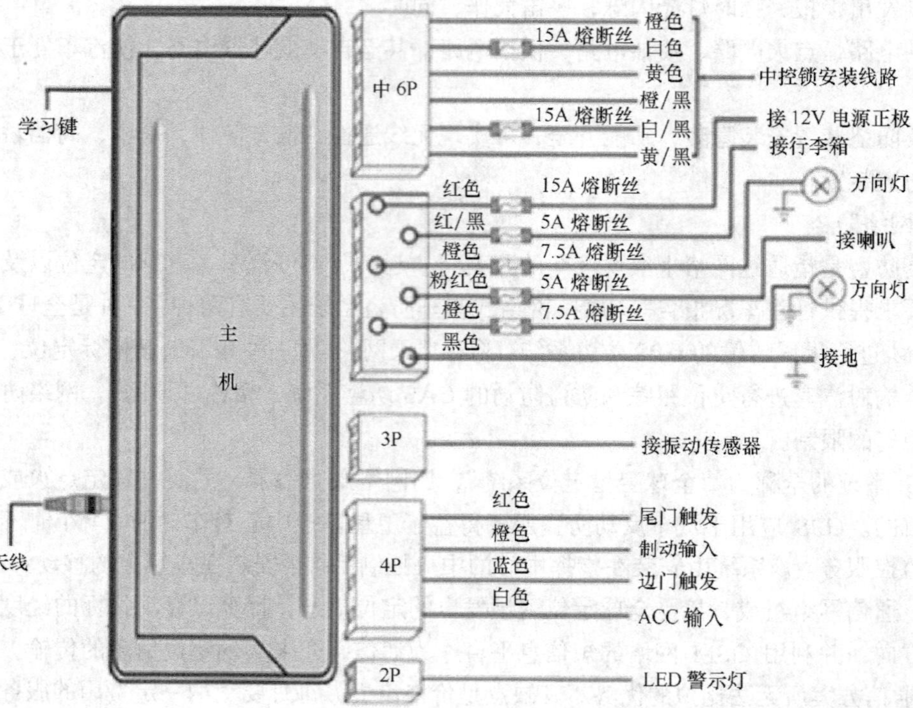


图 6-6　防盗器接线原理图

2. 遥控器

（1）控器外观和按键

图 6-7 所示为某品牌汽车电子防盗器遥控器外观和按键，各按键说明如下。

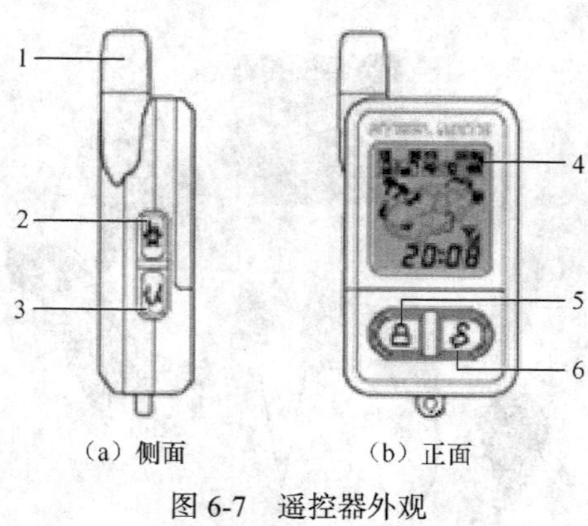


（a）侧面　（b）正面

图 6-7　遥控器外观

1—天线；2—静音键；3—尾门键；4—显示屏；5—设定键；6—解除键

① 设定键。短按设定键，锁车门，并进入声光警戒状态；长按 2s 以上，进入声光寻车状态；汽车行驶中按设定键，会锁车门。

② 解除键。短按解除键，警戒解除，车门开锁；汽车行驶中按解除键，车门开锁。

③ 静音键。短按静音键，锁车门，并进入静音警戒状态；长按静音键 2s 以上，进入闪灯寻车状态；行车中按静音键 2s 以上，进入防抢状态。

④ 尾门键。长按尾门键 1s 以上，开启行李箱。

⑤ 同时按设定键和解除键 1s 以上，进入设置状态。

（2）主机与遥控器的匹配

按住主机壳侧面学习孔内的“学习”键，警示灯闪烁，表示学习成功。这时不要松开学习键，按另一遥控器任意键一次，听到回传音乐声，警示灯闪烁之后熄灭，表示学习成功，重新配置完毕。

（3）遥控器配置与删除

若遥控器遗失，需要重新配置，可按以下方法配置。

① 遥控器与主机配码方法。按住主机学习键，LED 警示灯亮，按遥控器任意键 1 次，听到回传音乐声，LED 警示灯闪烁，表示学习成功，注意此时不要松开学习键，按另一遥控器任意键 1 次，听到回传音乐声，LED 警示灯闪烁之后熄灭，表示学习成功，每次只能学习 2 个有效遥控器。

② 遥控器设置删除。按住主机学习键不松开（10s 内不按遥控器任意键），10s 后主机 LED 警示灯灭，扬声器发出 1 声长音，则表示原来的遥控器设置已经被删除。遥控器删除后触发报警，用紧急解除功能解除报警后可正常使用（防盗功能关闭），重配遥控器学习后恢复防盗功能。

3. 振动传感器

振动传感器可感知车体振动情况，振动灵敏度可以通过灵敏度调整旋钮调节，顺时针旋转可提高灵敏度，如图 6-8 所示。出厂时灵敏度调整在适中位置。

4. 警示灯

警示灯应安装在车内仪表台表面，要求能容易被车外行人看到，以达到警示的目的，如图 6-9 所示。

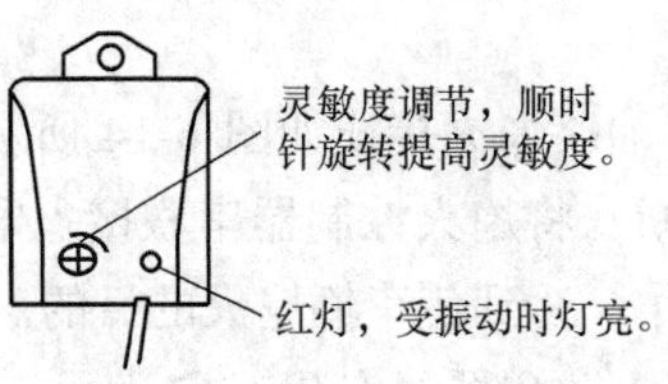


图 6-8　振动传感器

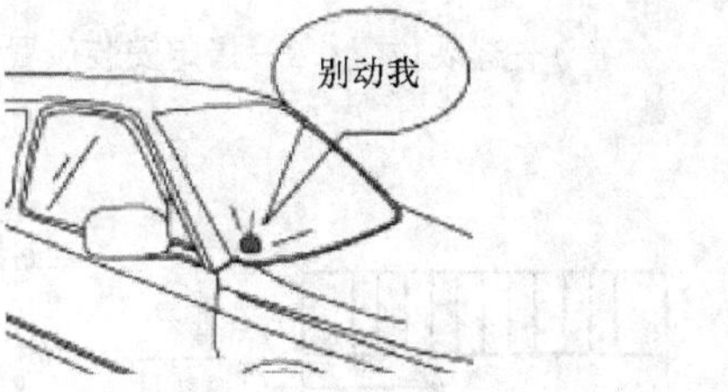


图 6-9　警示灯

5. 报警扬声器

报警扬声器通过不同的发声达到恐吓的目的，扬声器可以通过调整选择不同的声音或声音组合。

① 打开扬声器底部的调音盖，拧开调音盖固定螺钉并取出调音盖，如图 6-10 所示。

② 拨动任意声音开关，可以产生个性组合声音，如图 6-11 所示。

③ 调音完毕，将调音盖紧贴防水胶圈并锁牢，防止进水。最后把调音盖盖好。

图 6-10　打开调音盖

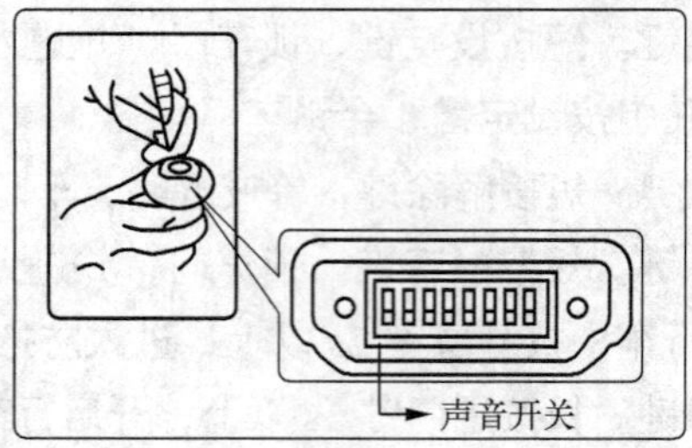


图 6-11　调整声音

6. 天线

若前风窗玻璃未贴玻璃膜，可选择在指定位置后视镜背面安装，若选择在可选安装位安装，天线距离玻璃边缘应大于 10cm；若前风窗玻璃有贴玻璃膜，在可选装位置安装时按图 6-12 所示虚线框切除玻璃膜；若全车贴有玻璃膜，请在指定位置后视镜背面安装，如图 6-12 所示。

7. 熄火控制器

熄火控制器有油路熄火控制器和起动电路熄火控制器两种，它们的连接方法分别如下。

① 起动机断电电路如图 6-13 所示。将起动机控制线剪断，将熄火控制器串联进线路中。在防盗器处于警戒状态时，切断起动电路，使汽车无法起动。

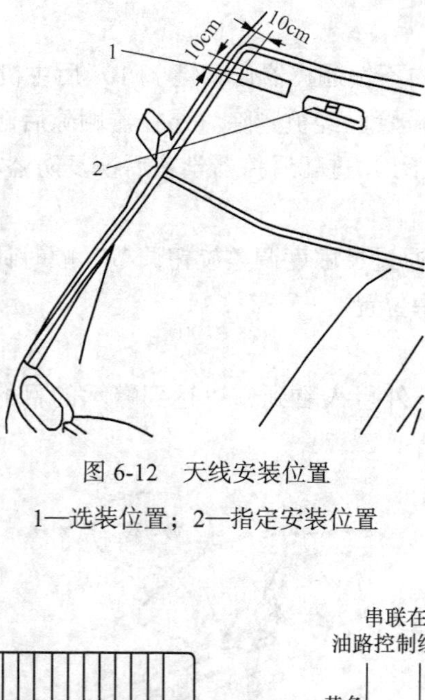


图 6-12　天线安装位置

1—选装位置；2—指定安装位置

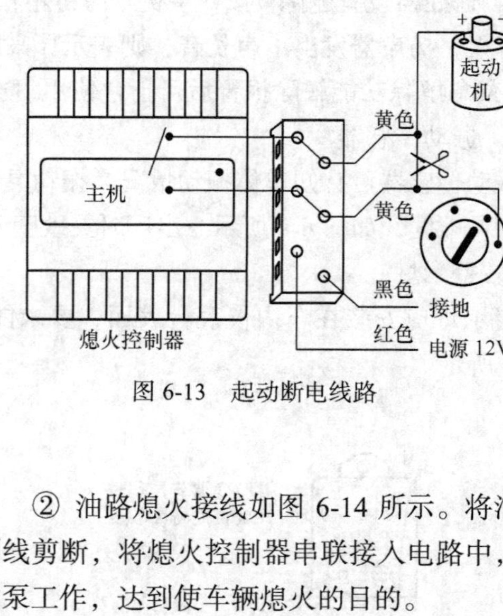


图 6-13　起动断电线路

② 油路熄火接线如图 6-14 所示。将油泵控制线剪断，将熄火控制器串联接入电路中，控制油泵工作，达到使车辆熄火的目的。

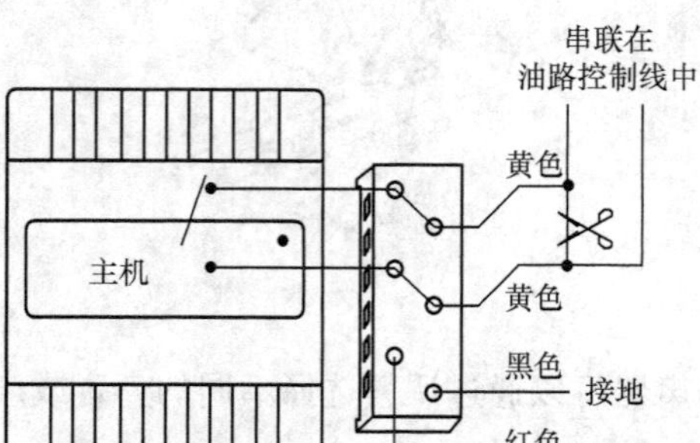


图 6-14　油路熄火接线

（三）防盗器的安装工艺

1. 安装工具与工艺

（1）正确使用工具

① 正确拆装车辆饰板、车门及仪表盘（需要时）。注意使用规格尺寸正确的工具，工具包括不同规格的十字螺丝刀、剥线钳、内梅花、内六角、剪钳等。

② 注意正确使用试电笔和万用表等仪器、仪表。注意万用表的挡位要设置正确。

（2）线束的连接

① 正确剥线。根据线径粗细不同，将接线端外缘皮剥去 25mm 左右，剥皮时要注意内部铜线可能受伤或被剪断，线皮剥好后铜线应保证完好无损。

② 正确接线。将露出的铜线绕束扭紧在一起，用绝缘胶布缠好。在搭接起动线或点火线时，剥线应长至 30mm，线皮剥好后，先将铜线一分为二扭紧在一起。然后将两条线的一分为二的部分分别扭紧在一起，再将它们合二为一扭紧并用胶布缠好。

③ 正确缠线。使用的胶布要符合电工标准，注意其绝缘性和有效期。缠绕胶布时，要稍用点力将胶布稍稍拉长，然后缠绕。这样缠好的胶布会自然地绑紧在搭接好的导线上，胶布不易松开，安全、牢固性较好。

> **注意** 缠绕常火线、起动线和 ON 线时，需按胶布的使用方法缠绕 2 次。缠绕时胶布要有外延，不得有铜线丝露出。断电继电器下的几条线，接好后不要用胶布大面积长长地将几条线缠绑在一起，否则不易散热，易出危险。

2. 防盗器与中控锁的接线

（1）中控锁触发方式判断

中控锁的触发方式有 3 种：负触发方式、正触发方式和正/负触发方式。

① 负触发方式的判断。用测试笔固定夹一端接地（搭铁），触笔另一端触试中控锁的两条控制线，中控锁工作；用测试笔固定夹一端接电源，触笔另一端触试中控锁的两条控制线，中控锁不工作。

② 正触发方式的判断。用测试笔固定夹一端接电源，触笔一端触中控锁的两条控制线，中控锁工作；用测试笔固定夹一端接接地（搭铁），触笔另一端触试中控锁的两条控制线，中控锁不工作。

③ 正/负触发方式的判断。用测试笔固定夹一端接电源，触笔一端触中控锁的两条控制线，中控锁工作；用测试笔固定夹一端接接地（搭铁），触笔另一端触试中控锁的两条控制线，中控锁也工作。

（2）中控锁与防盗器接线

中控锁与防盗器的接线原理图如图 6-15 所示。

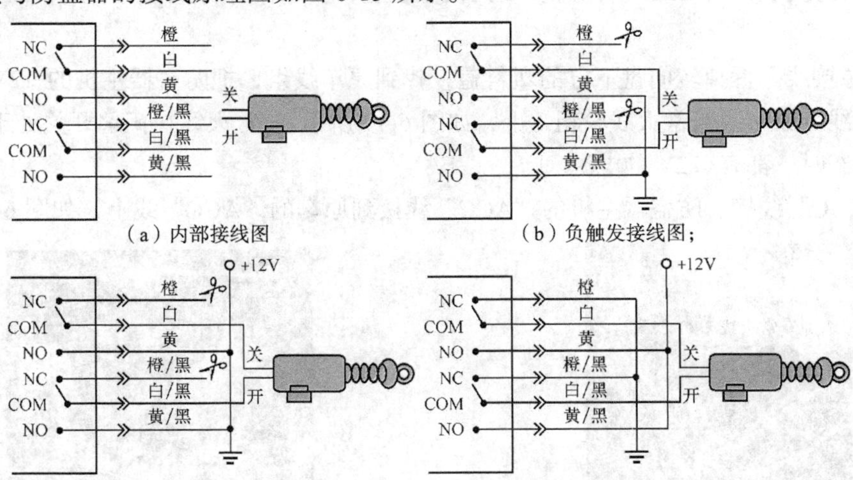


图 6-15　中控锁与防盗器接线原理图

## 三、任务实施

（一）汽车电子防盗器的加装

1. 安装前检查原车电路

① 检查中控锁电路。用原车钥匙（或中控锁开关）开启/关闭左前车门，观察所有车门是否在同一时间内开启/关闭。目的是防止原车各门锁电路或机械结构出现故障。

② 检查车门开关。分别打开各车门，检查所有车门检测开关是否接触正常，观察分别打开车门时车顶灯是否正常亮。目前大多车型顶灯带有延时熄灭功能，检查时须等顶灯熄灭后，再依次打开其他车门。检查门开关是否损坏、漏电、接触不良等现象，防止装防盗器后出现误报警。

③ 检查起动电路。用车钥匙旋转到 ON 位置，观察仪表盘内各指示灯亮情况（如气囊、ABS、充电、发动机故障灯等），然后正常起动车辆，再观察各指示灯熄灭情况有无异常。避免车辆装防盗后出现异常时与车主发生纠纷。

④ 检查转向灯电路。钥匙转 ON 位置，分别打开左右转向灯开关，观察左右闪光灯频率（速度）是否一样（打开紧急双闪灯开关也可对转向灯电路进行检查）。

2. 接线与安装

打开防盗器包装盒，确认组件是否完全。拿出安装说明书，按车型进行接线。安装步骤如下。

① 行李箱接线。拆掉驾驶员侧 A 柱饰板，找到原车线组。防盗主机行李箱门触发线接原车行李箱照明灯线。如果行李箱有电动机，则将防盗器触发线接在行李箱开关与电动机之间，如图 6-16 所示。

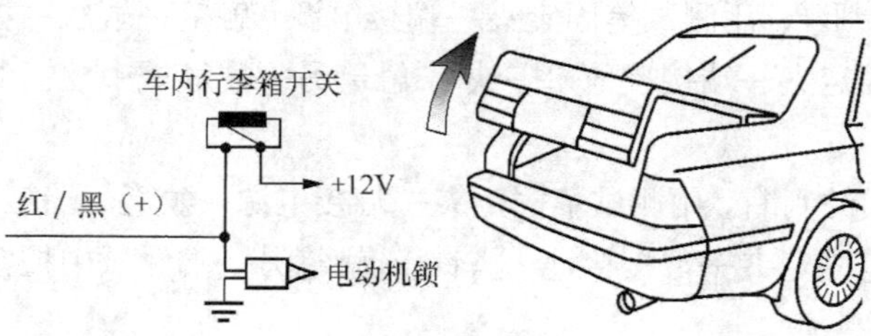


图 6-16　行李箱接线图

② 警示灯安装。将 LED 警示灯安装到仪表板上，要求车外行人容易看到，以达到警示的作用。

③ 电源接线。拆掉转向盘下方的塑料盖，找到原车线组，把防盗器主机的 12V 线接到原车线路常火线（原车线路常火线较粗）上，如图 6-17 所示。（常火线在钥匙开关处于 OFF 或者其他任何状态时，都有+12V 的电源。）

④ “ACC”线接。防盗器主机的“ACC”线接到原车的“ACC”线上，如图 6-18 所示。

图 6-17　连接火线

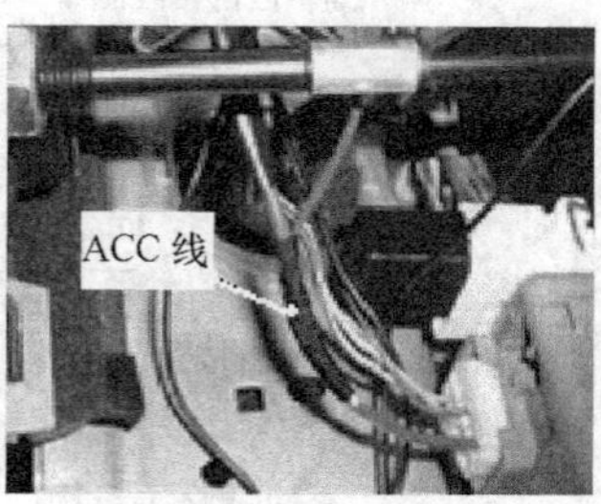


图 6-18　连接 ACC 线

"ACC"线判断，钥匙开关开至"ACC"位置时电笔会亮，"ON"时电笔也亮，当起动起动机时电笔灯会灭（无电），此线为"ACC"线。

钥匙开至"ON"时，测电笔有电，在起动起动机时测电笔也会亮（有电），此线为"ON"线。

⑤ 中控锁接线。用试电笔测试原车中控锁的触发方式，然后将防盗器主机与原车中控锁线路连接。

⑥ 转向灯接线。转向灯线判断，钥匙必须开至ON位置，开左右转向灯时用电笔分别测试此线，若电笔均可亮，说明此线为转向灯线。把原车转向灯线接到防盗器主机两条方向灯线，不需要分左右，如图6-19所示。

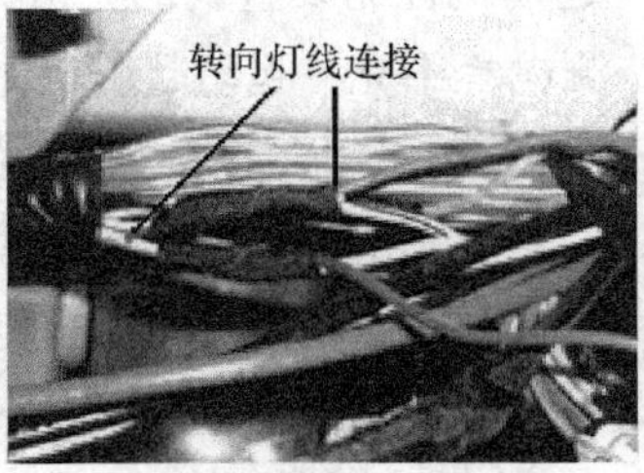

图6-19　连接转向灯线

⑦ 边门接线。安装时根据车型在主机后面选择正确的触发方式，如图6-20所示。出厂时设置为边门负触发。

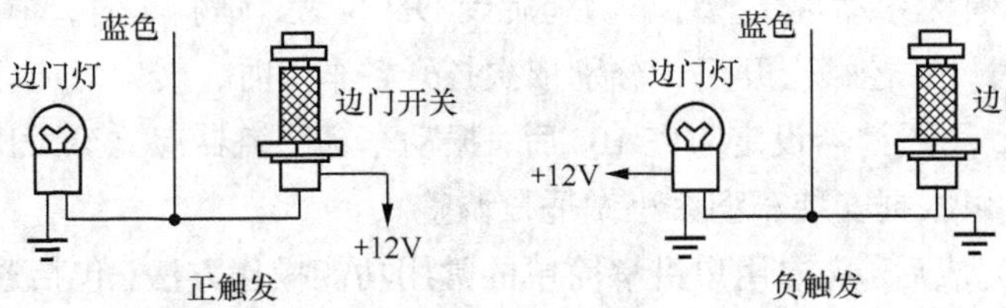

图6-20　边门接线

**注意**　门开关检测线连接时一定要接顶灯控制总线（四门总线），不要接在左前门开关线上。因为主门开关线和其他门开关线之间加有二极管分离，相互不连通，接在左前门开关线上会导致加装防盗后在设定警戒时，出现开后门不报警现象。

⑧ 扬声器接线。在发动机舱内选好合适的位置安装扬声器，如图所6-21示。将扬声器的连接线通过原车的通线孔与驾驶室内主机相连。

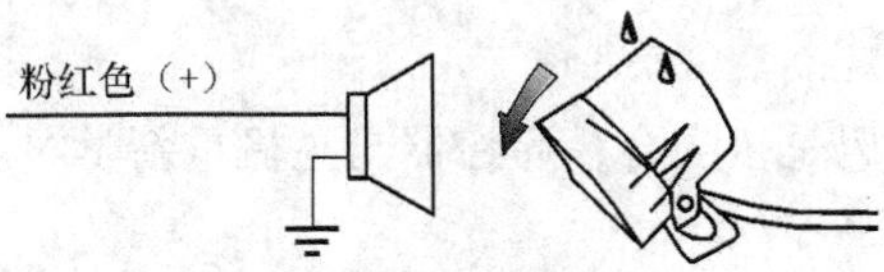

图6-21　扬声器的安装

**注意**　安装时扬声器口应向下倾斜，以防止进水；要远离发动机排气管高温处，以免高温损坏。

⑨ 脚刹接线。脚刹接线连接在制动踏板开关与制动灯之间，如图6-22所示。

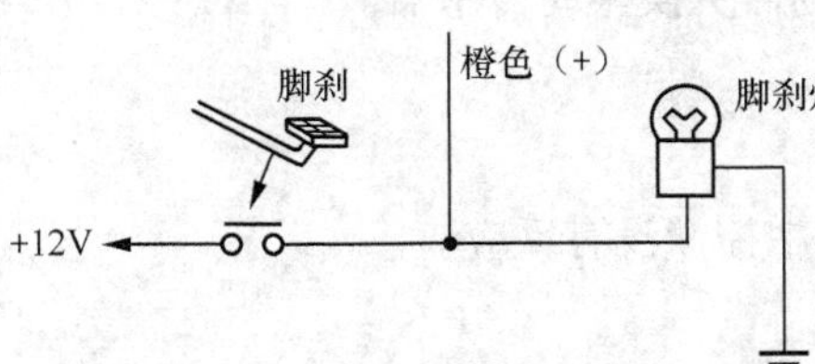

图6-22　脚刹接线

⑩ 振动传感器安装。振动传感器要安装于仪表台下方并紧贴车体金属结构部位，否则会影响感应灵敏度。

⑪ 熄火控制器的连接。剪断原车线路起动线，将防盗器继电器串接在两端。

起动机控制线查找的方法为，用测电笔一端接地（搭铁），一端接线；钥匙开关开至ON状态，测电笔不亮，起动起动机时测电笔会亮，关闭起动机时测电笔会灰，该线为起动机控制线。

⑫ 安装天线。主机天线位置与遥控距离有很大关系，一定要严格按说明书上的要求进行安装，否则会影响遥控和接收距离。

⑬ 接线完毕，选择合适的位置安装防盗主机。

⑭ 测试防盗器，如果没有问题则将拆卸下的饰板装回，最后整理设备。

3. 安装完成的功能测试

① 防盗器主机所有配线连接完成后，要先进行调试后再装上装饰板。检查各配线插头是否与主机插座接触紧固，有无松动现象。将车钥匙旋到ON位置，踏刹车时，中控锁应自动上锁，车钥匙置于OFF位置时，中控锁会开启；分别依次打开各车门时，转向灯应会双闪。

② 关好所有车门，用遥控器设定防盗10s后，振动车辆防盗器应立刻发出报警声音，振动传感器的灵敏度大小，可根据安装车型大小做适量调整。

③ 全部功能测试完成后，应向用户讲解简单的常用功能操作方法，包括遥控和接收的大约距离、遥控器的电池使用时间、紧急解除开关的功能使用，最后告诉用户安装点电话以便为用户更好地服务。

（二）汽车电子防盗器常见故障的排除

故障一

（1）故障现象

主机安装之后，扬声器一直鸣叫，无法用遥控器解除。

（2）处理方法

① 检查接线是否有问题。

② 检查主机熔断丝是否烧断。

③ 检查主机与遥控器号码是否吻合，遥控器与主机重新学习。

故障二

（1）故障现象

设定警戒后，轻触车辆即报警，或者车辆暂停路旁时，当有重型车经过就会触发报警。

（2）处理方法

① 检查振动传感器是否灵敏度过高，逆时针方向调整振动传感器灵敏度调节旋钮，降低灵敏度。

② 如果故障仍不能解决则需更换振动传感器。

故障三

（1）故障现象

遥控器能设定防盗，但是中控锁没有反应。

（2）处理方法

① 检查中控锁门锁配线是否被破坏从而造成短路或断路，检查线路安装是否正确。

② 检查中控锁配线熔断丝是否断开。

③ 检查中控锁的触发方式，重新按安装说明接线。

故障四

（1）故障现象

解除防盗后，打开车门，方向灯不闪；或者设定防盗后，强行打开车门不报警。

（2）处理方法

① 检查防盗器车门检测线安装是否正确。

② 检查原车门感应开关是否断开或接触不良。

故障五

（1）故障现象

防盗器装车后或使用过程中，报警扬声器无声或有时发声不正常。

（2）处理方法

① 检查是否开启静音防盗功能。

② 检查主机与扬声器之间连线是否接触不良，接线是否正确。

故障六

（1）故障现象

设定防盗之后，10s 之内扬声器立即大声鸣叫，解除之后再设定也是同样情形。

（2）处理方法

① 检查振动传感器是否正常或太灵敏。

② 检查边门检测线与制动检测线连接是否正确。

故障七

（1）故障现象

遥控距离明显偏近或使用中遥控距离慢慢变短，无法遥控。

（2）处理方法

① 检查主机天线安装位置是否符合标准安装要求。

② 检查主机插座与天线插头是否有接触不良现象。

③ 使用中，防盗系统周围是否有高建筑物或无线电发射装置，因为高频电磁波对防盗系统使用距离有较大影响。

④ 检测电池电量是否充足。

# 任务二　汽车倒车雷达装饰

## 学习目标

1. 了解倒车雷达的种类和发展方向
2. 掌握倒车雷达系统的组成和安装工艺
3. 能够进行倒车雷达的安装和检修

## 一、任务分析

过去，在车内或车外设置反射镜面（后照镜、后视镜）的最初构想，主要目标便是降低汽车与外界发生撞击的可能性，以增加汽车使用寿命，而这些原始构想同时也为车外的第三者提供了安全保障，使其避免被来车撞击。事实上，只凭三面后照镜提供的驾驶视野及信息，恐怕也难以满足驾车者对于驾驶安全的需求。随着电子技术的不断发展，汽车倒车警示系统逐渐被开发出来。

倒车雷达是汽车泊车或者倒车时的安全辅助装置，能以声音或者更为直观的显示告知驾车者周围障碍物的情况，解除了驾车者泊车、倒车和起动车辆时前后左右探视所引起的困扰，并帮助驾车者扫除了视野死角和视线模糊的缺陷，提高驾驶的安全性，如图6-23所示。

图6-23　倒车雷达

## 二、相关知识

1. 倒车雷达的发展

随着汽车电子技术的不断发展，倒车提示装置也是由最简单的扬声器鸣叫提醒，发展到声音，图像同时提醒。现在，高清摄像头在倒车雷达中的应用，使倒车变得更安全。

（1）第一代倒车扬声器提醒

“倒车请注意!”想必不少人还记得这种声音，这就是倒车雷达的第一代产品，现在只有小部分商用车还在使用。只要司机挂上倒车挡，它就会响起，提醒周围的人注意。从某种意义上说，它对司机并没有直接的帮助，不是真正的倒车雷达。

（2）第二代轰鸣器提示

这是倒车雷达系统的真正开始。倒车时，如果车后1.8～1.5m处有障碍物，轰鸣器就会开始工作。轰鸣声越急，表示车辆离障碍物越近。没有语音提示，也没有距离显示，虽然司机知道有障碍物，但不能确定障碍物离车有多远，对驾驶员帮助不大。

（3）第三代数码波段显示

第三代倒车雷达比第二代进步很多，可以显示车后障碍物离车体的距离。如果是物体，在1.8m开始显示；如果是人，在0.9m左右的距离开始显示。

这一代产品有两种显示方式，数码显示产品显示距离数字，而波段显示产品由3种颜色来区别：绿色代表安全距离，表示障碍物离车体距离有0.8m以上；黄色代表警告距离，表示离障碍物的距离只有0.6～0.8m；红色代表危险距离，表示离障碍物只有不到0.6m的距离，必须停止倒车。第三代产品把数码和波段组合在一起，比较实用，但安装在车内不太美观。

（4）第四代液晶荧屏显示

这一代产品有一个质的飞跃，特别是荧屏显示开始出现动态显示系统。不用挂倒车挡，只要发动汽车，显示器上就会出现汽车图案以及车辆周围障碍物的距离。动态显示屏色彩清晰漂亮，外表美观，可以直接粘贴在仪表盘上，安装很方便。不过液晶显示器外观虽精巧，但灵敏度较高，抗干扰能力不强，所以误报也较多。

（5）第五代魔幻镜倒车雷达

第五代产品结合了前几代产品的优点，采用了最新仿生超声雷达技术，配以高速电脑控制，可全天候准确地测知 2m 以内的障碍物，并以不同等级的声音提示和直观地显示提醒驾车者。

魔幻镜倒车雷达把后视镜、倒车雷达、免提电话、温度显示和车内空气污染显示等多项功能整合在一起，并设计了语音功能，是较先进的倒车雷达系统。因为其外形就是一块倒车镜，所以可以不占用车内空间，直接安装在车内倒视镜的位置。

（6）第六代无线倒车雷达

全新无线液晶倒车雷达，融无线连接、 倒车雷达、彩色液晶显示、BP 警示音于一体。由于普通倒车雷达安装时，从车后雷达主机到车前仪表台上显示器要布一条线，因此当要拆装车内的装饰板、胶条等时，非常不方便。无线液晶倒车雷达能轻松解决此问题，车后主机和显示器之间无线连接，方便快捷。

（7）倒车影像

全新液晶汽车倒车雷达系统，将以前汽车倒车雷达探测传感器更换为高清摄像头。倒车时，车后影像清晰地显示在液晶显示器上。同时，避免了普通探头探测不准确的缺陷。

随着电子科技的不断发展，更方便、实用的汽车汽车倒车雷达产品将不断涌出。

2. 倒车雷达系统的组成

一般来说，倒车雷达系统由主机、显示器、探头和连接电源线等组成，如图 6-23 所示。有些倒车雷达系统还增加了辅助功能，比如加装车内和车外的温度传感器等，能将温度在显示屏上直观地显示出来。

倒车雷达组件在汽车上的整体安装位置如图 6-24 所示。在车的后保险杠或前后保险杠设置雷达探头，用以侦测后方或前后方的障碍物，当遇到障碍物时，产生回波信号，探头接收到回波信号后经主机进行数据处理、判断出障碍物的位置，由显示器显示距离并发出其他警示信号，使倒车变得更轻松。帮助驾驶员“看到”前后方的障碍物，或停车时与它车的距离，此装置除了方便停车外更可以保护车身不受刮蹭。

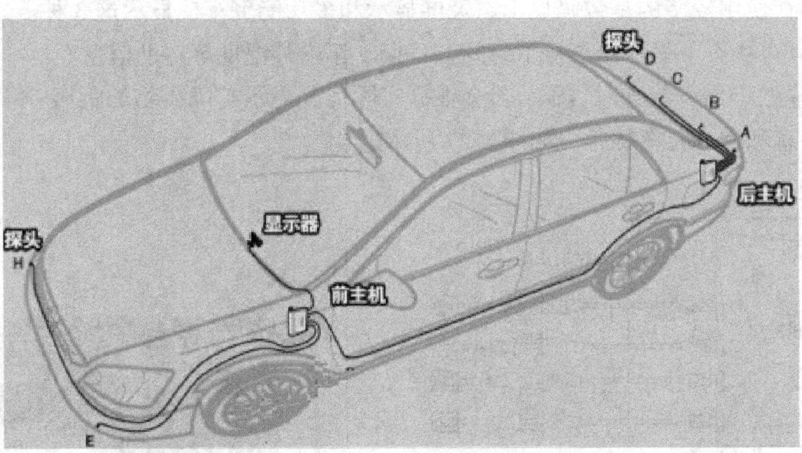


图 6-24　倒车雷达组件在车上的位置

（1）主机

主机是倒车雷达系统的“大脑”，负责接收探头的探测信号，将车辆与障碍物的位置和距离传输给显示器。

① 前主机。前主机除接收前方探头的探测信号、车内外温度信号等，还接收后主机的信号，同时通过连接刹车线、倒车线、点火开关等接收车辆本身的行驶状态，并结合车辆自身行驶状态和车外环境把提示信息通过显示屏告诉给驾车者，如图 6-25 所示。

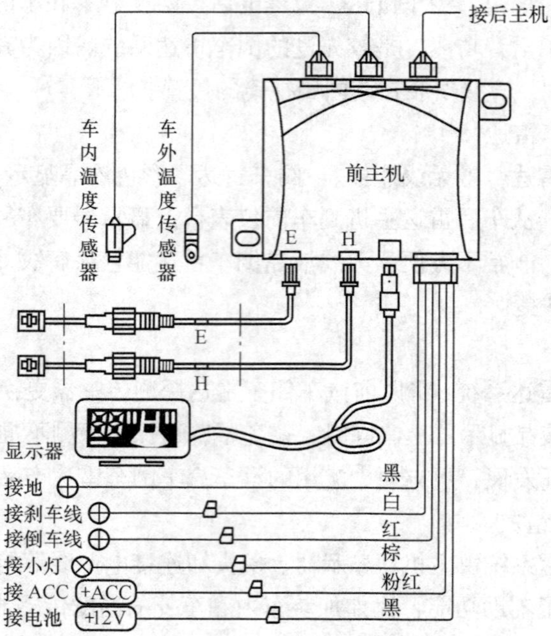


图 6-25　前主机接线

② 后主机。后主机用来接收汽车后方探头探测的信号，并通过连接线将信号传给前主机，如图 6-26 所示。

（2）显示器

显示器主要是用来显示车辆当前所处位置周围的状况，驾车者可以通过显示器上的信息来辅助泊车。现在使用较多的是数码显示、荧屏显示和多功能倒车镜显示这 3 种。

① 正常行车状态下显示器会显示时间、日期、车内外温度等辅助信息。

② 当车辆处于倒车状态时，显示器会根据实际情况显示与障碍物的距离、停车警告、语音图标、自检信息和七方位图标等，如图 6-27 所示。

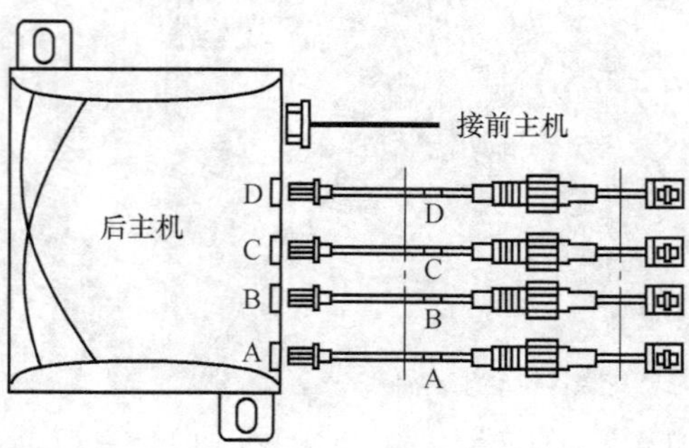


图 6-26　后主机接线

图 6-27　显示障碍物情况

（3）探头

① 探头数量。通常来说，探头的数量决定了倒车雷达的探测覆盖能力，探头数量越多越能

减少探测盲区。市面上的倒车雷达可分为 2 探头、3 探头、4 探头、6 探头及 8 探头。2～4 探头的倒车雷达一般安装在汽车的后保险杆上面，6～8 探头的倒车雷达一般安装是前 2 后 4，或前 4 后 4。6 个以上探头的倒车雷达在倒车时，可探测前左、右角，探测范围和精度颇高。

② 探头类型。普通的倒车雷达系统采用的是电磁波探头，能把探测到障碍物的距离传输给主机，再经过显示屏模拟显示，并有声音配合报警。

倒车影像系统采用的探头是高清的摄像头，能够把探测到的景物传输给主机后再经液晶显示屏清晰地显示出来。

③ 探头探测范围。探头的探测距离分区如图 6-28 所示。后 4 探头探测范围分为安全区（大于 2.6m）、预警区（2.6～1.5m）、慢行区（1.5～1.0m）、警戒区（1.0～0.4m）和即停区（小于 0.4m）5 个区域。前 2 探头探测范围分为大于 0.4 m、0.4～0.3 m、小于 0.3m 几种情况。

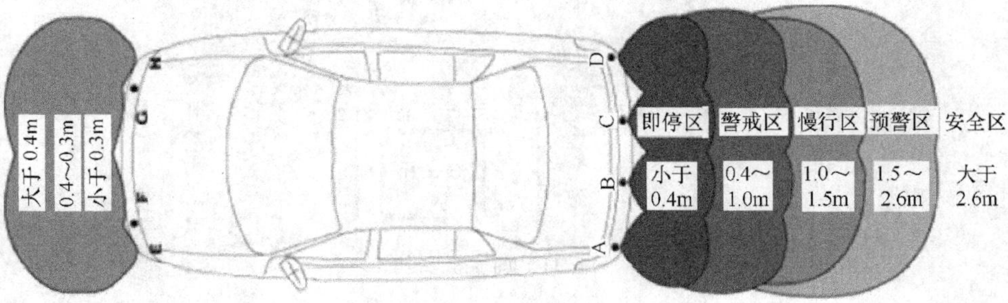


图 6-28　前后探头探测范围分区

④ 探头工作分为如下几种情况。

• 向前泊车。点火开关处于“ACC.ON”位置，每次踩制动，系统自动启动。前两探头探测距离约为 70cm，如图 6-29 所示。

图 6-29　向前泊车时探头探测距离

• 向后泊车。点火开关处于“ACC.ON”位置，挂入“R”挡，系统自动启动，进行前方两角度、后方全方位探测，优先提示最近障碍物状况。前 2 探头 E、H 探测距离约为 100cm。后 4 探头探测距离：边角两探头约为 160cm，中央两探头约 260cm，如图 6-30 所示。

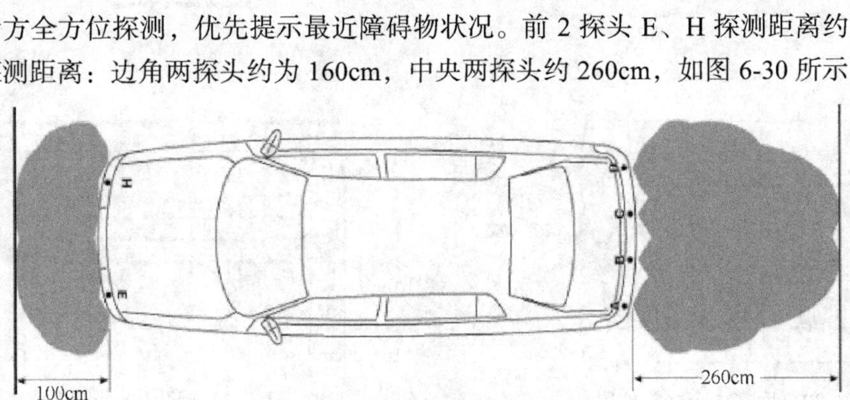


图 6-30　向后泊车时探头探测距离

• 前后兼顾。挂入“R”挡，前后探头同时探测，优先显示障碍物最短距离。当前方障碍物距离小于后方时，有不同等级的蜂鸣警示声“bi-bi-bi…”提示。

## 三、任务实施

（一）电子倒车雷达的安装

以某品牌电子倒车雷达为例介绍汽车倒车雷达的安装流程。

1. 前主机安装

前主机安装时尽量远离原车电子元件，建议安装在副驾驶的位置，如图 6-31 所示。安装要牢固。

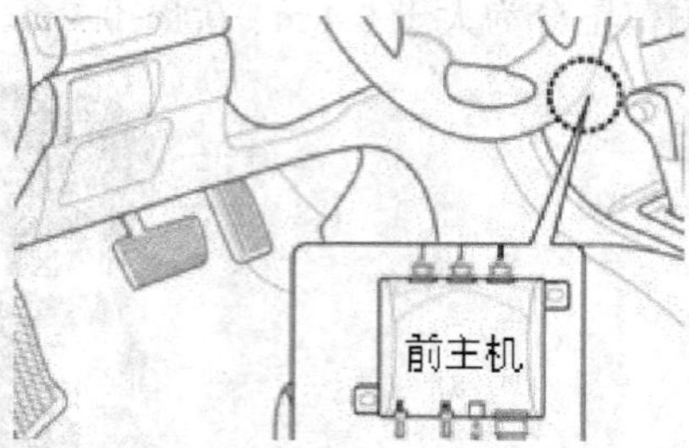


图 6-31 前主机安装

2. 后主机安装

后主机安装在行李箱的左侧，与探头连接，安装要牢固。同时，找到倒车灯线准备与前主机相连。

3. 探头安装

对于前 2 后 4 的 6 个探头的安装方法如下。

（1）确定探头的安装位置

① 后面 4 个探头的安装位置如图 6-32 所示。A、B、C、D 离地高度为 50～70cm，4 点要同一高度。A、D 距离车身外缘 12～20cm，距离要相等。A、D 之间的距离设为 $L$，将 $L$ 分为 10 等份，AB 距离与 CD 距离相等为 $0.3L$，BC 距离为 $0.4L$。

② 前面 2 个探头的安装位置如图 6-33 所示，H、E 距地面 45～55cm，要求要等高。H、E 距车身外缘距离为 15～20cm，要求距离相等。

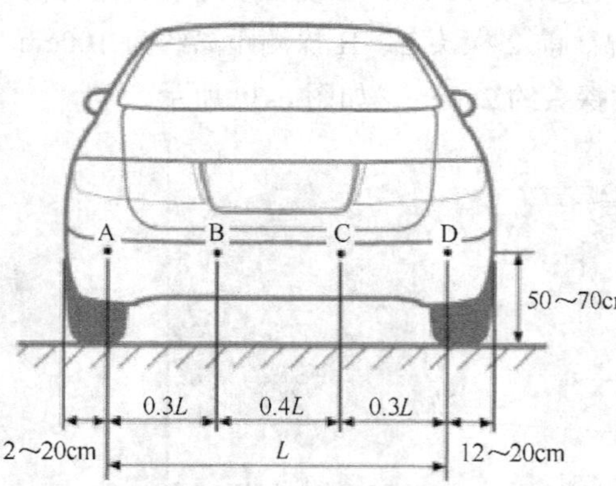


图 6-32 后部 4 个探头位置

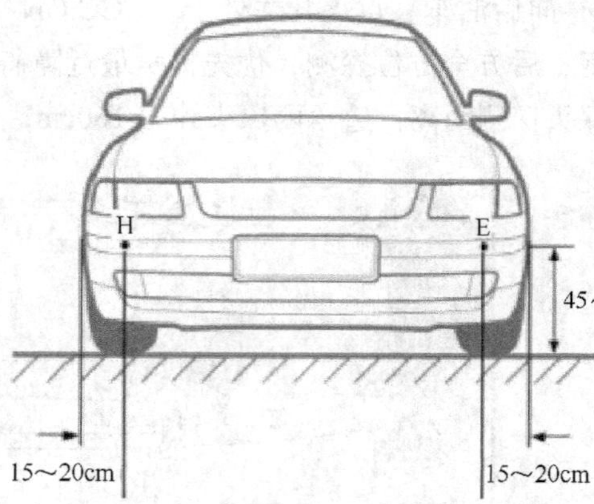


图 6-33 前面 2 个探头位置

③ 在前后保险杠上按要求确定好探头的位置，并用记号笔做好标记，准备打孔并安装探头。

注意：前面提及的探头离地高度、距离车身外缘距离等数值，只是作为参考，具体情况要根据车辆实际情况来定。要保证后面所有探头离地高度一致，前面探头离地高度也要一致。

（2）安装探头

① 先确认使用的扩孔钻头与探头的直径一致，方可打孔。否则会影响探头的安装牢固性。

② 钻孔前最好先用钉子等尖锐工具在标记处钻盲眼，防止电钻刚转动时钻头滑动，伤害到保险杠或车身的其他位置，然后用钻头钻孔。

③ 安装探头时注意安装方向，两个大拇指均衡用力将探头压入保险杠中，要压牢并紧贴车体。

④ 将防水插头插好，用力扭紧，防止进水。

4. 显示器的安装

① 显示器安装于仪表台、前风窗玻璃或空调出风口处，如图 6-34 所示。A、B 为仪表台位置，C、D 为前风窗玻璃位置，E 为空调出风口位置。若安装于空调出风口，一定要按规定装好嵌夹。

② 安装好显示器后要将连接线埋设好以免影响美观。

5. 倒车雷达功能验证

安装完毕，应先确认功能是否正常，方可使用。验证方法为：将规格为 30cm × 100cm 的木板竖起放于汽车后方，驾驶员慢慢倒车，验证倒车雷达的相应功能，如图 6-35 所示。

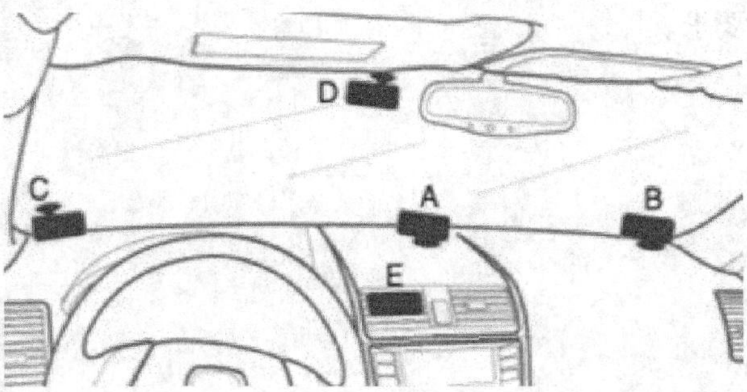

图 6-34　显示器的安装位置

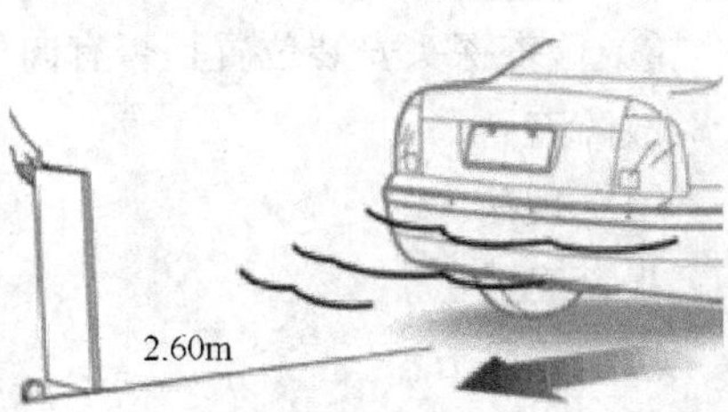

图 6-35　验证功能

（1）预警距离测试

将一个木板摆在探头的正后方，由远到近缓慢倒车，分别在远、近两端测量木板到车尾的实际距离，并和车内倒车雷达显示的障碍物距离相比较。

（2）障碍物方位显示测试

将 3 个木板分别摆放到车尾的左、中、右侧，测试倒车雷达探测显示障碍物方位是否精确。

（3）探测死角测试

将木板中心顶偏离探头中心，测试倒车雷达是否能发现。

（二）倒车雷达常见故障的排除

故障一

（1）现象

装机后无显示。

（2）排除方法

① 检查电源线是否连接正常。

② 钥匙门是否打开处于 ACC.ON，是否挂入倒车挡。

③ 各连接线是否插到位。

故障二

（1）现象

提示探头错误。

（2）排除方法

① 检查探头线是否与主机对应插好。

② 探头线是否已被拉断。

故障三

（1）现象

障碍物位置与显示方位不一致。

（2）排除方法

检查探头 A、B、C、D 接线是否与主机插口对应。

故障四

（1）现象

挂入倒车挡，显示器显示信息错误。

（2）排除方法

① 检查探头安装的高度是否符合安装要求。

② 检查探头是否朝上或装反。

③ 检查探头安装位置是否有向下倾斜。

故障五

（1）现象

报警声过低。

（2）排除方法

将音量开关调至适当音量。

故障六

倒车雷达遇到以下情况时可能会影响探测准确程度，但不是系统本身的故障。

① 表面光滑的斜坡。探测波在坡面上产生镜面反射，全部被反射到斜上方，没有回波，如图 6-36 所示。

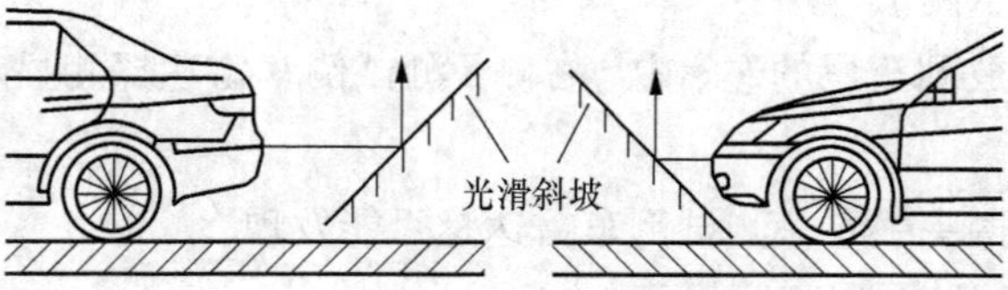


图 6-36　表面光滑斜坡

② 表面光滑的球体。由于光滑球体反射面积很小，回波也很少，无法识别，如图 6-37 所示。

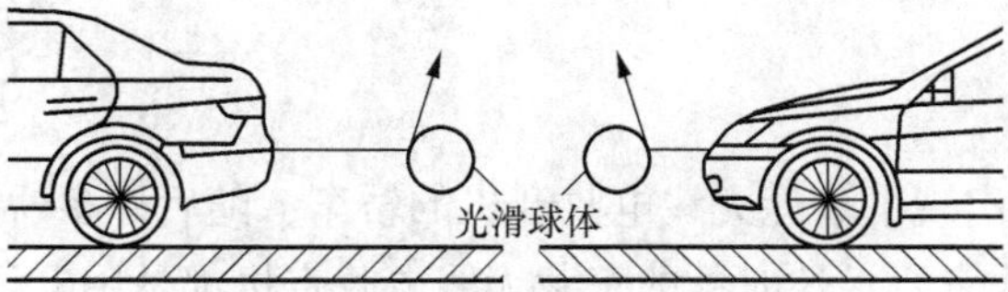


图 6-37　光滑球体

③ 高吸音棉质物体。探头的探测波被高吸音棉性质的物体吸收，没有回波，无法识别，如图 6-38 所示。

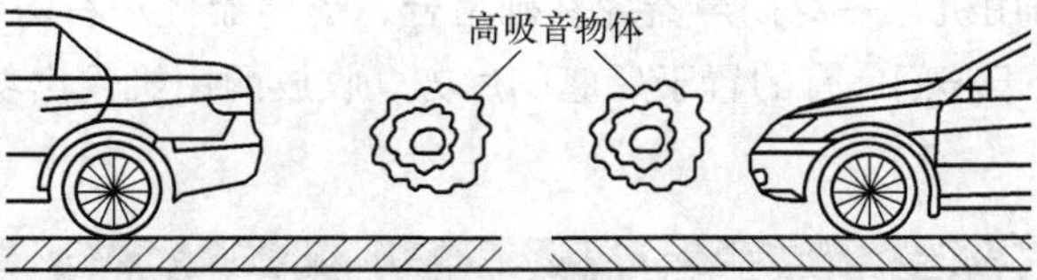


图 6-38　高吸音物体

④ 特殊形状的物体。遇到特殊形状的物体，探测波反射受到阻碍，回波很少，无法识别，如图 6-39 所示。

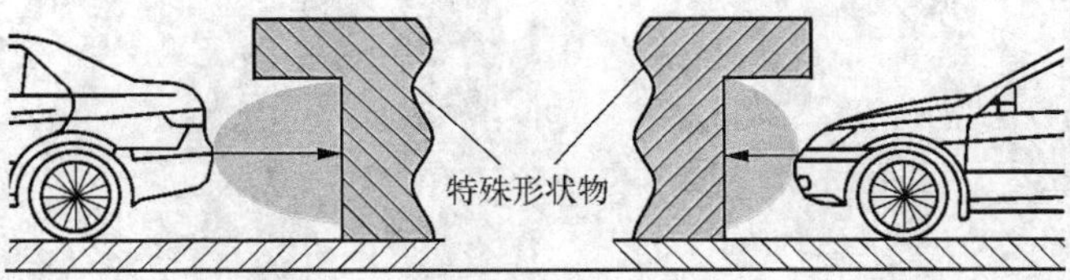


图 6-39　形状会阻碍波反射的物体

⑤ 特殊环境。遇到在地平面以下的危险环境，例如，河流、下水井、水坑等，探测波无法探测到，无法识别，如图 6-40 所示。

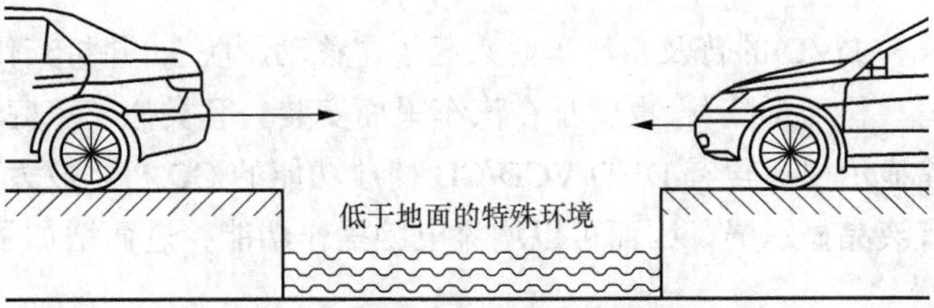


图 6-40　低于地面的危险状况

# 任务三　汽车音响装饰

## 学习目标

1. 了解汽车音响的特点
2. 掌握汽车音响系统的组成
3. 掌握汽车音响前声场的设计方法
4. 掌握汽车音响改装和调音技术

## 一、任务分析

1923 年，美国首先出现了装配无线电收音机的轿车，随后许多轿车都步其后尘 ，在仪表板总成上安装了无线电收音机。这时候的车载无线电收音机都是用电子管，直到 20 世纪 50 年代出现半导体技术后，轿车收音机出现了技术革命，用半导体管逐步取替了电子管，提高了轿车收音机的寿命。20 世纪 70 年代初，卡式收录机进入了市场，一种可播放卡式录音带的车用收放两用机出现在轿车上，同时机芯开始应用集成电路。到 20 世纪 80 年代末，一般轿车的音响多以一个卡式收放两用机与一对扬声器为基础组合，扬声器分左右两路声道，有的置于仪表板总成的两侧，有的置于车门，有的置于后座的后方，收放两用机输出功率多在 20W 左右，如图 6-41 所示。

图 6-41　汽车音响

随着液晶显示屏和 DVD 的普及，汽车业兴起了“移动影院”，并将其作为一种新配置来提升汽车的档次。所谓“移动影院”，也就是在汽车里面安装一套类似“家庭影院”的娱乐设备，它的系统主要由液晶显示屏、含有 DVD/VCD/CD 播放功能的 CD 机、放大器、扬声器等组成。汽车“移动影院”有液晶显示屏，因而可以增添电脑操作功能，进而增加了上网功能，使汽车进入互联网世界。

## 二、相关知识

（一）汽车音响的特点

汽车的运行环境是十分恶劣的，包括振动、高温、噪声、电磁波等都会干扰车内电子设备的正常工作。汽车音响随时受到汽车发动机点火装置及各种用电电器的电磁干扰，尤其是车上所有电器都用一个蓄电池，更会通过电源线及其他线路对音响产生干扰。因此轿车专用的音响设备，从设计和工艺制造方面的要求都要比家用音响严格。从这个意义上讲，高性能的轿车音响实际上是当今音响世界中的顶级品。

汽车音响技术要注意的地方有 4 点：安装尺寸和安装技术、音响本身的避震技术、音质的处理技术、抗干扰技术。

1. 安装技术

轿车上的音响绝大多数安装在仪表板或副仪表板的位置上，而这些仪表板内的空间比较狭窄，汽车音响主机的体积必然要受到限制，因此国际上就产生了一个通用的安装孔标准尺寸，称为DIN（德国工业标准）尺寸。标准的DIN尺寸为178mm×50mm×153mm（长×宽×深），如图6-42所示。有些比较高级的汽车音响主机带有多碟CD音响等装置，安装孔尺寸为178mm×100mm×153mm，又称为2倍DIN尺寸。个别品牌的轿车其音响主机属于非标尺寸，只能指定安装某种型号的汽车音响。所以购置汽车音响，一定要注意音响主机尺寸与仪表板上安装孔尺寸是否适配。

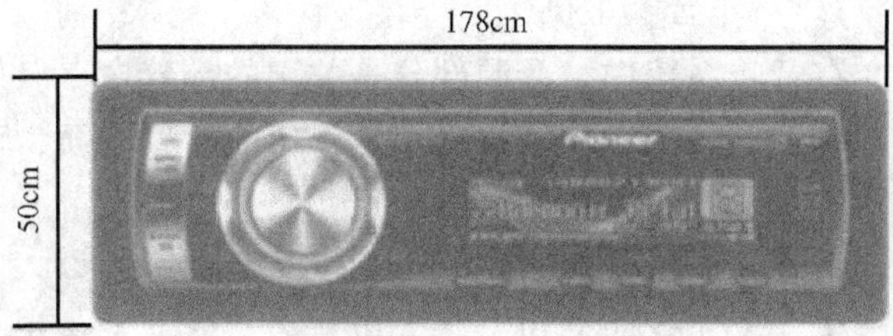

图6-42　音响主机的标准尺寸

汽车音响的安装除了仪表板安装孔尺寸外，更重要的是整个音响系统的安装，尤其是扬声器和机件的安装技术。因为一辆轿车的音响优劣，不但与音响本身的质量有关系，还与音响的安装技术有直接关系。

2. 避震技术

汽车的振动比较大，音响系统的安装技术要追求高稳定性和高可靠性。因此汽车音响具有的特点：汽车磁带放音部分多采用横向放置方式，上下卡紧以保证稳定放音；采用优质的陶瓷涂层的坡莫合金磁头，令音质与耐久性都有保障；CD部分采用多级减振技术，要求线路板上的元件焊接要绝对可靠。

3. 音质处理技术

汽车音响的音质处理已朝数码技术发展。音质优劣除了主机配置外，扬声器的质量也起到非常重要的作用。有人认为，在一般汽车音响中，扬声器至少应占总投资的一半以上，因为制造优质的扬声器需要复杂的技术，价格不菲但其产生的高、低音效果往往是普通扬声器无法达到的。轿车音响的扬声器一般是比较讲究的，尤其是多路分频扬声器更是如此。

4. 抗干扰技术

汽车音响的防干扰技术针对电源线的干扰采用扼流圈串在电源与音响之间进行滤波；对空间辐射干扰采用金属外壳密封屏蔽；在音响中专门安装了抗干扰的集成电路，用以降低外界的噪声干扰。

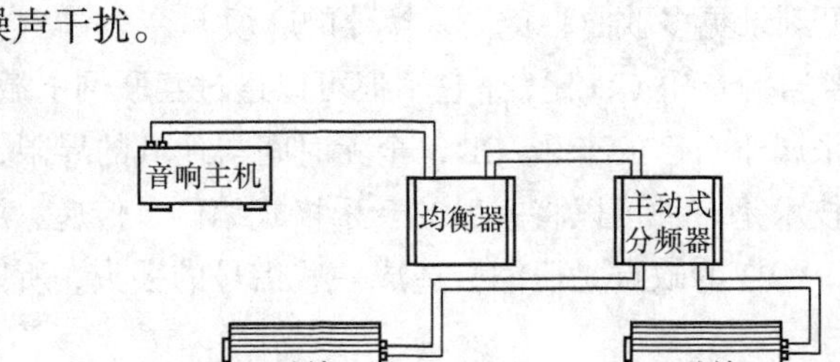

图6-43　汽车音响系统构成

（二）汽车音响系统组成

汽车音响系统一般由主机、信号处理器（均衡器、分频器等）、功率放大器和扬声器构成，还包括线材、保险、电容、电感等小附件。

音频信号通过主机输出之后，进入后级处理部分，经信号处理器处理，经功率放大器放大，再输出驱动扬声器，如图6-43所示。主机就好像人的大脑，要发出什么样的声音，得由大脑来控制；而扬声器就好像是人的歌喉，发出的声音是否甜美，就要看其嗓音如何了。

1. 汽车音响主机

在音响系统中，音源部分是关键的部分之一。好的音源是好的音质的开始，如果音源的质量不佳，后级的音响器材再好，也不能改善音质，而且越好的后级器材系统，越能彰显音源的性能差异。

（1）音频信号格式

① AM/FM 收音机。收音机是汽车影音系统主机中最常见的音频信号源，它可以从数以百计的公共广播中拾取信号，而不会受到其他信号的干扰，并且还不会受到汽车点火系统和其他电子设备的影响。收音机拾取信号的灵敏度要求非常高，拾取信号的强度小到只有百万分之几伏，而且还不受临近的强信号的影响。有的收音机在设计时，还会在信号减弱的情况下，将立体声的信号合并成为单声道的信号输出。

② 卡带。卡带是以前很多原车音响主机的音频信号源，现在已经被其他格式的音源取代。其主要结构是一个表面铺盖一层磁粉的塑胶带，卷在两个卷轮上的小型盒子里。录音时，音频信号通过录音头，产生磁感应从而磁化磁带上的磁粉。放音时，放音头将磁带上记录的信号重播出来。

③ CD。CD 是市场中份额最大的高质量数字音频格式，可以存储音乐信号和其他通用的数字式数据信息。要从 CD 上读取信息需要经过 A/D（模拟/数码）转换。CD 的优点是音质细腻，还原效果好，发烧级使用为好。其缺点是每张唱片的时间短，录制的曲目少。

④ DVD。DVD 是 Digital Versatile Disc 数字式多用途光碟的简写，有着非常广泛的用途。目前它主要用作播放高质量的视频、音频信号的电影节目的光学储存媒体格式。它的尺寸与 CD 基本相同，只是稍厚一些。

⑤ 数字卫星广播。数字卫星广播是汽车娱乐系统中最新的技术创新，可以为用户提供优异的音质、程式选择和全国性的覆盖范围。必须要用特殊的接收机和较复杂的天线才能接收到卫星信号。

⑥ MP3 汽车多媒体唱片机。MP3 全名为 MPEG-1 AUDIO LAYER3（第三层的缩写），是一种通过计算机技术压缩的计算机档案格式，将声音转变成数字计算机档案，用来存储乐曲。由于 MP3 档案经过压缩，存储一分钟的高素质音乐只需 1MB 的记忆容量，是一般存储格式所占存储空间的十分之一。采用 MP3 格式，一张 650MB 的 CD 便可储存 130 首歌，占用的储存空间大为减少。MP3 的出现，在一张 CD 上可刻录更多歌曲，免去了换碟的麻烦。

MP3 音乐是当今最流行的音乐格式，与普通的音乐 CD 比较，它不但可以透过互联网下载，获得世界各地的音乐，然后编制及刻录成一张属于自己的音乐 CD，全无时间与地域的界限，而且更可以保留原有音色。简单来说，MP3 技术是一种可以将一般的音乐格式编码、传递、压缩至体积更小的格式而无损原有音色的技术。MP3 的缺点是压缩会造成一些信号的丢失，所以音域与 CD 相比会窄一些。

（2）评价主机性能的指标

选购汽车音响的主机不能光看外表是否好看，还得从基本的技术指标上来评价。下面是一些需要注意的指标。

① 输出功率。输出功率是指主机在正常输出音乐时能够提供的最大工作功率。需要注意的是，厂商在产品说明当中标注的数值只是该主机所能提供的峰值功率，实际上能够稳定输出的

数值会大打折扣。一般来说，能够提供的正常功率只有该数值的50%左右。搭配主机和扬声器时，要注意实际的功率匹配问题。

② 频率响应。它反映了音响主机的工作频率范围，这个范围越大越好（下限要小一点，上限要大一点）。人类的听力范围是20～20kHz，所以频响范围至少应该涵盖这个频率段。事实上很少有人的听力能达到20kHz，男性一般能达到16kHz，女性为18kHz。

③ 信噪比。信噪比指的是音乐信号与噪声信号之间的比例。在选择音响的时候，这个数值越大越好，数值越大说明声音越干净，清晰度越高。

④ 谐波失真。谐波失真指原有频率的各种倍频的有害干扰，一般放大1000Hz的频率信号会产生2000Hz的2次谐波和3000Hz以及更高次数的谐波。从理论上讲，这个数值越小失真度越低。

2. 信号处理器

在汽车影音系统中，信号的处理一般是采用均衡器、主动式电子分频器、数字式信号处理以及信号的前级处理。其中，主动式电子分频一般采用较优秀的主机，低音激励器简单的主动式电子分频一般集成到功率放大器中，所以在汽车音响中信号处理器，一般是指均衡器。

（1）均衡器的作用

均衡器是对信号频率响应及振幅进行调整的电声处理设备，简称"EQ"。它可以改变声音与谐波的成分比、频响特性曲线、频带宽度等。频率均衡器广泛用于各种音响系统，在汽车音响中它更对美化声音起到重要作用。

① 弥补频响缺陷。

② 弥补声源音质音色缺陷。

③ 突出乐器特色或改变乐器音色。

④ 平衡乐队中各个声部的响度。

⑤ 提高音乐信号的丰满度、明亮度和清晰度。

⑥ 增加临场感，调整演奏层次。

⑦ 缓解声部间串音，衰减泄露频率。

⑧ 去除噪声及干扰声，提高信噪比。

⑨ 修正听音环境频响缺陷，均衡室内频响。

可以说，均衡器是录音师和音响师工作中最重要的调音工具。在汽车音响中，由于汽车空间的影响，均衡器最大的特点就是修正听音环境的频响的缺陷。

（2）声音频段

在音乐节目的频域内，各个频段都有其独立的作用，对各段频率的提升或衰减都会使乐音的内涵发生变化。下面将全音频分成6段来做具体分析。

① 16～80Hz的频率段。这段频率能给音乐带来强有力的感觉，使低音有非常低的下潜感，而48～80Hz的提升使低频有良好的力度感，但过多地提升会使声音混浊不清。

② 80～250Hz的频率段。这个频率段包含着基音和节奏音的主音（基础音），对这段频率的调整可改变音乐的平衡状态，使其趋向丰满或单薄，可以根据客户的要求适当进行调整。它和高中音的对比构成了音色结构的平衡，稍强则声音丰满，弱之则音色单薄，如果过多地提升会引发"隆隆"声。

③ 250～2kHz的频率段。这个频段包含着大多数声部的低频泛音和低次谐波，250～500Hz

影响音色的力度和结实度。330Hz 给人坚实感，使低音柔和且丰满。但提升过多，会产生“嗡嗡”的闭室效应。500～800Hz 过多会使音色生硬。原则上一般不对这个频段的声音进行过多的增减，而是根据实际情况稍加调整。

④ 2～4kHz 的频率段。这段频率要慎用，过多提升时会掩蔽语言的识别，特别是“M”、“B”这样的唇音容易模糊。由于耳膜的共振频率点是在 3kHz 左右，如果这个频率点提升过多会引起听疲劳、心烦。当然稍微提升（如 1dB 左右）这个频率段，可以使声音更加明亮。

⑤ 4～6kHz 的频率段。该频段是具有临场感的频段，它可以增加语言、音乐的清晰度。提升这段频率可使表演者与听者的距离拉近。4kHz 是一个具有穿透性听感的频率，而 5kHz 的衰减会使声音的距离感变远。

⑥ 6～16kHz 的频率段。这段频率控制着整体声音的明亮度、感染力和色彩。此频率段不适宜去衰减，一般可做平直处理或稍加提升（3dB 以内）。如果过量提升，会出现明显的齿音，使音色充满毛刺感。

3. 功率放大器

在汽车音响系统中，功率放大器将主机或信号处理器输出的低电平信号经过再次前级放大和多级放大之后，以大功率驱动扬声器。现在，功率放大器不再只是简单地将信号放大，还有相当部分的前级处理，如前级的主动式电子分频、低音激励器等。

（1）功率放大器的内部结构

不管是哪个类型的汽车音响功率放大器，它都是由两个部分组成的，即电源部分和音频部分。电源部分先将车载电源经滤波处理，再由升压变压器提升电压供给音频部分来驱动扬声器。升压变压器将电压提升就要求所供给的电流要增大，电压越大所需电流也越大。

① 电源部分。在功率放大器的电源部分，电容起着稳定电压的作用。在功率放大器的电源输入前，加装法拉级电容，也可以起到稳定电压、提供瞬间大电流的作用。

② 音频部分。音频部分分为前级信号处理部分和后级的功率放大部分。前级信号处理部分是将输入信号进行滤波（高通，低通），电平调整（音量控制）。功率放大器的功率输出部分，又按信号的正负分为两个部分来驱动扬声器，两个部分分别由两个功率放大器放大管来驱动，所以功率放大器中的后级部分都是采用功率对管分别来放大信号的正负部分。功率放大的 A 类、AB 类等就是按处理信号正负部分的状态来区分的。

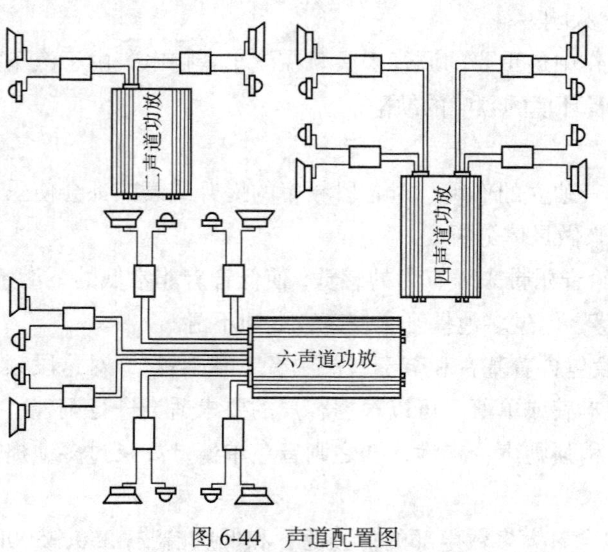

图 6-44　声道配置图

（2）功率放大器的声道配置

在汽车音响中，功率放大器的声道数有单声道、两声道、四声道、六声道甚至八声道。选择哪种声道的功率放大器非常重要，这对系统配置、功率配置等都起着决定性作用。标准的声道配置如图 6-44 所示。

4. 扬声器

扬声器是一种换能器件，可将音频电信号转换（还原）成声信号（声波）。由于受到扬声器的发声体（振膜）物理特性的限制，目前的技术工艺尚无法使单振膜的全频带扬声器较完美地再现整个音频范围的声音，所以，通常将不同频段的扬声器分别设计，使之能在各自的频段内获得最好的重播特性。

扬声器加上箱体就形成了扬声器系统，由单元加箱体（前声场是单元加上车门）组成的。扬声器单元与系统如图 6-45 所示。

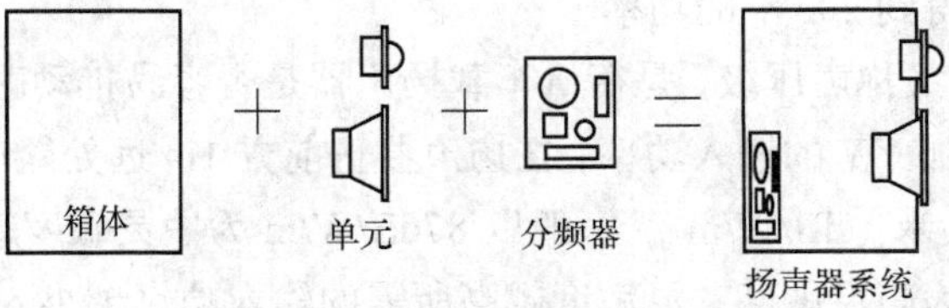


图 6-45　扬声器的单元、箱体与系统的关系图

（1）扬声器分类

① 按还原频段分高音扬声器、中音扬声器、中低音扬声器、低音扬声器。

② 按扬声器口径可分为 3/4"、1"、3"、51/4"、6.5"、8"、10"、12"、18"等。

③ 按组合方式还可以分为同轴扬声器和分体式扬声器等。

（2）扬声器的组成

电动式扬声器由驱动部分（音圈、极柱、华司、背板、磁钢）、振膜部分（音盆、防尘帽）、悬挂系统（弹波、折环）和支撑系统（盆架）等组成，如图 6-46 所示。

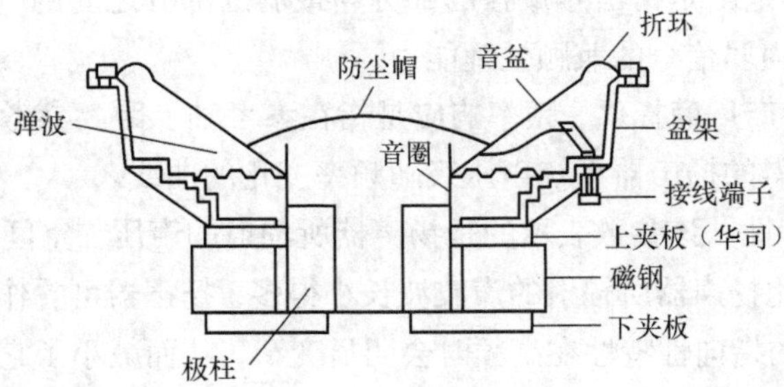


图 6-46　电动扬声器的结构

① 驱动系统。驱动系统包括磁钢、导磁柱、前后导磁板和音圈 5 个部分。导磁柱和后导磁板一般合在一起称之为 T 铁，前导磁板又叫上夹板或华司。磁钢通过 T 铁和前导磁板之间的磁隙构成磁回路，在磁隙中产生很高的磁场强度。音圈沿卷幅的中心对称地放在磁隙的正中。

② 振动系统。它由振动板（即锥盆，也称为音盆或胴体）和防尘帽构成，是扬声器直接发声的部分。它在音圈的驱动下，在弹波和折环的支撑下来回振动发声。

振动板越小，空气移动量越小，声压输出越小；频率越高，指向性越强。所以高音扬声器一般采用球顶高音，使高频的指向性更加宽广。

音圈越大，可承受的功率越大；音圈越小，瞬态反应越佳。

③ 支撑系统。含定心支片（俗称弹波）和折环（又称为悬边）两部分，两者的配合可使音圈在动态和静态时均能与导磁柱同心，并给振动系统提供一定的恢复力。由弹波和折环形成的刚性或柔顺性会影响振动板的移动速度。对于扬声器的全部顺性而言，弹波提供约 80%，折环提供约 20%。折环有两个重要的功能，它的原始作用是保持音圈处于极片间隙的中心，然而对于振动模式而言，悬边所造成的阻尼作用也非常重要。

（3）扬声器的参数

① 额定阻抗。额定阻抗是指扬声器的最小阻抗值，也是衡量扬声器能从功率放大器处消耗多少功率的指标。如果此数据和功率放大器的额定阻抗不搭配，会出现声音失真的现象。例如，一台 10W 的功率放大器，在 4Ω时其输出功率为 10W，8Ω的扬声器就只有 5W 的功率，而 2Ω 的喇叭在理论上就可以得到 200W 的功率。

② 灵敏度。灵敏度又称声压级，是衡量车载扬声器是否容易推动时相当重要的指标。灵敏度是指给车载扬声器施加 1W 的输入功率，在扬声器正前方 1m 远处能产生多少分贝的声压值。灵敏度的单位为分贝/瓦/米（dB/W/m），一般以 87dB/W/m 为中灵敏度，84dB/W/m 以下为低灵敏度，90dB/W/m 以上为高灵敏度。灵敏度越高所需的输入功率越小，在同样功率的音源下输出的声音越大，对车载功率放大器的功率要求越小，也就越容易推动。

对放大器而言，灵敏度是指达到额定输出功率或电压时输入端所加信号的电压大小，因此也称为输入灵敏度。

灵敏度的提高是以失真度为代价的，要保证音色的还原程度与再现能力就必须降低一些对灵敏度的要求。但这并不意味着，灵敏度高的车载扬声器音质一定不好而低灵敏度的车载扬声器音质一定就好，灵敏度本身是与车载扬声器的音质和音色无关的。

在选装扬声器时，要尽量使左右两边的数值保持一致（控制在±1dB 之内），否则会有很明显的侧重感。

③ 动态范围。动态范围是指信号最强的部分与最弱的部分之间的电平差。对器材而言，动态范围表示这件器材对强弱信号的兼顾处理能力。

④ 频率响应。由生产厂商提供，频率响应是指在参考轴上距离参考点规定位置处，在自由声场条件下以恒压法测得的扬声器系统声压级随频率变化的曲线。

⑤ 扬声器的指向特性。该参数表示的是扬声器所辐射的声压在空间的分布情况。低频时，扬声器辐射面的线度要比扬声器所辐射的声波波长小得多，扬声器可看作是一个点声源，其辐射是无指向性的。扬声器的指向性特性在高频时会明显变窄，从而减小了它的有效辐射角，因此在考虑一个扬声器的应用频率时，不仅要看它的轴向频响，也要看它的辅射方向角。这一点对两分频或三分频的分体式扬声器分频频率的选取有实际意义，因为这时不仅要使这些扬声器的轴向频响衔接起来，也要使它们在规定角度内的频响衔接起来。一般地，6"扬声器的指向性分界频率为 3500Hz 左右，5"扬声器为 4200Hz 左右，8"扬声器的指向性分界频率为 2500Hz 左右。

5. 汽车音响附件

汽车影音附件包括：电源线、信号线、喇叭线、开机线、保险座、分线器、电池头、端子、电容等，主要用于还原和提升汽车影音的音质和画质、音色等，还用于保护音箱系统免受异常电流或电压及其他电磁场的破坏。

线材对于汽车音响来说是非常重要的。良好的线材要求首先是安全，其次是抗干扰性好、衰减小。

（1）电源线

要求电流电压稳定，阻抗小，电流衰减小。要保障蓄电池给功率放大器等设备的供电，最佳的选择是纯无氧铜的、绝缘性好的、耐温的，达成最佳的电流传输和保护，从而令功率放大器性能最大化。如果电源线用的线径太小或品质太差（铜包铝或钢丝），就无法提供音响器材所需的电力，这样就注定要失败，更严重的还会导致器材的毁损，甚至危及汽车的安全，切勿因小失大。

电源线最常用的是红线和黑线，红线作正极（火线），黑线作负极（地线）。地线的粗细跟火线要一样或较粗一点。包裹电源线的绝缘材料除了要求绝缘性好之外，还要能耐高温。电源线材的选择与功率有关，功率大的往往电流也大，需要选择较粗的线材。

（2）信号线。要求抗干扰性好，能减少信号衰减，接触良好，接头处要防氧化。信号线负责将音源信号传入功率放大器，原音传输并杜绝噪声，造就真实的或发烧级的音质。但如果传输的信号已经不完整、失真或受到干扰，纵使再高级的功率放大器也只能放大失真的信号而已，所听到的声音就可想而知了。

汽车音响信号线通常采用双编织层同轴或二芯螺旋双重屏蔽结构，因为这两种线都具有独立屏蔽功能，抗干扰能力强。主要采用 6mm 与 8mm 规格。一些顶级的信号线往往采用专用合金材料、卡环式插头，并在插头表面镀金以防止氧化。

（3）扬声器线

最好选择标准的、纯无氧铜的、绝缘性好的和适配的喇叭线，使音频重放精准到位、细节完美无缺。与信号线同样道理，即使有相当高级的功率放大器，但由于扬声器线本身的阻抗、磁场效应以及不同的音频在线上的速度不同，常会导致功率放大器和扬声器的效果大打折扣。

（4）开机线

开机线的选择取决于激活电流是否足够。若是功率放大器的激活电流需要很大，而所用的开机线太小，就不足以激活功率放大器，有时还会误以为功率放大器坏了。

（5）电容

电容有稳定电压和滤波的作用，使汽车音响系统的低音获得改善。当音响系统需要传送一个瞬间重低音，而电池无法提供足够的电流，此时就要电容来补充系统的电能，从而有助于降低或消除音响系统的杂质信号。最好选用容量足、耐压够的电解电容。电解电容的放电和储备功能比一般电容要好，且寿命较长，它的主要材料是铝箔。

（三）前声场的设计

要想在试听环境中达到如临现场的聆听效果，前声场的组成起着至关重要的作用。在汽车音响中，前声场的扬声器还原绝大部分的音乐信息，只有少数超低频部分的声音由装在行李箱的低音系统完成。这里所说的前声场，是指将分体式扬声器系统安装在前门板、脚踏板、A 柱以及仪表台上等不同位置。

（1）高、低音安装位置搭配

两分频扬声器在汽车前声场中应用最为广泛，在改装中基本上存在着以下 5 种安装的基本方式。

① 高音和低音安装在脚踏板处，如图 6-47 所示。这种方式可以获得最佳的音场以及最佳的结像力。由于汽车内部空间的制约，使前排的聆听者与左右声道的距离严重不对称，坐在驾驶位的聆听者距离左声道的扬声器更近，反之亦然。而将高音与低音全部安装在脚踏板处，可以使扬声器到人耳的距离之差相对较小，所以只要调试得当，就可以轻松地获最佳的音场，如音场的宽度与深度都会让你觉得音场超出了车体。

当然，这种方式如果调校不当，会使音场偏低，让人感觉声音是从脚底传出。但是只要选择好正确的角度以及安装方式，完全可以避免这样的现象。

② 高音装在脚踏板，低音装在门板下方，如图 6-48 所示。这样的安装方式基本上和第一

种安装方式相同，只是这种安装方式使脚踏板处的改装更不易显现，可以说是针对第一种改装方式的改进。它的优势与第一种方式相同，而且由于对原车改动较小，消费者容易接受。这种改装方式的调校也会出现音场宽度和深度非常容易得到，但是音场的高度容易出现问题。

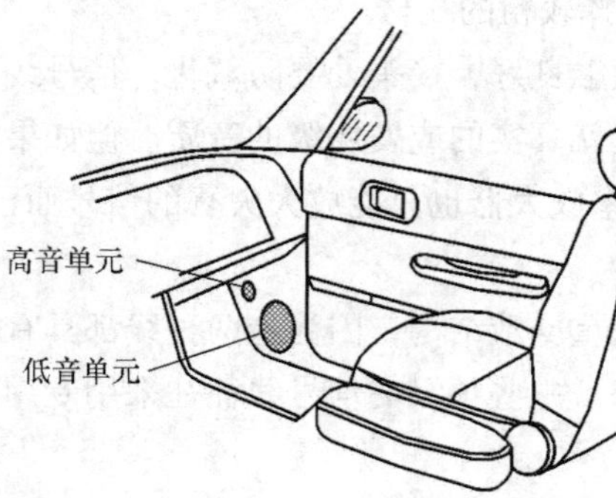

图 6-47　高音和低音装在脚踏板处

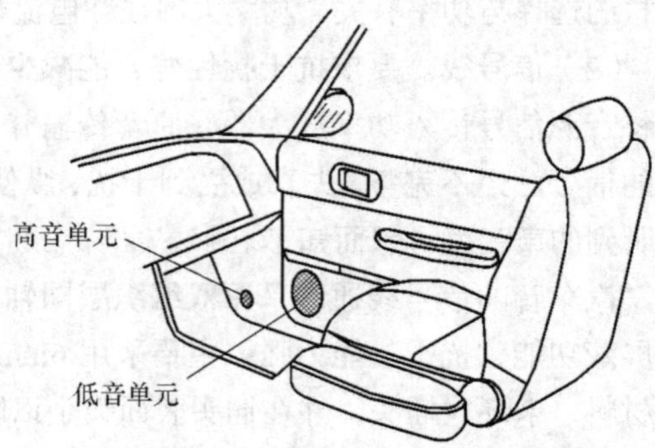

图 6-48　高音装在脚踏板，低音装在门板下方

③ 高音装在门板上方，低音装在门板下方，如图 6-49 所示。在原装车的汽车音响中，这样的安装方式非常普遍。由于对汽车的内饰改动较少，因此这种方式对于许多车主来说很容易接受。这样的安装方式对于音场来说，会有较好的宽度和适当的高度，但是音场深度会偏浅，音场的整个位置会太靠近聆听者。另外，由于高音的调校角度难以调整，使音场压缩现象明显，音场的左右部分的宽度不平衡。

④ 高音装在仪表台上，低音装在门板下方，如图 6-50 所示。高音装在仪表台上，在原装车中现在这种方式较少见，一般的汽车音响改装是在原来的仪表台的适当位置挖孔，再将高音固定，或者在仪表台与 A 柱的接合部安装一个高音的模具。这样的安装方式，可以得到较佳的音场高度、深度以及音场的位置。但是这种安装方式对于扬声器的要求较高，因为高音与中低音的距离较远，会导致分频点附近声音紊乱，出现严重的峰谷从而影响音质。而且由于高音的传播方向与中低音的传播方向有较大的偏差，所以对音质的影响非常大，这要求扬声器的系统设计者在设计的过程中充分考虑到以上因素。在主动式电子分频时，应尽量将分频点向下限靠齐，从而使高音的下限与中低音的上限能完全融合。

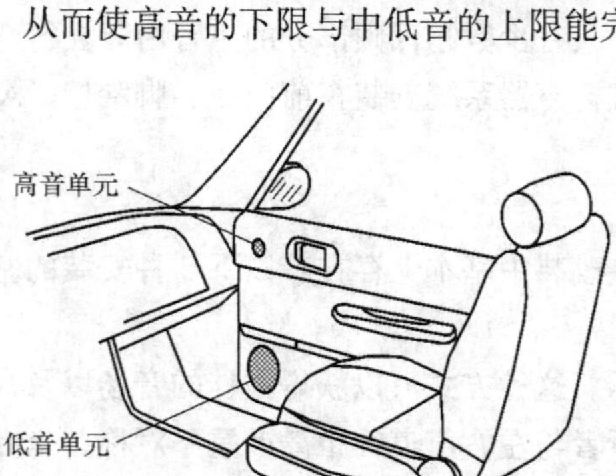

图 6-49　高音装在门板上方，低音装在门板下方

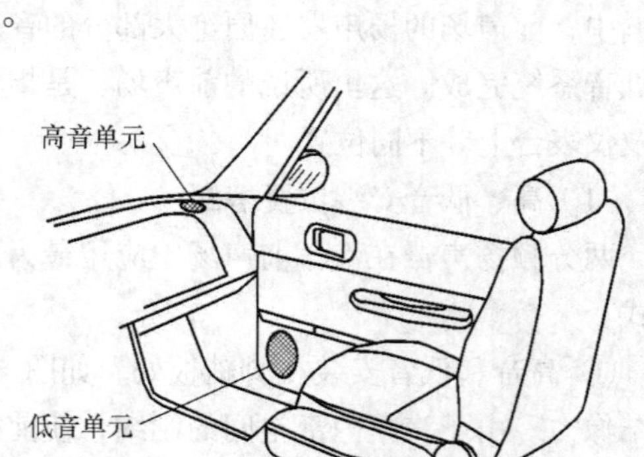

图 6-50　高音装在仪表台上，低音装在门板下方

⑤ 高音装在 A 柱上，低音装在门板下方，如图 6-51 所示。这种改装方式在国内的汽车音响改装中最为常见。一般地，高音的安装位置与聆听者的双耳平齐，而高音的指向根据系统的配置以及高音的特性而有许多种做法，具体的方式将在高音的安装要点中介绍。

这种安装方式对音质的影响，以及对扬声器系统与第 4 种安装方式类似。

在汽车音响中，三分频的扬声器系统可以非常好地解决由于高音与中低音的距离较远的问题。

（2）高音的安装角度

高音还原的频带是中高频、高频，其中中高频是人耳最敏感的频带之一。这个频段由于振动幅度小,在降低失真方面最主要是高音的支撑架的品质。在较高级的汽车音响的高音全部采用精加工的铝架作为支撑件，这样可以使高音失真低，有更高的清晰度。

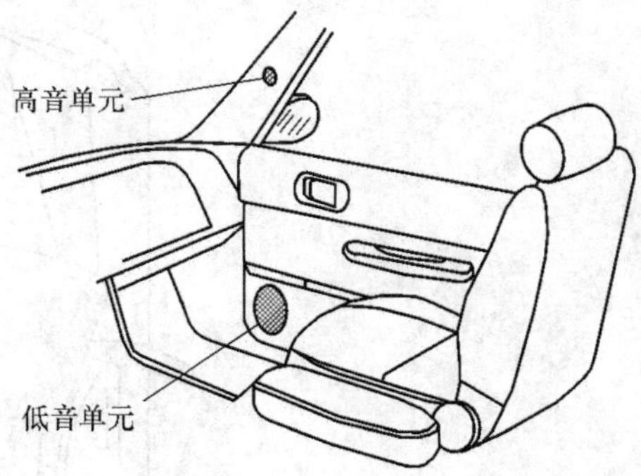


图 6-51　高音装在 A 柱上，低音装在门板下方

在汽车音响的改装过程中，由于汽车音响的环境使高音与聆听者的距离很近，所以高音的安装角度非常重要。A 柱不同的高音安装角度对声音的影响及调音的方法如下。

① 高音轴向正相对。高音轴向相对，是许多的品牌商应用的安装方案之一，如图 6-52 所示。这种改装方式最大的优势在于可明显改善左右声道的平衡，使坐在驾驶位或副驾驶位的都能听到精准的前声场，而且也没有严重的声场压缩现象。这种安装方式如果安装妥当，也不需要使用 EQ 等延时器。这种安装方式的缺点是，有可能会使声场的宽度不如其他的安装方式宽。

② 高音轴向对准 B 柱。高音轴向对准 B 柱的安装方式，是指高音轴向指向对面的 B 柱位置，如图 6-53 所示。这种改装方式的优势在于，高音的表现非常细腻，中高频清晰真实自然，音场的宽度也可以达到最大。它的劣势在于会出现声场压缩现象，同时会出现左右声道不平衡的现角。解决这个的方法是增加 EQ，适当延时。

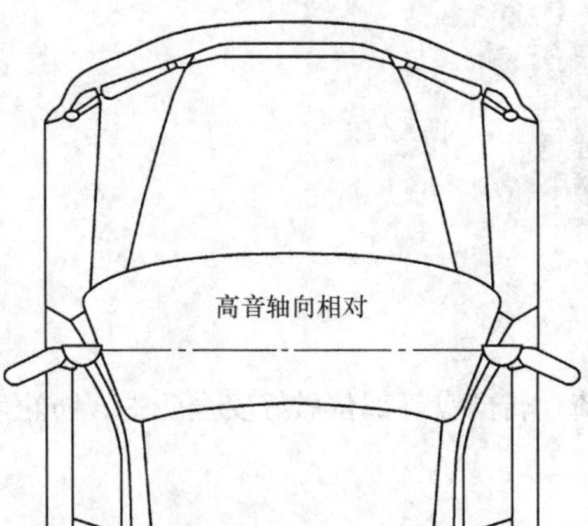


图 6-52　高音装在 A 柱上，轴向相对

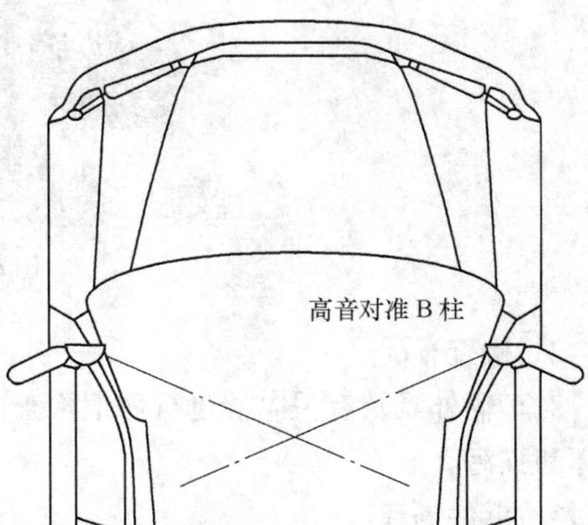


图 6-53　高音装在 A 柱上，对准 B 柱

③ 高音轴向正向朝里。高音轴向正向朝里，如图 6-54 所示，这种安装方式在市面上比较少见，是因为这种安装方式一般在 A 柱离前排座位较远的车型上才会使用。这种安装方式的优势在于，前声场的深度与宽度都还原得非常准确，但如果没有使用 EQ 或延时处理，就会出现声道不平衡、声场压缩等现象。增加 EQ 或延时可以解决这个问题。但是这种方式只适用于特定的车型，如毕加索、丰田大霸王等车型。

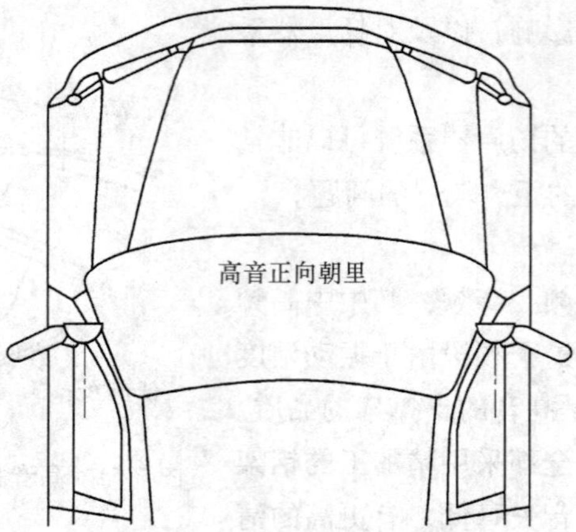


图 6-54　高音装在 A 柱上，轴向正向朝里

## 三、任务实施

（一）汽车音响的加装与调试

1. 搭配设计

根据车主的个性化要求、音乐喜好、听音习惯、车型状况和投资标准进行系统优化搭配设计，选择音响系统的器材，如图 6-55 所示。

图 6-55　音响器材

2. 检查车况

对车辆外观及有关电器进行仔细检查，并对座椅、转向盘等部位做好安全防护，防止人为损坏和脏污。

3. 拆件隔音

汽车的门板是安装汽车音响扬声器的一个很好的箱体，对扬声器系统的音质起着关键的作用。所以说，对门板的处理，如同家用音响的音箱箱体制作一样，应引起足够的重视。在改装过程中，应重点在以下 3 方面对门板进行处理，以达到高保真音效的目的。

（1）减振

减振的目的主要是尽量减少安装扬声器部位周围的振动，因为扬声器在工作时，音盆所产生的振动也会导致其周边的钢板部分产生振动，从而使音盆振动产生非线性失真，影响整体音质。

减振一般采用固定法，就是在门板的内侧贴覆硬度较大的减振板，如胶板等材料。在扬声器的安装部位，单纯地利用表面来增加刚性还不够，最好是加装刚性较好的垫圈，如图 6-56 所示。

（2）隔音

由于汽车的特殊性，因此在对汽车门板做减振处理的同时，也要做相应的隔音处理。隔音是隔绝外界噪音以及在行驶途中的引擎声、路噪和风噪声等。

隔音的方法是降低固体噪声的传入，一般可采用双层的减振材料同时达到吸声隔音的目的，另外在引擎舱盖、防火墙等处都可以贴覆减振材料等。要在汽车环境中滤除由空气中传来的噪声，比较困难。一般只能对汽车的密封性做处理，也就是对汽车的橡胶边条做良好的处理，特别是在改装过程中边条经过反复拆除，其密封性会变差。对于使用年头较长的汽车，最好是重装新的橡胶边条。

（3）密封

由于前声场的车门就如同音箱的箱体，所以要求门板的密封性非常好。汽车车门上有众多的维修孔，如果没有处理，就会使扬声器的背面所发出的相位相反的声音与前面的声音互相影响，特别是会使波长较长的低频衰减严重。

在改装前声场时，密封的处理方法是，利用铅板或铝板等将维修孔封闭，并将所有的部分都用胶密封处理良好，如图 6-57 所示。这样可使低频下潜延伸更低，产生良好的控制力，声音清晰度加强。

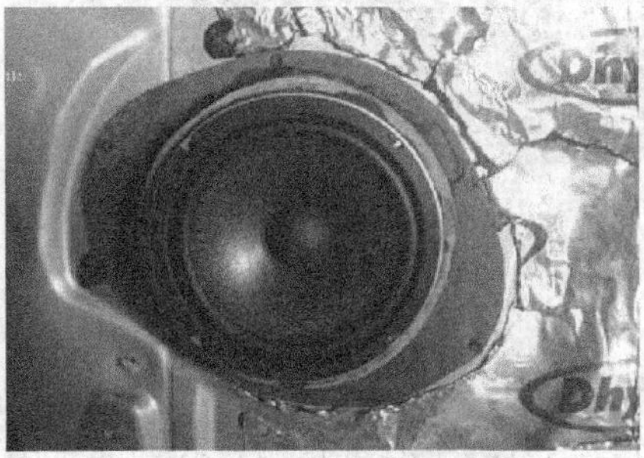

图 6-56　加装刚性垫圈

图 6-57　密封车门

4. 套管布线

对配置好的电源线、音频线和扬声器线线分别套蛇纹保护管保护，如图 6-58 所示。安装独立保险，紧扣布线。

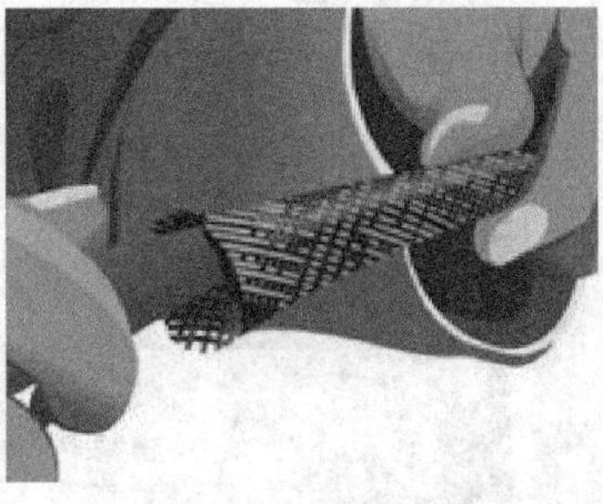

图 6-58　套管布线

5. 装配主机

从现在市面上来看，主机的安装既有很简单的安装方式也有非常复杂的改装方案。一个成功的主机改装，应综合考虑改装后的主机与原车的匹配性，并考虑所有的改装配件是否齐全。只有改装的方法得当、配件齐全，才能达到最佳的改装效果。将主机安装到设计好的位置，保证安装牢固，如图 6-59 所示。

6. 安装功率放大器

将功率放大器按设计位置紧固安装，如图 6-60 所示。吊装时如果空间准许，要装减震包布木板。

图 6-59　主机的安装

图 6-60　安装功率放大器

7. 安装扬声器

将塑料扬声器垫、防水罩和密封圈垫好后用国标螺丝紧固安装扬声器，如图 6-61 所示。

8. 连接线材

用标配线材按音响器材安全标准和工艺标准进行连接，接头部位要用热熔管做好套管保护，并捆扎牢固，固定好，如图 6-62 所示。

图 6-61　安装扬声器

图 6-62　固定线材

9. 内饰复原

将拆下的各装饰件恢复原状，紧扣到位，如图 6-63 所示。完后仔细检查有关线路、电路和内饰各部位，并对车内做全面的清洁。将原车音响器材打包放到车后备箱内，装回原车随车所带物品。

10. 初检音响

进行相位检测，要测试可能出现杂音的各种情况，尽量消除杂音或向客户解释原因，如图 6-64 所示。

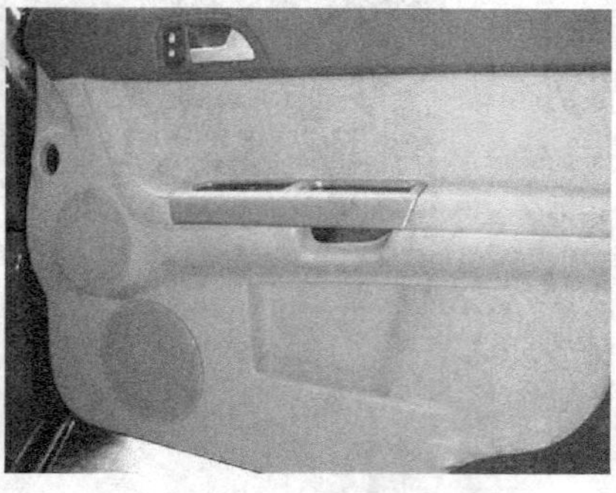

图 6-63　内饰复原

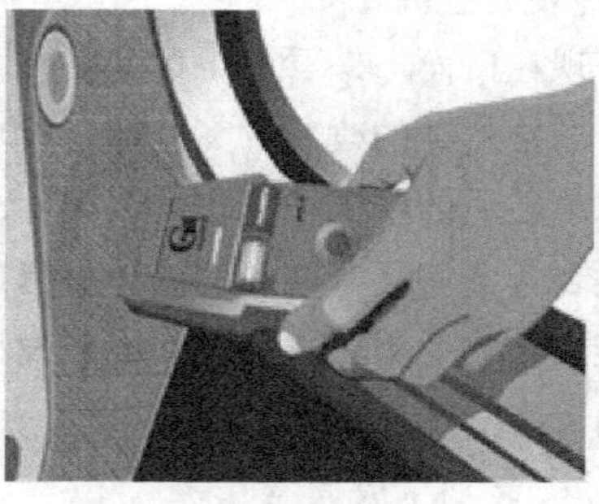

图 6-64　初检音响

（二）音响的调音

根据车主音乐喜好、听音习惯和器材特性认真反复调试音响系统，如图 6-65 所示。尽量向客户详细讲解本套音响的基本使用方法、注意事项等。

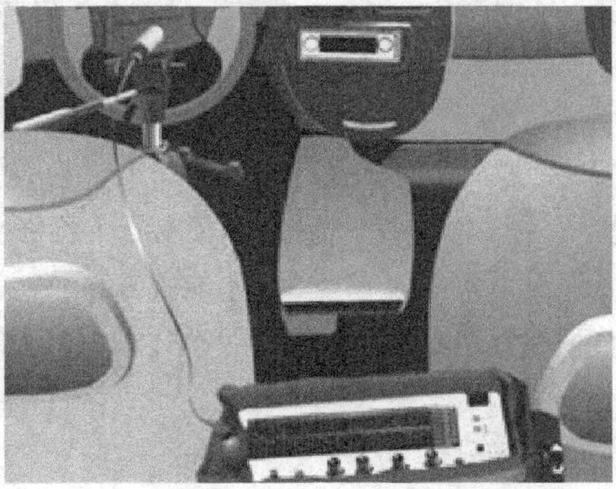

图 6-65　调音

1. 测试低频的质量

劣质扬声器产生的低频可能会震耳欲聋，但完全是臃肿松厚、缺乏层次感和结实感。好的低频应是洁净明快、层次分明，不会拖泥带水，可以分辨各种低频乐器，如大小鼓声、低音吉他和低音贝司或钢琴的低音。不要轻易被低频的量感所蒙骗，劣质扬声器播放出来的低频缺少自然舒适之感。

2. 测试中频的人声

人声是最常听到的声音，优劣并不难分辨，留意人声是否有不寻常的鼻音或是抿着嘴发声的感觉。一些扬声器的箱声同样会大大干扰中频，令此频段的声音模糊不清。中频音染相对于其他频率音染而言更为严重，因为大部分可听到的声音频率，或是音乐的频率都集中在中频范围，所以，中频音染几乎成为所有种类的乐曲重播的障碍。

3. 测试高频的柔韧感

劣质的高频尖锐刺耳，听得人头痛欲裂，甚至在极端情况下，能把小提琴声或女高音的美声变为尖锐噪声。同样，好的扬声器播放的声音能分辨出高音中的不同乐器产生的不同质感。如经常说的空气感好，就是由于高音和超高音好。

4. 测试高音量及音场结像

一些车载扬声器在低音量时表现稳定，但在音量提升到某个指数时便会失真，出现各种非录音中的音乐信号。合乎标准的扬声器在一定程度上可以做到声音离箱，营造出清晰的音场和结像，显示出不同乐器的分点位置和质感，弱音和尾音应该清晰可辨，在大音量和大爆棚的情况下也没有变形失真，人声和乐器声不会纠缠不分，长久聆听也不会令人耳朵疲劳等。

# 习 题

一、选择题

1. 以下对机械式防盗装置特点描述错误的是（　　）。

A. 采用金属材料制作　　B. 简便易行，价格便宜

C. 防盗性高　　D. 不能报警

2. 正确的剥线方法为，根据线径粗细不同，将接线端外缘皮剥去（　　）左右，线皮剥好后铜线应完好无损。

A. 20 mm　　B. 25mm　　C. 30 mm　　D. 35 mm

3. 安装防盗报警喇叭时，要求喇叭口（　　），并要远离发动机排气管高温处，以免高温损坏。

A. 向下倾斜，以防止进水　　B. 向上倾斜，声音清晰

C. 水平安装，方便调整　　D. 随便安装，任何角度都可以

4. 以下对电子防盗器主机描述错误的是（　　）。

A. 可以直接接收遥控器控制信号

B. 主机安装位置应于仪表台下方隐蔽处

C. 能接收振动传感器信号输入，通过报警器实现报警

D. 能接收边门、尾门、脚刹等信号输入，实现中控锁自动化

5. 下列哪项不是中控锁的触发方式，（　　）。

A. 负触发　　B. 正触发　　C. 遥控触发　　D. 正负触发

6. 通常来说，（　　）决定了汽车倒车雷达的探测覆盖能力，能减少探测盲区。

A. 探头的数量　　B. 主机的型号　　C. 显示器清晰度　　D. 探头的安装位置

7. 安装汽车倒车雷达探头时，要远离发动机排气管高温处，同时要保证（　　）。

A. 安装在同一高度　　B. 探头之间距离要等分

C. 离地高度为 50～70cm　　D. 距离车身外缘 12～20cm

8. 一般来说，汽车倒车雷达系统由主机、显示器、（　　）、报警器和连接电源线等组成。

A. 传感器　　B. 开关　　C. 探头　　D. 蓄电池

9. 向后泊车时，（　　），系统自动启动，进行前方两角度、后方全方位探测，优先提示最近障碍物状况。

A. 踩脚刹车　　B. 变速器挂入倒车挡

C. 向左打转向　　D. 向右打转向

10. 下列描述正确的是（　　）。

A. 向前泊车时，每次踩脚刹车，系统自动启动，前方探头工作

B. 向前泊车时，每次踩脚刹车，系统自动启动，后方探头工作

C. 向后泊车时，每次踩脚刹车，系统自动启动，前方探头工作

D. 向后泊车时，每次踩脚刹车，系统自动启动，后方探头工作

11. 扬声器按还原声音频段分为高音扬声器、中音扬声器、中低音扬声器和（　　）扬声器。

A. 高音　　B. 中音　　C. 中低音　　D. 低音

12. 对于汽车音响技术，要注意的地方有（　　）、安装技术、音响本身的避震技术和音质的处理技术。

A. 抗干扰技术　　B. 主机品牌　　C. 扬声器安装位置　　D. 功率放大器的指标

13. 汽车音响系统一般由（　　）、信号处理器、音箱和扬声器构成，还包括线材、保险、电容、电感等小附件。

A. 主机　　B. DVD 碟片　　C. 卡带　　D. 电脑

14. 对汽车音响信号线的要求是（　　），接触良好。

A. 线材要粗　　B. 尽可能短

C. 电阻小，能减少信号衰减　　D. 散热性好

15. 下列描述正确的是（　　）。

A. 要想在试听环境中达到如临现场的聆听效果，前声场的组成起着至关重要的作用

B. 要想在试听环境中达到如临现场的聆听效果，后声场的组成起着至关重要的作用

C. 要想在试听环境中达到如临现场的聆听效果，扬声器的选择起着至关重要的作用

D. 要想在试听环境中达到如临现场的聆听效果，主机的选择起着至关重要的作用

二、思考题

1. 汽车防盗装置的类型有哪些？简要叙述各自的特点。

2. 中控锁的触发方式有几种？如何判断？如果判断出中控锁是负触发方式的，试将下图中防盗器与中控锁连线接好。

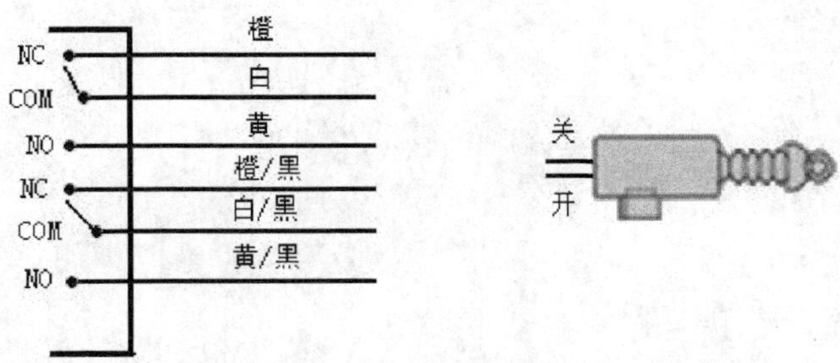


3. 简述前 2 后 4 的 6 个探头倒车雷达系统的安装方法。

4. 哪些情况下倒车雷达有误差并不是系统本身的故障？

5. 评价主机好坏的指标有哪些？

6. 汽车音响前声场的搭配类型有哪些？高音的安装角度有哪几类？